中央高校基本科研业务费专项资金资助“中国共产党群众组织力的生成逻辑与提升路径研究”（300102164610）。

·马克思主义研究文库·

Marxist

新时代群众组织力建设研究

贺 娜 | 著

光明日报出版社

图书在版编目（CIP）数据

新时代群众组织力建设研究 / 贺娜著 . -- 北京：光明日报出版社，2024. 11. -- ISBN 978-7-5194-8339-5

Ⅰ. D252

中国国家版本馆 CIP 数据核字第 2024UN7974 号

新时代群众组织力建设研究

XINSHIDAI QUNZHONG ZUZHILI JIANSHE YANJIU

著　　者：贺　娜

责任编辑：许黛如　　责任校对：舒　心

封面设计：中联华文　　责任印制：曹　诤

出版发行：光明日报出版社

地　　址：北京市西城区永安路 106 号，100050

电　　话：010-63169890（咨询），010-63131930（邮购）

传　　真：010-63131930

网　　址：http://book.gmw.cn

E - mail：gmrbcbs@gmw.cn

法律顾问：北京市兰台律师事务所龚柳方律师

印　　刷：三河市华东印刷有限公司

装　　订：三河市华东印刷有限公司

本书如有破损、缺页、装订错误，请与本社联系调换，电话：010-63131930

开　　本：170mm × 240mm

字　　数：236 千字　　印　　张：16. 5

版　　次：2025 年 1 月第 1 版　　印　　次：2025 年 1 月第 1 次印刷

书　　号：ISBN 978-7-5194-8339-5

定　　价：95. 00 元

序

党的群众组织力决定了党的生命力、凝聚力和战斗力，对于巩固党的执政根基意义重大。党的十八大以来，以习近平同志为核心的党中央对党的群众组织力建设高度重视，出台实施了一系列新战略新举措，在理论和实践方面取得重大成果。贺娜博士以她的博士论文为基础，将出版专著《新时代群众组织力建设研究》。作为她的博士导师，我欣然为之作序。

《新时代群众组织力建设研究》立足新时代论域，全方位剖析党的群众组织力的科学内涵，回答了新时代中国共产党群众组织力“是什么”的问题。在此基础上，综合借鉴多学科的理论工具，构建起“问题—解答”式的理论研究模型。从问题导向出发，通过回应“何以构成”“如何运行”“何种挑战”“如何应对”等基本问题，初步建构了一个相对自洽的新时代群众组织力研究框架，为当前进一步增强党的群众组织力提供了理论支撑和实践指导。该专著具有以下特色。

首先，从“群众组织力”这一核心概念入手，尝试性建构了中国共产党群众组织力的理论分析框架。中国共产党群众组织力有其特有的科学内涵，是指以党和人民利益的高度统一为前提，在解决利益矛盾和诉求基础上对最广大人民群众进行宣传、教育、组织和凝聚，使之产生向心力和归属感，进而采取自觉统一的行动来实现共同理想目标的强大力量。该专著突破了学界将“群众组织力”视为一个整体而研究的范式，认为党的群众组织力是由政治引领力、民生保障力、宣传动员力、组织覆盖力和创新驱动力五个要素构成的“合力”。而这“五力”要汇聚起强大合力，必须通过群众权益维护机制、矛盾纠纷化解机制、党群互动沟通机制和群众力量整合机制这四大机制综合作用和保障。

其次，系统考察和总结了十八大之前党的群众组织力的历史演进及基本经验。在对新民主主义革命时期、社会主义革命和建设时期、改革开放和社会主义现代化建设新时期的历史考察基础上，总结出坚持以党的领导为根本前提、以人民至上为价值旨归、以思想引领为内在动力、以统一战线为重要法宝、以制度建设为坚实保障等宝贵经验，为新时代增强党的群众组织力提供历史滋养。

再次，深入探讨了新时代增强党的群众组织力的主要成效、重要机遇和现实挑战。党的十八大以来，以习近平同志为核心的党中央立足群众工作形势的新阶段和新特点，在增强党的群众组织力方面进行了不懈探索，主要体现在不断满足人民对美好生活的需要、深入开展党内专题教育实践活动、以组织力为重点夯实基层党组织、切实开辟互联网群众工作新场域、推动构建新时代大统战工作格局五个方面。通过这一系列重大实践探索，使党执政的群众基础更加坚实、党群干群关系明显改善、人民群众获得感显著增强、群众工作制度化水平大幅度提升。与此同时，在新的时代背景下，中国共产党提升群众组织力在面临主要机遇的同时，也存在一些亟待解决的现实挑战。在机遇方面，国家治理效能彰显为党的群众组织力提升营造有利环境、社会公平正义促进为党的群众组织力提升创设良好条件、网络信息技术发展为党的群众组织力提升提供重要渠道、群众政治参与扩大为党的群众组织力提升注入强大动力。在面临挑战方面，党内脱离群众的危险依然存在，社会主要矛盾转化引发新问题，网络群众工作水平亟待提高，部分基层党组织功能虚化弱化，群众工作体制机制有待创新。只有切实解决好这些现实难题，才能更好地增强党的群众组织力。

最后，探索性提出了新时代中国共产党群众组织力全面提升的路径。

新时代中国共产党群众组织力建设是一项系统性工程，需要有针对性地化解各种挑战。从坚定理想信念、满足人民美好生活需要、利用网络媒体、发挥组织优势、完善体制机制五个维度入手，形成一个各维度间通力合作的系统性工程，不断加强群众组织力的政治引领、落实群众组织力的民生保障、提高群众组织力的宣传效能、夯实群众组织力的组织根基、激发群众组织力的创新动力，使党的群众组织力全面提升。

该专著在构建新时代中国共产党群众组织力建设研究框架方面进行探索并取得了不少成果，但还有一些需要进一步探讨和完善的方面。第一，要进一步探索中国共产党群众组织力的国际比较研究。无论是中国共产党，还是国外政党，做好群众工作始终都是执政党必须高度重视的核心问题。因此，要吸收和借鉴其他国家政党的有益经验，为本研究提供有益参考和借鉴。第二，进一步深化中国共产党群众组织力的实地调查研究。新时代党的群众组织力研究既是一个理论课题，更是一个实践课题。因此，在后期研究中，要通过充分的调研准备工作，尝试建构起一套较为科学合理的调研测评体系，有针对地提出进一步提升党的群众组织力的对策建议，使研究更具科学性和说服力。

党的群众组织力建设永远在路上，关于党的群众组织力这一问题的研究和探索也始终在路上。该专著的出版既是对前期研究和成果的总结，也是新的研究和探索的开始。百尺竿头，更进一步。希望作者以此为基础，在学术探索的道路上走得更远、取得更大成绩！

陈建兵

西安交通大学马克思主义学院教授，副院长，博士生导师

2024年3月

目　录

CONTENTS

第一章

绪　论

中国共产党的百年奋斗史，就是一部与人民群众休戚与共、命运相连的历史。在百年奋斗历程中，我们党高度重视团结组织群众，将群众工作作为提高党的执政能力的重要方面加以重视。党的十九大报告首次提出增强“党的群众组织力”，这是对新时代党的群众工作的重大创新和精准把握，是党的领导力和执政能力的充分彰显。作为表征中国共产党性质和治理能力的重要指标之一，群众组织力是我们党永葆旺盛生命力和强大战斗力的基础性能力，是凝聚广大人民群众的坚定力量。进入新时代以来，随着“两个大局”交织交汇，国内外局势也发生了深刻变化。从国内来看，群众的利益诉求比以往任何时候都更为复杂和多样，满足人民的美好生活向往成为党的群众组织力的重要任务。从国际来看，世界多极化、经济全球化、科技信息化、文化多元化的趋势为增强党的群众组织力带来严峻考验。据此，立足新时代，深入挖掘中国共产党群众组织力的理论资源，系统剖析中国共产党群众组织力的科学内涵、构成要素与运行机制，全面总结中国共产党提升群众组织力的历史经验，科学把握新时代中国共产党提升群众组织力的实践要求，为当前进一步增强党的群众组织力提供理论支撑、经验借鉴和实践指南。

一、研究缘起

任何理论研究都是从问题开始的。马克思指出：“问题就是时代的口号。”[①]习近平强调：“要有强烈的问题意识，以重大问题为导向。”[②]理论研究只有从问题出发，并精准把握“问题从何而来”，才能廓清基本的研究论域，进而锚定研究的核心问题。“党的群众组织力”这一重大命题，是依据新时代所面临的新问题提出来的，具有鲜明的时代特征。那么，在新的时代背景下，面对“两个大局”交织交汇，如何增强党的群众组织力，更有效地把广大人民群众组织起来，这是亟待回答的“时代之问”。

从所处的战略背景看，当今世界正处于百年未有之大变局，机遇与挑战并存。要准确把握世界发展潮流，就需要增强党的群众组织力。作为使命型政党，中国共产党始终扎根群众，重视发挥人民群众的作用，铸就了我们党百年辉煌的制胜法宝，彰显了党的政治优势和优良传统。当前，面对世界格局的深刻调整变化，中国在变，世界也在变，中国要想在变局中保持战略定力，洞悉世界发展脉动，依然离不开强大的群众组织力。将广大人民群众组织凝聚起来，这是应对国际发展局势变化的最强定力，是应对世界巨大不确定性的重要力量。

从所面临的现实问题看，当今中国正处在从富起来到强起来的关键时期。要稳步实现全面建成社会主义现代化强国的目标，迫切需要增强党的群众组织力。一方面，随着全面深化改革日益深化，难啃的“硬骨头”愈来愈多，改革的风险之大前所未有，这无疑考验着中国共产党的组织动员能力。另一方面，新时代中国共产党面临的“赶考”任务之重前所未有。群众组织力作为衡量“赶考”水平的重要指标，对党完成“赶考”任务至关重要。新时代，党的“赶考”路上依然面临诸多严峻挑战：部分党组织（尤其是基层党组织）软弱涣散；一些党员领导干部宗旨意识淡漠、贪污腐败等问题依然存在……如若不能从根本上解决这些问题，就会涣散党

① 马克思恩格斯全集（第40卷）[M].北京：人民出版社，1982：289.

② 习近平谈治国理政（第1卷）[M].北京：外文出版社，2018：74.

心，冷了民心。正如习近平指出：“如果管党不力、治党不严……那我们党迟早会失去执政资格。”[①] 因而，增强党的群众组织力无论是对新时代全面深化改革，抑或是全面从严治党，均具有重大意义和价值。

从群众主体的变化看，与以往的群众主体相比，新时代形成了“新群众”，要更有针对性地做好新时代群众工作，必须增强党的群众组织力。与过去相比，群众已不再扮演“追随者”的角色，其自主意识、权利意识和创造意识更加凸显，在政治参与中逐渐发挥着主体作用，群众工作环境发生了深刻变化。一方面，随着社会主要矛盾转化，人民群众需求日益广泛，不仅包括物质生活层面，更注重得到精神和心理层面的满足，寻求全方位的获得感和满足感；另一方面，群众利益主体多元化、人民内部矛盾多样化、个人主体意识复杂化，这些复杂难题无疑都使新时代增强党的群众组织力面临前所未有的艰巨性和紧迫性。

党的十八大以来，结合世情、国情和党情的深刻变化，我们党将群众工作摆在更加突出的位置，彰显了以人民为中心的价值内核。党的十九大报告首次明确提出要“不断增强党的政治领导力、思想引领力、群众组织力、社会号召力，确保我们党永葆旺盛生命力和强大战斗力”[②]，在理论认识和实践探索中开创了党的群众组织力建设新局面。当前，学界对党的群众组织力问题开展了相关研究，但是，现有研究成果的关注点都比较分散，概括梳理还不成体系。如党的群众组织力的科学内涵是什么，它都由哪些要素构成，这些要素之间又是如何有效运行并整体发挥作用的，这些问题在现有研究中都鲜有论及。据此，本文以“党的群众组织力”这一重要命题为基础，尝试从学理上把握党的群众组织力的科学内涵、构成要素和运行机制等基础理论，系统考察和总结党的群众组织力的历史演进及基

① 习近平谈治国理政（第2卷）[M].北京：外文出版社，2017：43.

② 习近平.决胜全面建成小康社会 夺取新时代中国特色社会主义伟大胜利[M].北京：人民出版社，2017：16.

本经验。进而锚定“新时代”论域，深入探讨新时代增强党的群众组织力的主要成效、重要机遇和面临挑战。并在对现有存在问题分析的基础上，提出党的群众组织力进一步全面提升的有效路径。本文围绕新时代党的群众组织力这一问题展开深入研究，构建具有内在逻辑结构、相对自洽的研究框架，以期为新时代正确处理好党群关系、增强党的凝聚力和群众组织力提供重要遵循和有益借鉴。

二、研究意义

一个政党（尤其是执政党）能否实现长期执政，从根本上来说取决于人心向背，只有赢得民心，才能走得长远。中国共产党自成立之初，就将与人民群众同呼吸、共命运作为执政理念。正是这一最大的政治优势，使党由弱到强，逐步发展壮大，不断开拓新胜利。在利益多元、观念多样、思想多变的新时代，如何有效提升群众组织力，这是我们党亟待解决的重大课题。面对新时代群众在权利意识、权利诉求、权利期待等方面发生的新变化，只有深刻把握群众思想脉搏，才能贴近群众心声，真正增强党的群众组织力。因此，开展新时代中国共产党群众组织力研究意义重大。

（一）理论意义

（1）有助于构建中国共产党群众组织力研究的理论体系。目前，国内学术界对中国共产党群众组织力问题的研究主要从微观角度入手，研究思路大多陷于“基本内涵”“重要意义”“实践路径”等固定思维模式，研究成果比较分散和碎片化，对中国共产党群众组织力生成和发展的完整性研究不够。国外研究中国共产党群众组织力的学者更是少之又少，多是从宏观视角着手，通过对中国共产党治国理政的相关研究来间接涉及党的群众组织力研究。对此，本研究的理论意义在于，通过坚持系统性思维和借鉴多学科研究方法，深入剖析中国共产党群众组织力的科学内涵、构成要素和运行机制，从历史演进、实践探索和现实境遇中深度揭示这种力量生成和发展的内在规律，构建中国共产党群众组织力研究的理论分析框架，希冀对未来中国共产党群众组织力理论研究略尽绵薄之力。

（2）有助于丰富和发展马克思主义群众观研究。中国共产党群众组织力的生成有着深厚的理论根基，是对马克思主义群众观的创新和发展。马克思和恩格斯十分重视群众力量，在革命实践中注重充分发挥人民群众的作用。中国共产党自成立以来，始终坚持继承和发扬马克思主义群众观，在百年奋斗历程中充分强调人民群众的主体地位，深化了为民服务的执政理念。党的十八大以来，一系列治国理政实践更加彰显了群众组织力，拓展了马克思主义群众观的研究视野和格局，进一步彰显了马克思主义为人民谋利益的根本价值立场。因此，系统研究中国共产党群众组织力生成的内在规律，有助于进一步深化和丰富马克思主义群众观的科学研究。

（二）现实意义

（1）有利于进一步提高党的领导力，厚植党的群众基础。中国共产党作为“使命型政党”，有着为人民群众谋幸福的初心和情怀，正因为一如既往地保持着这份“初心”，才能始终将人民群众组织、团结和凝聚在党的周围。进入新时代以来，党的执政考验愈加严峻，如何提高党的领导力、厚植党的群众基础成为亟待解决的重大问题。因而，将增强党的群众组织力作为提高党的领导力的重要切口，通过深入剖析党的群众组织力发展过程中的现实问题，并提出针对性的解决路径，对于巩固党的执政根基具有极其重要的现实意义。

（2）有利于加强对新时代群众工作的深刻认识和精准把握。增强党的群众组织力，不仅是一个理论问题，更是一个实践命题。要使党的群众组织力由抽象理论转变为鲜活生动的具体实践，必须坚持问题导向，依据现实问题进行分析和研究。作为群众工作的重要范畴，增强群众组织力是提高群众工作实效性的基础和依托。通过深入研究党在群众组织力方面的理论观点、科学内涵、运行机制和提升路径等，有利于明确新时代群众工作的方向，深化党对群众工作的认识和把握，为新时代不断创新和发展党的群众工作提供重要实践支撑。

（3）有利于进一步密切党群关系，增强群众对党的政治向心力和认同感。民心是最大的政治，人民群众的支持和拥护是党执政的最大底气。中国共产党作为百年大党，具有无可比拟的组织优势。这一独特优势无论是在历史的重要关头，还是在实践的发展进程中，都不断得以强化和检验。新时代以来，党内政治生态得到净化，管党治党成效显著，党群关系不断改善，这些都是新时代增强党的群众组织力的有力举措。通过这些行之有效的举措，使人民群众有了更多获得感，有助于进一步密切党群关系，强化政治向心力，增强人民群众对党的认同感和归属感。

三、研究现状

中国共产党历来高度重视组织群众，在革命、建设和改革的伟大征程中，始终将动员、组织群众作为加强党的建设的重中之重。党的群众组织力不是空洞的政治口号，而是生动饱满的实践写照。自2020年年初新冠疫情暴发以来，中国共产党团结组织广大群众抗击疫情，中国的战“疫”故事无疑是对党的群众组织力的生动诠释。以党的十九大提出“党的群众组织力”重要命题为契机，国内外学术界关注并围绕这一命题产生了一些研究成果，散见于网络媒体、部分著作、期刊论文和报纸杂志等资料中。本文通过对这些成果进行爬梳总结和评析，为进一步丰富和深化新时代中国共产党群众组织力问题研究提供理论依据和有益参考。

（一）国外研究现状

根据目前现有的国外文献资料看，没有专门关于“新时代中国共产党群众组织力”这一带有鲜明中国特色问题的研究，但在对中国共产党的组织建设、中国共产党人民群众观以及习近平治国理政思想相关研究中，间接论述到党的群众组织力问题，为本文研究提供了一定的思路借鉴。总体而言，国外研究主要是以报纸、杂志等评论性文章为主，综合归纳现有文献，国外学者的研究主要集中于以下几方面。

（1）关于中国共产党组织建设的研究

作为世界上最大的政党，中国共产党十分注重组织建设，在百年发展历程中，形成了从中央到基层一整套完备的组织体系，充分发挥了组织凝聚群众的作用。一些海外学者将研究视角锁定在对中国共产党的组织优势、组织制度和组织机构研究上，并对此展开深入探讨，体现了海外学者研究视角的多样性和研究主题的差异性。

强大的组织优势是增强党的群众组织力的力量源泉。党的力量来自组织，组织能使力量倍增。大多数海外学者都十分认同中国共产党具有高度凝聚力和强大组织优势。如俄罗斯学者德米特里·诺维科夫认为，中国共产党能够将独立的个体组织凝聚成一股强大力量，这是世界其他政党无法比拟的。① 意大利学者阿尔贝托·隆巴尔多将中国共产党百年来取得的辉煌成就归结为其在民众中形成了凝聚力和向心力，通过组织民众来实现其执政目标，在民众中树立起了权威和形象。② 美国密歇根大学学者洪源远指出，强有力的组织优势和组织纪律已在中国社会治理领域显示效能，在面对重大突发风险时，中国共产党能够快速号召组织全部社会资源，而西方制度中则没有这种优势和效率保证。③ 秘鲁共产党主席阿尔贝托·莫雷诺·罗哈斯通过自己在中国的亲身经历和感悟，认为中国共产党是具有战略担当和人民情怀的政党，中国人民是有组织有纪律的公民，正是人民与政党之间的这种天然“默契”，使中国共产党具有无可比拟的组织优势和

① （俄）德米特里·诺维科夫．中国共产党：奋斗百年 生机勃勃［N］．光明日报，2021-03-24（12）．

② 阿尔贝托·隆巴尔多．强大的中国，是世界和平的重要保障［N］．光明日报，2021-4-2（12）．

③ Yuen Ang，“When COVID-19 Meets Centralized，Personalized Power”，Nature Human Behavior，2020，4:445-447.

民众凝聚力。① 阿根廷共产党总书记维克托·科特高度赞扬了中国共产党的组织动员能力，认为与西方政党相比，中国共产党具有卓越的战略决策力和强大的群众组织力，能够始终带领中国人民克服困难。② 以上这些国外学者，均从客观视角分析了中国共产党在组织建设方面的优势，有利于为世界其他政党做好组织工作提供经验借鉴。

完备的组织制度是中国共产党增强群众组织力的重要保障。海外学者主要从干部任命、考核、选拔标准和培训等方面对中国共产党的组织制度进行探讨和研究。曹诗弟（Stig Thogersen）认为，为了增加干部选拔的透明度，改革开放后，中国对于乡镇干部的任命主要采取党管干部的模式。③ 托马斯·海贝勒在研究中主要探讨了中国在干部考核中存在的问题和不足。他指出，出于自我保护的动机，往往被考核的组织和干部会刻意掩盖自身的缺点，通过一些形式主义来应付上级组织的检查，容易造成干部队伍里形式主义之风盛行，不利于打造专业化的干部队伍。④ 在干部选拔标准方面，海外研究存在两种对立观点。一种观点认为德才兼备是干部选拔的主要参考因素，如加拿大学者贝淡宁（Daniel A.Bell）在研究中明确强调，政绩和才能是干部提拔的决定因素，领导干部不仅要定期接受组织的量化考核，而且要通过民意测评来评估其公众满意度。⑤ 另一种观点认为中国的干部提拔主要是通过裙带关系来进行，如美国西北大学政治学系史宗翰（Victor Shin）将中国共产党的政治视为派系政治，认为中国的干部选拔不

---

① 阿尔贝托·莫雷诺·罗哈斯.中共为世界社会主义发展作出了重大贡献［N］.光明日报，2021-4-29（12）.

② 维克托·科特.中国取得的成就具有超越时代的意义［N］.光明日报，2021-7-08（12）.

③ Stig Thogersen，"Frontline Soldiers of the CCP: The Selection of China's Township Leaders"，The China Quarterly，no.194，pp.414-423，2008.

④ Heberer Thomas and Rene Trappel，"Evaluation Process，Local Cadres' Behaviour and Local Development Processes"，Journal of Contemporary China 22，no.84，pp. 1048-1066，2013.

⑤ ［加］贝淡宁.贤能政治［M］.北京：中信出版集团，2016：169-170.

是为了满足人民利益，而是为那些体制内的领导干部服务。[①] 显而易见，史宗翰的观点是建立在不了解中国国情和制度基础上的偏见，他所阐述的政党是权威主义的政党，而中国共产党是使命型政党，显然他的这一论调是错误的。在党的干部队伍培养和培训上，海外学者认同中国共产党的干部教育培训是建设高素质干部队伍的战略性工程，其中，郭良平指出，“中共通过中组部为干部制定了广泛的在职培训计划，如轮岗、挂职、党校学习”[②] 等，以确保执政党的连续性。

系统的组织机构是中国共产党增强群众组织力的战斗堡垒。海外学者主要从党校系统这一微观视角出发，对中国共产党组织机构存在的意义发表了看法。美国学者沈大伟认为，党校系统的设计对中国这样一个大国来说至关重要。通过党校的培训，党员领导干部强化了党性修养，能够提升他们的专业素养，增强对党的忠诚度。[③] 法国学者艾米莉·唐认为，党校是中国共产党培养领导干部的“摇篮”，从一定意义上说，是发挥组织优势，维护国家长久稳定的重要组织机构。[④] 英国学者彭轲认为，中国的党校机构主要承担着培养领导干部的任务，通过正规的培训，不仅能提高领导干部的专业素养和党性修养，而且能进一步增强领导干部对党的归属感和认同感。[⑤] 美国学者李咏平在谈到中国共产党历经百年依然屹立不倒的“奥秘”时，认为党校机构为培养领导干部发挥了巨大作用，是中国

① Victor Shin，“Getting ahead in the Communist Party: Explaining the Advancement of Central Committee Members in China”，American Political Science Review 106，No.1，pp.166–187，2012.

② ZHENG Y N, GORE L L P. The Chinese Communist Party in action:consolidating party rule [M].New York: Routledge, 2020:59–60..

③ [美]沈大伟．中国共产党：收缩与调适[M]．吕增奎，王新颖译．北京：中央编译出版社，2011：205.

④ 吕增奎．执政的转型：海外学者论中国共产党的建设[M]．北京：中央编译出版社，2011：169.

⑤ Frank N. Pieke，“The Production of Rulers: Communist Party Schools and the Transition to Neo-socialism in Contemporary China”，Social Anthropology，Vol.17，No.1，pp.25–39，Feb.2009.

共产党做好宣传工作，组织和号召广大人民群众加入党的建设事业的有效载体。[①]

（2）关于中国共产党人民群众观的研究

人民群众是中国共产党执政的最大底气和最强根基。百年来，中国共产党为何历经磨难依然能保持生机与活力？这是海外学者持续关注的热点问题。海外学者主要从“以人民为中心”和党的群众路线教育实践活动两方面深入探讨了中国共产党的群众观，认为中国取得举世瞩目的发展成就与其在实践中始终贯彻群众路线密不可分。

坚持“以人民为中心”是增强群众组织力的价值旨归。以人民为中心是中国共产党人的初心和本色。海外学者充分肯定了中国共产党人民至上的执政理念。西班牙共产党主席何塞·路易斯·森特利亚·戈麦斯在回顾中国共产党百年发展历程时谈到，中国共产党始终坚持人民利益高于一切的理念，在此过程中同人民群众形成了密切联系，这是中国共产党取得百年辉煌成就的根本动力所在。[②]津巴布韦驻华大使弗雷德里克·沙瓦认为，“中国共产党具有超强的执政能力，无论是中央、地方还是党员领导干部，都始终与人民群众紧密联系，致力于满足群众愿望[③]”。乌克兰学者 Г.К. 克留奇科夫对中国共产党的执政理念给予充分赞扬，认为“人民”二字在中国共产党心中的分量最重，其制定的一切政策理念都是围绕人民展开的。[④]老挝政治学院教授苏帕娃迪·拉坎赛指出，中国共产党始终将改善民生作为其执政的关键部分和环节，把以人民为中心作为党的神

① Charlotte P. Lee. Training the Party: Party Adaptation and Elite Training in Reform-Era China[M]. England: Cambridge University Press，2015.

② 何塞·路易斯·森特利亚·戈麦斯. 中国共产党百年成就源于始终保持本色[N]. 光明日报，2021-3-31（11）.

③ 关注中国——41位驻华官员谈中国共产党[M]. 北京：红旗出版社，2011：236.

④ Г.К. 克留奇科夫. 中国共产党是鼓舞人心的榜样[N]. 光明日报，2021-6-6（12）.

圣使命。[①] 德国学者汉斯·莫德罗通过自己在中国的亲身经历，讲述了中国共产党为人民摆脱贫困、走上小康生活所做的努力，认为这样的执政理念值得世界上很多国家和政党领导人学习。[②] 意大利共产党总书记毛罗·阿尔博雷西多年来一直十分关注中国共产党的发展，认为其在行动纲领中明确了增进人民福祉的理念，这是中国得以迅速发展进步的关键因素。[③] 阿根廷共产党人鲁文·达里奥·古塞蒂认为，近年来，西方国家纷纷陷入危机，与此形成鲜明对比的是，中国共产党始终保持着稳定发展，究其根源还是执政理念不同所导致的差异。中国共产党根植于人民，发展为人民，这是其成功的原因所在。[④] 意大利学者安德烈·卡托内将中国共产党取得的非凡成就归结于人民群众，认为坚持以人为本，获得群众支持，为中国共产党执政提供了极大便利。[⑤]

坚持走群众路线是增强党的群众组织力的重要基础。一直以来，海外媒体和学者将群众路线作为研究中国共产党执政方略的重要"窗口"，认为群众路线在一定程度上是中国共产党的动员模式。通过政治动员，中国共产党能够与群众建立密切联系，从而推动执政政策的实施。[⑥] 海外学者主要通过公开出版的著作，对中国共产党的群众路线做深入分析。如美国学者詹姆斯·R. 汤森（James R. Townsend）在《中国政治》[⑦] 一书中深入分析了群众路线的巨大作用。德国学者埃利亚斯·卡内蒂（Elias Canetti）在

① 苏帕娃迪·拉坎赛．中国共产党创造百年辉煌的成功经验［N］．光明日报,2021-6-26（08）．

② 汉斯·莫德罗．中共建党一百年：前进步伐毫不停歇［N］．光明日报，2021-4-26（12）．

③ 毛罗·阿尔博雷西．中国共产党的成就与探索对全人类意义重大［N］．光明日报，2021-5-5（03）．

④ 鲁文·达里奥·古塞蒂．百年大党的成功之道［N］．光明日报，2021-5-29（12）．

⑤ 安德烈·卡托内．中国共产党的百年历程：改变了中国命运、丰富和发展了马克思主义［J］．世界社会主义研究，2021（2）：40-48.

⑥ Schenk-Sandbergen, "Some Aspects of Political Mobilization in China", Modern Asian Studies, Vol.7 No.4, 1973, pp.667-699.

⑦ ［美］詹姆斯·R. 汤森．中国政治［M］．顾速译，南京：江苏人民出版社，2004.

《群众与权力》[①]一书中，从人的生物性和社会性结合视角出发，阐释了“群众”与“权力关系”这两个核心概念，深刻剖析了群众与群体的动态关系，一定程度上回答了中国群众为何能够服从于中国共产党的统治。苏联学者葛烈勃涅夫在《报纸编辑部的群众工作》[②]一书中从布尔什维克的办报视角出发，深入论述了无产阶级政党办报的三大原则：一是要按照其性质和政治目的，办出真正是属于群众的、人民的党报党刊；二是报刊对于促进党与群众的关系十分重要，是党联系群众的最坚韧工具，更是党组织和发动群众的最重要力量；三是报刊的创办也需要人民群众的参与，它的群众性和人民性是在广大人民群众参与的基础上建立起来的。这些办报原则为中国共产党做好群众宣传工作无疑提供了重要参考借鉴。除此之外，还有美国学者马克·塞尔登（Selden Mark）编著的《革命中的中国：延安道路》[③]、尼古拉·布朗（Nicholas Brown）、伊莫瑞·泽曼（Imo Zeman）编著的《什么是群众？——迈克尔·哈特和安东尼·内格里访谈录》[④]等书都对群众工作机制和方法做了较为系统的研究。由此看来，作为各个国家的执政党，尽管国情不同，但对于群众工作的方式方法，应该有一些共同的规律。在当前的国际环境下，许多国家出现了复杂的社会问题，党群矛盾日益尖锐。国外一些政党为解决执政难题，纷纷将目光投射到群众的支持和拥护上。因此，国外政党在群众工作机制方面积累的经验，对新时代中国共产党增强群众组织力有一定借鉴和参考价值。

总而言之，在以上研究中，国外学者们充分肯定了中国共产党执政为民的群众观，但由于价值观念使然，国外学者的思维模式比较受限，研究

---

① ［英］埃利亚斯·卡内蒂．群众与权力［M］．冯文光译，北京：中央编译出版社，2003.

② ［苏］葛烈勃涅夫．报纸编辑部的群众工作［M］．北京：三联书店，1950.

③ ［美］马克·塞尔登．革命中的中国：延安道路［M］．魏晓明、冯崇义译，北京：社会科学文献出版社，2002.

④ 尼古拉·布朗，伊莫瑞·泽曼．什么是群众？——迈克尔·哈特和安东尼·内格里访谈录［M］．王逢振译，上海：上海人民出版社，2005.

视角比较狭窄，多局限于中国共产党在经济方面的作为，忽视了从政治、文化、社会等多维视角来探讨，研究缺乏全面性和系统性。

（3）关于习近平治国理政的相关问题研究

随着人类命运共同体的构建和“中国故事”在国际上的传播，中国共产党在脱贫攻坚等方面取得的巨大成就受到国外学者与媒体的关注。他们认为这些巨大成就的取得，离不开中国共产党强大的组织优势和动员能力。

脱贫攻坚有力彰显了党的群众组织力。党的十八大以来，面对摆脱贫困这一历史重任，中国共产党团结凝聚民族伟力，全面打响脱贫攻坚战，取得了消除贫困的伟大成就，获得了广大人民群众的支持和赞扬。国外学者高度赞扬中国所取得的扶贫成就，持续关注中国脱贫攻坚新动向，将这一伟大成就归结于中国共产党的力量优势上。2017年4月29日，《经济学人》刊登了《跌宕起伏：中国正在尝试新的扶贫方法》一文，指出，“中国不仅消除了城市贫困问题，还把农村贫困人口从1980年的7.75亿减少到2016年的4300万。到2020年时，中国打算让所有人都脱贫，充分彰显了集中力量共克贫困的决心”①。美国学者约翰·库珀指出，“中国能在短时间内动员巨大力量参与扶贫事业，这是世界上其他国家所不能比拟的”②。马丁·拉瓦雷（Martin Ravallion）在研究中指出，“改革开放以来，摆脱贫苦一直是中国政府的重心工作，党的十八大以来，中国共产党以强大的执行力和组织动员力完成了这一使命，震撼了世界”③。另外，还有部分学者通过研究中国特色社会主义制度，凸显了制度优势在扶贫中的作用。格里菲斯大学教授马文森指出，与西方制度相比，中国制度的优势在于能够集中

① “Stumbling along the Last Mile: China is Trying a New Approach to Poverty”, The Economist, Vol.423, Iss.9038, 2017, p.51.

② COPPERJF. China is Best Placed to Tackle Rural Poverty Globally, and the West isn't Happy about it [N].South China Morning Post, 2019-04-10.

③ Martin Ravallion and Shao Hua Chen, “China's (Uneven) Progress against Poverty”, Journal of Development Economics, Vol.82, No.1, 2007, pp.1-42.

力量办大事。这在扶贫过程中发挥了重要作用，能够举一国之力实施脱贫战略，这一成就是举世无双的。[①] 尽管当前中国脱贫成效显著，但也有部分海外学者提出疑问和担忧，“如何实现脱贫的可持续性，防止大规模的贫困人口返贫？这对中国政府来说将是今后要面临的一个巨大压力”[②]。除以上观点外，中国在消除自身贫困的基础上，积极参与国际减贫事业也得到了海外学者的肯定和赞扬。有学者指出：“在对全球减贫的贡献率方面，中国政府起到了榜样示范作用，给世界人民以极大的鼓励和信心，同时，也在国内民众心中树立了良好的执政形象，进一步凝聚了民心。”[③]

抗击疫情充分发挥了党的群众组织力。“打赢疫情防控人民战争，就要将全国人民动员、组织、凝聚起来。”[④] 自疫情暴发以来，广大中国人民团结协作，汇聚起强大的抗“疫”合力，使党的群众组织力得到彰显。在这场抗击新冠疫情的斗争中，织就了党中央总揽全局，各级党组织和政府部门组织动员的全民疫情防控大网。在党中央的号召下，广大群众自发组织起来，参与疫情防控，实现了自我管理和自我服务，构建起群防群治的强大防线。海外媒体和学者高度赞扬了中国政府在疫情面前所展现出来的群众组织力和社会号召力。世界卫生组织新冠肺炎联合专家布鲁斯·艾尔沃德指出，“这次疫情展现出中国共产党极强的凝聚力和责任感，成千上

---

① The Way Forward Stories of Poverty Reduction in China, Beijing: Foreign Language Press, 2018, p. Ⅵ.

② Patrick S. Ward, “Transient Poverty, Poverty Dynamics, and Vulnerability to Poverty: An Empirical Analysis Using a Balanced Panel from Rural China”, World Development, Vol.78, 2016, pp.541–553.

③ Steven Si, David Ahlstrom, Jiang Wei and John Cullen, “Business, Entrepreneurship and Innovation Toward Poverty Reduction”, Entrepreneurship & Regional Development, Vol.32, No.1–2, 2020, pp.1–20.

④ 张浩 . 坚决打赢疫情防控的人民战争［N］. 人民日报，2020–2–27（09）.

万中国人民组织起来，形成一股势不可当的抗疫力量”[①]。美国棕榈滩州立大学教授大卫·佩纳（David S. Pena）认为，“中国共产党拥有一呼百应的强大动员力，在面对疫情肆虐时，能够快速调动全国资源和力量，这是其他国家无可比拟的”[②]。韩国檀国大学政治外交系教授金珍镐表示，“在这场疫情大考中，中国共产党组织优势显著，快速形成全国一盘棋的团结局面，其组织动员能力坚不可摧”[③]。加拿大约克大学吴卡里（Cary Wu）撰文指出：“中国共产党对人民健康高度负责的情怀和担当，激励中国人民汇聚成坚不可摧的抗疫力量，是中国战‘疫’的独有优势。”[④]英国卫生保健中心研究员刘易斯·何塞（Lewis Husain）在深入研究中国的医疗卫生服务体系后指出，“完善的卫生服务体系使中国在面临疫情时临危不乱，在做好本国疫情防控基础上，能够尽最大能力为他国提供有效支援，这也是中国共产党在人民心中拥有极高威望的重要原因”[⑤]。

（二）国内研究现状[⑥]

自十九大报告提出“增强党的群众组织力”以来，越来越多的学者将这一话题纳入自己的研究视野。截至2022年9月，以CNKI（中文知网）为数据源，以“组织力”为题进行检索获得相关文献2133篇，涉及企业管

---

① 新华社.中国—世界卫生组织新冠肺炎联合专家考察组举行新闻发布会［EB/OL］. http://www.gov.cn/xinwen/2020-02/25/content_5482875. htm#1.

② David S.Pena, “Comparing the Chinese Dream with the American Dream”, International Critical Thought, Vol.5, No.3, 2015.

③ “中国积累的宝贵防控经验使世界各国受益”——国际人士高度评价中国抗击疫情取得积极成效［N］. 人民日报，2020-3-19（03）.

④ Cary Wu et al. “Chinese Citizen Satisfaction with Government Performance during COVID-19” Journal of Contemporary China, Vol.30, No.132, 2021.

⑤ Lewis Husain, “ Policy Experimentation and Innovation as a Response to Complexity in China's Management of Health Reforms”, Globalization and Health, Vol.13, No.54, 2017.

⑥ 本节部分内容已发表，参见贺娜.新时代中国共产党群众组织力建设研究综述［J］. 昆明理工大学学报（社会科学版），2022（01）：57-62.

理、教育学、国家治理等不同研究领域，可谓成果丰硕，为我们从不同角度认识“组织力”的内涵、本质与特征提供了前期基础。以“群众组织力”为题进行检索，有333篇文献，涉及马克思主义、高等教育、企业管理等多学科领域（如图1–1和图1–2）。以“党的群众组织力”为题进行检索，有81篇文献，研究成果多集中在党的建设领域（图1–3）。当前国内学者的研究集中于以下几方面。

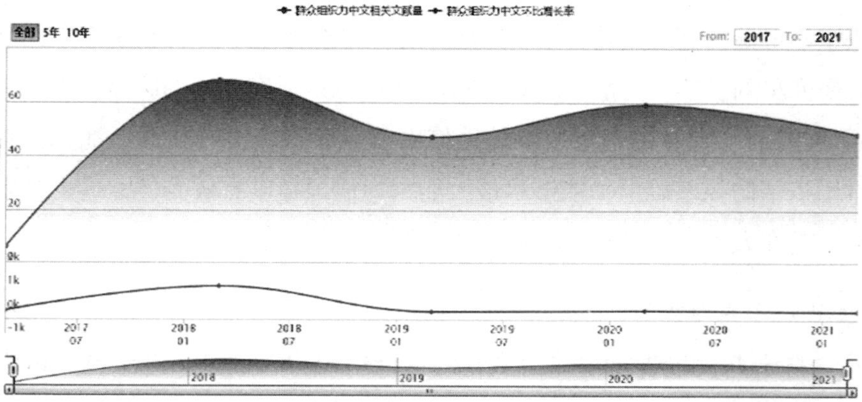

图1–1 “群众组织力”学术关注度 ①

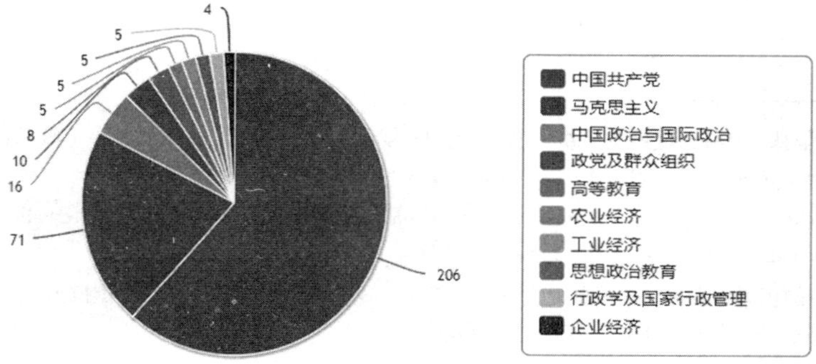

图1–2 “群众组织力”研究学科分布图

① 数据来源：在CNKI（中文知网）中对“群众组织力”进行“知识元检索”，得到当前“学术关注度”的可视化图。

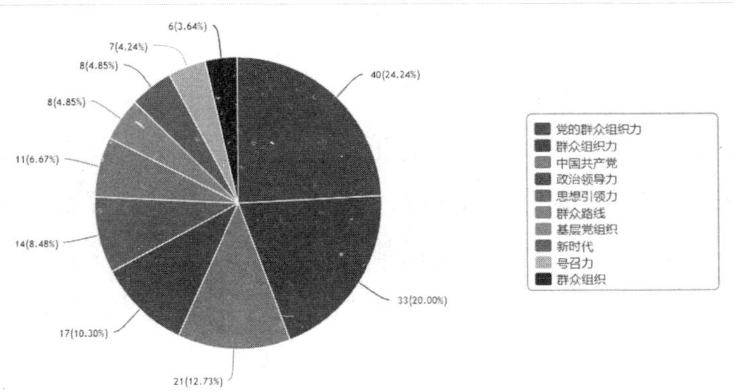

图1–3 “党的群众组织力”研究主题分布图

（1）中国共产党群众组织力的基本内涵及重大意义研究

在开展中国共产党群众组织力课题研究时，关键环节就是明确“何谓党的群众组织力”及“党的群众组织力有何意义”。全面把握党的群众组织力的基本内涵及其重大意义是研究该课题的逻辑起点。从词源学的角度看，群众组织力的核心关键词是“组织力”，而组织力是与管理学中的“组织”密切相关的一个概念。从西方管理学的视角看，组织力是组织高效协作以实现目标的一种能力或力量。厘清管理学视角下组织力的基本概念，有助于为本研究提供更宽广的研究视角和思路借鉴，更好把握群众组织力的基本内涵及重大意义。

中国共产党群众组织力的基本内涵研究。对党的群众组织力内涵的科学界定是开启该研究大门的“锁钥”。从现有研究成果看，国内学者对“党的群众组织力”基本内涵的解读见仁见智，代表性的观点主要有“执政能力说”“目标使命说”“社会实践说”“多维角度说”。学者们对其基本概念的多维度解读，丰富了新时代党的群众组织力的科学内涵。

一是“执政能力说”。强大的群众组织力是党实现长期执政的重要基础。研究者在阐释“中国共产党群众组织力”概念时，紧扣“执政能力”

语境，认为要实现党的长期执政，必须凝聚群众共识，在增强党的群众组织力中提升党的执政能力。黄清迎（2018）认为，在新的历史条件下，群众组织力是党实现长期执政的重要保障，它是指中国共产党依靠、组织和动员亿万群众推进“四个伟大”的能力。① 杨华（2019）认为，群众组织力是指中国共产党为保持长期执政，实现国家富强和人民幸福，发挥群众力量达成“四个伟大”战略构想的能力。② 李林宝（2017）认为，作为党执政兴国、完成历史使命的一项基础性能力，群众组织力能够促进党的执政能力的全方位提高，从而在根本上增强党的领导力。③

二是“目标使命说”。王梅枝（2018）认为，群众组织力与党的目标使命紧密关联，是党为了实现自身目标、完成历史使命而凝聚群众的能力。④ 秦晓波、陈曦（2019）认为，群众组织力是完成党在各个阶段目标和使命的核心能力。⑤ 龚少情（2019）指出，对中国共产党而言，党的群众组织力就是在特定的历史条件下，将一定范围的群众组织起来，并采取一致行动所展现出来的作用力。⑥

三是“社会实践说”。群众组织力是一个实践课题，要在不断的社会实践中才能凸显其价值内核。廖清成、罗家为（2020）认为，党的群众组织力不是一个空洞的理论概念，而是在党治国理政的实践中才能发挥其价值，是党组织、动员和教育人民群众进行社会实践的能力。⑦ 尹传政（2020）

① 黄清迎. 新时代党的领导力提升的内涵、缘由和路径分析 [J]. 理论导刊，2018（10）：59-67.

② 杨华. 如何提升党的群众组织力 [J]. 人民论坛，2019（3）：108-109.

③ 李林宝. 人民拥护和支持是党执政的最牢根基 [N]. 人民日报，2017-11-6（11）.

④ 王梅枝. 新时代如何增强党的群众组织力 [J]. 学习月刊，2018（7）：37-40.

⑤ 秦晓波，陈曦. 适应新时代新挑战 不断提升党的群众组织力 [N]. 沈阳日报，2019-5-30（010）.

⑥ 龚少情. 新时代党的群众组织力的生成逻辑和实践路径——党、国家与社会的关系视角 [J]. 社会主义研究，2019（3）：101-107.

⑦ 廖清成，罗家为. 以党的群众组织力引领乡村协商治理 [N]. 学习时报，2020-4-29（007）.

认为，群众组织力作为党不可或缺的一项基础能力，只有在组织和动员群众参与社会实践活动的过程中，才能真正得以增强和提升。①

四是“多维角度说”。党的群众组织力是衡量党执政水平的重要标尺，其科学内涵体现在党治国理政的各方面，因而，学者们也从不同角度审视“党的群众组织力”的基本内涵。陈翔（2021）在深刻把握党的群众组织力命题基础上，认为群众组织力在治国理政中的作用不可或缺，只有依靠、组织和团结群众才能完成党的伟大事业。②刘华超、臧秀玲（2019）认为，党的群众组织力是对新时代群众工作的新认识和新判断，是有效推进治国理政，并在此基础上巩固执政地位的能力。③刘波（2018）认为，党的群众组织力不是一个空洞概念，而是在深刻洞察时势基础上，动员组织群众进行伟大斗争的能力。④

中国共产党群众组织力的重大意义研究。在利益多元、观念多样、思想多变的新时代，群众主体发生重大变化，只有充分认识到增强群众组织力的重要性和紧迫性，才能防范脱离群众危险，提高党的治理能力和水平。

一是巩固党的执政基础的应有之义。人民群众是党的力量来源，只有发挥人民群众的强大作用，才能不断巩固党的执政根基。纪中强（2018）认为，群众组织力是党密切联系群众的重要法宝，对贯彻党的群众路线和巩固党的执政根基意义重大。⑤庞瑞华（2020）认为，增强党的群众组织力，不仅有利于提高党的执政本领，而且对巩固党的执政基础无疑具有重大价

① 尹传政．增强党的群众组织力探析［J］．中国特色社会主义研究，2020（2）：100–106.

② 陈翔．新时代中国共产党群众组织力的伦理共识［J］．长白学刊，2021（3）：46–55.

③ 刘华超，臧秀玲．新时代增强党的群众组织力探析［J］．甘肃理论学刊，2019（5）：54–59.

④ 刘波．建设新的伟大工程须统筹增强“四力”［J］．人民论坛，2018（11）：110–111.

⑤ 纪中强．增强党的群众组织力的必要性、难点及路径选择［J］．岭南学刊，2018（3）：67–73.

值。[①] 祝灵君（2018）认为，增强党的群众组织力，无论从理论逻辑、历史逻辑或实践逻辑看，都是马克思主义政党建设的必然结果，是建设世界上最强大政党的必然要求。[②]

二是防范化解风险挑战的现实之需。当今世界变幻莫测，机遇和挑战并存，要在世界潮流中把握机遇、化解风险挑战，党的群众组织力是最大战略定力。薛万博（2018）指出，面对国际国内纷繁复杂的局势，各种利益矛盾和挑战并存，要想团结凝聚起广大群众，就必须增强群众组织力。[③] 王喆（2019）认为，在改革进入攻坚期和深水区的重要阶段，亟须通过组织群众来凝聚力量，化解各种风险挑战。[④] 张玉君（2020）认为，群众组织力作为我们党的制胜法宝，能化解未来道路上的风险挑战，永葆党的生机活力。[⑤]

三是推进国家治理体系和治理能力现代化的重要途径。从一定程度上而言，国家有效治理源自群众需要，团结凝聚群众有利于完善国家治理体系。翚婷（2020）认为，党的群众组织力作为国家治理体系的重要环节，为治理能力和水平的提高提供动力支撑。[⑥] 张弘弛（2019）认为，党的群众组织力与国家治理紧密相关，强大的群众组织力有利于提高党的有效治理水平。[⑦] 王梅枝（2018）认为，党的群众组织力为实现新时代的历史使命创造了有利条件。[⑧]

---

① 庞瑞华. 新时代增强党的群众组织力的路径探析［J］. 南京航空航天大学学报（社会科学版），2020（3）：28-32.

② 祝灵君. 适应新时代新挑战 增强党的群众组织力［J］. 党建研究，2018（6）：24-26.

③ 薛万博. 为什么要强调增强党的群众组织力［J］. 党的生活（黑龙江），2018（7）：13.

④ 王喆. 不断增强党的群众组织力［N］. 解放军报，2019-3-18（007）.

⑤ 张玉君. 不断增强党的群众组织力［N］. 解放军报，2020-10-30（007）.

⑥ 翚婷. 中国共产党发挥群众组织力的历史沿革与经验启示［J］. 实事求是，2020（4）：28-34.

⑦ 张弘弛. 新时代增强党的群众组织力探论［J］. 中共山西省委党校学报，2019（5）：41-44.

⑧ 王梅枝. 新时代如何增强党的群众组织力［J］. 学习月刊，2018（7）：37-40.

（2）中国共产党群众组织力建设的历史探索和现实境遇研究

中国共产党自成立以来，注重通过群众组织力来推进和保障党的各项方针政策的执行。在社会主义革命、建设和改革的历史实践中，党的群众组织力始终贯穿其中，成为党长期执政的重要根基。从历史视野出发探寻中国共产党群众组织力的发展脉络，从中总结提炼出可资借鉴的宝贵经验，为解决新时代中国共产党群众组织力的现实困境提供重要遵循。

中国共产党群众组织力建设的历史进程和基本经验研究。强大的群众组织动员能力是中国共产党的显著优势。中国共产党群众组织力的形成从萌芽、成熟到逐步发展完善有着深厚的历史根基。学者们主要从时间划分视角和群众需要视角对其进行梳理，在此基础上提炼党的群众组织力的建设经验。

一是时间划分视角。翚婷（2020）认为，中国共产党的不断发展壮大，与党在各个时期重视发挥群众组织力密切相关。如新民主主义革命时期，党形成与群众密切联系的关系；社会主义革命和建设时期，党重视与群众全面依靠的关系；改革开放以来，党重建与群众利益实现的关系；党的十八大以来，党强化与群众良性互动的关系。[①] 尹传政（2020）立足新民主主义革命时期、中华人民共和国成立后和党的十八大以来这三个历史阶段，系统梳理了党的群众组织力在各个历史阶段的实践探索，总结并揭示了群众组织力是党不断走向胜利的制胜法宝。[②]

二是群众自身需要视角。王学俭、王秀芳（2021）认为，中国共产党的群众组织力主要由渴望满足需要的群众、目标明确的政党和科学有效的组织手段三个要素构成，缺一不可。其中，群众自身的需要是群众组织力建设的关键环节。从党的发展历程看，群众的需要经历了阶级斗争自愿阶

① 翚婷 . 中国共产党发挥群众组织力的历史沿革与经验启示［J］. 实事求是，2020（4）：28-34.

② 尹传政 . 增强党的群众组织力探析［J］. 中国特色社会主义研究，2020（2）：100-106.

段、阶级斗争强化阶段、物质利益引导阶段和全方位获得感提升阶段。正是在不断满足群众自身需要的过程中，党的群众组织力建设规律和方法路径才逐渐被发现和掌握。①

三是立足宏观视野提炼和总结党的群众组织力建设的基本经验。任爱芬、魏磊（2018）认为，在长期革命过程中，中国共产党始终坚持人民至上、以党的先进形象感召引领群众、始终引导人民群众积极投身国家建设、始终让人民共享改革成果，这是中国共产党在群众组织力建设方面积累的宝贵财富和丰富历史经验。② 纪中强（2019）认为，要增强党的群众组织力必须从完善执政形象做起；必须掌握群众工作方式方法；必须提高群众工作本领；必须加强党群密切联系，如此，才能动员组织好广大人民群众。③ 张士海、任爱芬（2021）认为，在百年的发展历程中，中国共产党始终突出群众组织力的战略地位，在坚持人民群众根本立场的基础上，充分发挥党员干部的先锋模范作用，并运用灵活多样的方式方法动员群众，积累了关于党的群众组织力建设的丰富经验。④

中国共产党群众组织力建设的现实境遇研究。新时代，改革局势愈加复杂，各种矛盾交织显现，网络新媒体对群众工作提出更高要求，这些都为新时代党的群众组织力建设带来严峻挑战和考验。

一是部分党员领导干部组织群众的能力弱化。党员领导干部是党的群众组织力建设的“领头雁”，而少数党员干部在思想作风等方面存在问题，

---

① 王学俭，王秀芳 . 中国共产党群众组织力建设的百年回望［J］. 甘肃社会科学，2021（2）：9–16.

② 任爱芬，魏磊 . 改革开放以来中国共产党群众组织力建设的基本经验及其启示［J］. 南京政治学院学报，2018（5）：74–79.

③ 纪中强 . 改革开放以来中国共产党增强群众组织力的历史考察与基本经验［J］. 理论导刊，2019（6）：15–22.

④ 张士海，任爱芬 . 中国共产党群众组织力建设的百年历史经验［J］. 理论探讨，2021（1）：13–18.

严重影响和阻碍了党的群众组织力建设。张弘弛（2019）认为，少数党员干部群众意识淡薄，面对群众工作变化的新特点，不能及时做好群众服务工作，严重阻碍党的群众组织力发挥。[①] 纪中强（2018）认为，新形势下，群众主体的变化使党的群众工作面临诸多挑战，少数党员干部脱离群众严重影响党的群众组织力建设。[②] 秦晓波、陈曦（2019）认为，部分党员干部面对权力和金钱诱惑，"四风"问题依然存在，群众工作本领恐慌日渐凸显。[③]

二是部分党的基层组织软弱涣散，群众服务意识淡化。庞瑞华（2020）认为，部分基层党组织功能发挥不足，存在淡化、弱化和边缘化问题，严重影响组织动员群众。[④] 刘华超、臧秀玲（2019）认为，部分党的基层组织如同虚设，不能履行服务群众的使命，导致二者之间的疏离感和冷漠感逐渐加大。[⑤] 李长学（2019）认为，在市场经济条件下，部分农村基层党组织受到冲击，突出表现为脱离群众，服务意识淡化，动员力、号召力和凝聚力明显降低。[⑥]

三是网络新媒体异军突起，群众工作创新面临困境。网络新媒体是把"双刃剑"，在为群众组织力建设带来机遇的同时，也带来了诸多挑战。任思琪（2019）认为，党的十八大以来，在"互联网 +"经济大潮推动下，自媒体和微媒体蓬勃发展，在人人可发声，事事可上网的背景下，给群众

---

① 张弘弛 . 新时代增强党的群众组织力探论 [J]. 中共山西省委党校学报，2019（5）：41–44.

② 纪中强 . 增强党的群众组织力的必要性、难点及路径选择 [J]. 岭南学刊，2018（3）：67–73.

③ 秦晓波，陈曦 . 适应新时代新挑战 不断提升党的群众组织力 [N]. 沈阳日报，2019–5–30（010）.

④ 庞瑞华 . 新时代增强党的群众组织力的路径探析 [J]. 南京航空航天大学学报（社会科学版），2020（3）：28–32.

⑤ 刘华超，臧秀玲 . 新时代增强党的群众组织力探析 [J]. 甘肃理论学刊，2019（5）：54–59.

⑥ 李长学 . 新时代农村基层党组织组织力现状与提升 [J]. 理论导刊，2019（7）：23–28.

组织力建设带来巨大挑战。[①] 祝灵君（2018）认为，当前受全球化、互联网和新媒体影响，网络群众动员特征显著，迫切要求我们走好网络群众路线。[②] 郭华、文学禹（2018）认为，在网络时代，人民群众表达渠道增多，群众的主体性不断被强化，这为新时代党的群众工作带来了全新挑战。[③]

（3）中国共产党群众组织力建设的路径建构研究

党的群众组织力建设是一项系统工程，面对世情、国情和党情的调整变化，党的群众组织力建设也应与时俱进。

一是坚持以人民为中心，树立正确的群众理念。人民至上是新时代党的群众组织力建设的根本立场。黄清迎（2018）认为，当前，提升群众组织力要明确人民立场，彰显群众的主体价值，凸显人民利益至上的思想。[④] 于涛（2018）指出，人心是最大的政治，只有与群众心连心、携手并进，才能不断增强党的群众组织力。[⑤] 庞瑞华（2020）认为，人民群众对党的认同是群众组织力建设的强大动力，只有始终坚持以人民为中心，才能真正将人民群众凝聚起来，实现党的伟大使命。[⑥]

二是加强党的政治建设，突出群众组织力的政治功能。尹传政（2020）认为，民心是最大的政治，新时代增强党的群众组织力必须以政治建设为引领，在贯彻群众路线基础上严密党的组织体系，突出群众组织力的政治

① 任思琪 . 微媒体时代下高校学生党组织群众组织力建设研究［J］. 改革与开发，2019（1）：74–76.

② 祝灵君 . 适应新时代新挑战 增强党的群众组织力［J］. 党建研究，2018（6）：24–26.

③ 郭华、文学禹 . 新时代党的群众组织力提升的现实困境与制度创新［J］. 江西社会科学，2018（7）：219–227.

④ 黄清迎 . 新时代党的领导力提升的内涵、缘由和路径分析［J］. 理论导刊，2018（10）：59–67.

⑤ 于涛 . 从人心入手提升组织力［J］. 红旗文稿，2018（12）：26–27.

⑥ 庞瑞华 . 新时代增强党的群众组织力的路径探析［J］. 南京航空航天大学学报（社会科学版），2020（3）：28–32.

功能。[1] 张弘弛（2019）认为，政治建设是强化党的政治影响力的重要依托，新时代我们要以党的政治建设为统领，在加强基层党组织建设基础上创新群众工作方法，增强我们党的群众组织力。[2]

三是创新群众工作的体制机制，增强服务群众的本领。随着信息技术的迅猛发展，创新群众工作体制机制势在必行。刘波（2018）认为，党的群众组织力建设是一个动态发展的过程，需要依据形势变化不断创新。[3] 李辉卫（2018）认为，新时代增强党的群众组织力要在继承传统的基础上创新方式方法，抓住“关键少数”，努力解决群众难题。[4] 郭忠厅（2018）认为，新时代党应该围绕“人民群众坚定听党话、跟党走”这个核心目标，不断提高群众工作本领，建立健全群众工作的体制机制，全面增强党的群众组织力。[5] 刘华超、臧秀玲（2019）认为，只有通过打造高素质的干部队伍、增强服务群众的本领、不断完善群众工作的制度和方法，才能不断增强党的群众组织力。[6]

四是充分发挥网络新媒体的作用，提高群众凝聚力和向心力。网络新媒体在新时代党的群众组织力建设中扮演着重要角色。龚少情（2019）认为，网络传媒技术是动员群众的利器，应充分利用新媒体积极创新动员群众的新方式、新方法。[7] 郭华、文学禹（2018）认为，融合网络多媒体，

① 尹传政 . 增强党的群众组织力探析［J］. 中国特色社会主义研究，2020（2）：100–106.

② 张弘弛 . 新时代增强党的群众组织力探论［J］. 中共山西省委党校学报，2019（5）：41–44.

③ 刘波 . 建设新的伟大工程须统筹增强“四力”［J］. 人民论坛，2018（11）：110–111.

④ 李辉卫 . 不断增强党的群众组织力进一步筑牢党的执政基础［J］. 中国党政干部论坛，2018（3）：23–26.

⑤ 郭忠厅 . 新时代提升党的群众组织力的路径选择［J］. 哈尔滨市委党校学报，2018（4）：41–44.

⑥ 刘华超，臧秀玲 . 新时代增强党的群众组织力探析［J］. 甘肃理论学刊，2019（5）：54–59.

⑦ 龚少情 . 新时代党的群众组织力的生成逻辑和实践路径——党、国家与社会的关系视角［J］. 社会主义研究，2019（3）：101–107.

把握好网上舆论引导，这对党的群众组织力建设尤为重要。[①]纪中强（2018）认为，要充分利用新媒体优势，以正确舆论引导密切党群联系，增强党的群众组织力。[②]

（三）研究述评

总体来看，国内外关于中国共产党群众组织力的研究，将历史和现实、中国和世界等相结合，在理论和实践的张力之间深化了关于中国共产党群众组织力来源及其价值等相关问题的认识，为我们推进新时代中国共产党群众组织力研究提供了有力学术支撑。但是，囿于主观客观条件所限，国内外学者的研究依然存在不足之处，通过对现有国内外文献进行述评，可以为本选题的研究提供新的可发掘空间。

（1）国外研究述评

通过查阅和梳理相关文献，目前海外没有专门针对“中国共产党群众组织力”的研究成果。海外学者多是从中国共产党的组织建设、中国共产党人民群众观以及习近平治国理政智慧等角度出发，间接涉及和论述中国共产党的群众组织力问题。国外研究主要呈现出以下特点。

第一，研究范围逐渐广泛。近年来，随着中国国际影响力的不断扩大，海外学者研究视野逐渐广阔，在中国共产党群众组织力研究方面，侧重于从党的组织机构、人民群众观等微观角度入手，来探寻中国共产党强盛不衰的“奥秘”，研究成果呈现多元化的鲜明特点。此外，一些海外媒体对中国共产党群众组织力的研究和关注日益增多，总体来看，海外对中国共产党群众组织力的研究范围和领域拓展明显。

① 郭华，文学禹．新时代党的群众组织力提升的现实困境与制度创新［J］．江西社会科学，2018（7）：219–227.

② 纪中强．增强党的群众组织力的必要性、难点及路径选择［J］．岭南学刊，2018（3）：67–73.

第二，研究重点和热点不断凸显。党的十八大以来，海外学者对中国共产党的关注度日趋增强，将视角锁定在对中国共产党自身建设的研究上，对党的建设各方面予以关注，将其作为研究重点加以重视。同时，海外媒体、学者、政要对中国共产党的脱贫攻坚、抗击疫情等重大热点问题进行持续追踪报道，并通过这些重大事件研究中国共产党的群众组织力，勾勒出中国共产党的执政形象。

第三，研究方法多元多样。大多数海外学者在分析中国共产党的群众组织力时采用了比较研究法，将中西政党进行横向对比，在比较视野中挖掘党的群众组织力资源；还有一些海外学者侧重于剖析中国政府的文件、刊物等资料，或采用以访谈和调查为主的实证研究法，通过在中国实地调研和访谈收集的资料来研究中国共产党的群众组织力问题。

第四，呈现较为强烈的务实主义研究动机。海外学者对中国共产党群众组织力的研究大多以现实的战略需求为出发点，具有较强的政治导向性。近年来，面对“中国之治”和“西方之乱”，越来越多的海外学者能够较为客观地分析中国共产党治国理政的理论和实践，他们试图通过分析和总结中国共产党在群众组织力建设方面的经验来为各自国家或地区提供某种借鉴，或制定相应的对华政策。

与此同时，由于处在不同的政治立场和意识形态之下，海外学者的研究成果大多意识形态色彩浓厚，研究结论存在较多偏颇，不足之处主要表现在以下几方面。

一是“西方中心主义”价值色彩明显。由于所处的环境和价值观念影响，一些海外学者在开展研究时无法彻底摆脱西方思维模式，往往根据不恰当的考察、不完备的资料或主观构拟的体系做出判断，从而难免得出零散杂乱且失真的结论。甚至一些学者以一种西方的思维方式诠释中国模式和中国共产党的领导，其研究结果明显带有西方色彩，存在过于片面和情绪化的政治偏见和认识误区。

二是研究资料十分有限，容易形成一孔之见。海外学者研究中国问题有个天然的缺陷，由于缺乏对中国国情的深入了解，加上语言的限制，致使所掌握的一手资料十分有限。尽管随着国际交往的日益密切和学术交流的增多，部分海外学者有机会来中国进行实地考察调研，但总体而言，仍有大部分学者受地理条件和语言限制，无法掌握全面的研究资料。这就使得研究容易形成一孔之见，以偏概全，难以全面掌握中国共产党群众组织力问题研究的全貌。

三是在脱离中国实际国情来建构出自己的叙事及分析框架。国外学者由于缺乏对中国国情、中国历史等方面的了解，加上语言限制，致使所依据的材料十分有限。一些海外学者通过片面引用中国材料、重组有关的"关键词"，试图建构"中国"叙事，形成一个相对"科学"的范式。但是由于受到立场、方法和思维惯性的影响，得出的都是一些预设的结论，缺乏客观性和真实性。因此，要想得到海外学者的认同，除了讲好中国故事，还需要真诚交流，形成共鸣与共情。随着中国在世界舞台上的作用与日俱增，海外对中国共产党深度关注，进而对党的群众组织力研究也会日益增多，届时会有重大研究突破。

（2）国内研究述评

增强党的群众组织力不是一句简单的政治口号，而是事关党的领导力和执政力的大问题。当前，学术界在增强党的群众组织力研究方面已有了初步的学术基础，取得了可喜成果。主要表现在以下几方面。

第一，在党的群众组织力基本内涵的研究中，从多维视角探讨党的群众组织力的科学内涵，充分体现新时代开展党的群众组织力研究的必要性，为我们深刻认识和把握这一概念的精髓要义打开了思路，推动了党的群众组织力研究不断走向深入。

第二，在对党的群众组织力的重大意义研究上，分别从党的执政、改革发展和国家治理等视角进行阐释，突出党的群众组织力是党和国家发展的重要抓手，不仅关乎党的执政基础的稳固、国家治理体系的完善，更关乎改革发展的稳定。因此，新时代加强党的群众组织力问题研究势在必行且十分紧迫。

第三，在党的群众组织力的历史考察研究中，以中国革命、建设和改革的重要历史阶段为划分依据，从整体上把握这一理论研究的形成和发展逻辑，并在此基础上提炼总结出宝贵的历史经验，为未来的研究奠定坚实基础，为解决新时代中国共产党群众组织力建设的现实困境提供了有益参考。

第四，在对党的群众组织力的困境及实践路径研究上，学者们从我国改革发展面临的现实问题和挑战出发，对群众组织力的现实困境进行了多元探究，使群众组织力的提升奠定在更为理性的基础上；有针对性地对群众组织力的路径建构进行深入挖掘，使党的群众组织力研究有了基本遵循，提供了有益借鉴。

与此同时，由于党的群众组织力研究成果主要发表在期刊和报纸上，未有相关学术专著问世，缺乏系统性与深刻性。因此，还存在以下问题和不足。

第一，对党的群众组织力的内涵解读不够深入。尽管学者们对党的群众组织力的基本内涵都有所阐释，但对这一概念的界定仍停留在一般认知水平，仅将党的群众组织力作为一个整体来泛泛而谈，即从外延界定的比较多，从内涵明确的比较少，缺乏多维度、更深层次的学理分析和阐释。因此，如何科学界定群众组织力的核心内涵，并对其进行层层剖析和深入阐释，需要进一步思考。

第二，对党的群众组织力的重大意义探讨不够深化。学者们对群众组织力的重大意义研究基本达成了共识，但总体来说，探讨多偏于理论，尚需结合实践的不断发展加以深化。今后，继续深刻认识和精准把握党的群众组织力的重要意义，对新时代增强党的群众组织力尤为必要和紧迫。

第三，对党的群众组织力的历史进程和基本经验总结不够全面。党的群众组织力是理论和历史相统一的结果，从现有研究看，较少有涉及对群众组织力的理论挖掘和溯源，这为接下来党的群众组织力的研究突破理论基础层面打开了新的“窗户”；同时，党在历史发展的各个时期所取得的经验不可避免地带有历史印记和局限性，而新时代党和国家事业发生了历史性变革，只有将历史经验与现实问题相结合且融会贯通，才能真正助力于党的群众组织力研究。

第四，对党的群众组织力建设的困境及实践路径阐释不够系统化。党的群众组织力建设研究不是一劳永逸的，而是一项系统复杂的宏大工程。因此，对其现实困境的研究应站在更高的理论层面上，而不仅是微观视角的透视。与现实困境相对应的路径建构研究也不能偏重某一层面或角度，而要坚持整体布局和系统设计，使党的群众组织力研究更加科学化和深入化。

（3）未来研究方向与展望

基于以上研究概貌，为进一步完善党的群众组织力研究理论，今后可将下述几方面作为研究的“生长点”。

一是重视深化对党的群众组织力内涵的研究。党的群众组织力是一个相对复杂的概念，不可从单一要素方面去理解。从其内涵界定来看，大多数学者存在固化倾向，在党的群众组织力内涵界定上存在同质化和简单化问题，大多从执政能力、人民美好生活需要等方面进行整体性界定。但随着社会的发展，这些层面的具体需求也会发生变化。因此，借鉴和运用多学科的研究视角，多维度剖析党的群众组织力这一核心概念，探寻群众组织力内涵中一些固定不变的内在属性，是未来研究群众组织力基本内涵应该明确和继续追寻的重中之重。同时，通过查阅文献，笔者发现几乎没有学者对党的群众组织力的构成要素做出具体研究。那么，党的群众组织力究竟包含哪些要素？如何才能形成强大的群众组织力合力？这将是值得深入研究的问题。

二是充分挖掘和运用党的群众组织力的理论资源。目前，对马克思主义经典作家的群众理论挖掘不够深入是党的群众组织力问题研究的短板。马克思、恩格斯和列宁的群众理论在党的群众工作研究中占据了重要地位。因此，继续深化新时代群众组织力问题的研究亟须回归经典源头，充分挖掘和深度耕犁马克思主义经典作家文献中的相关论述，加大对党的群众组织力理论资源的研究力度，并将其有效运用到该研究中，为党的群众组织力研究提供理论支撑。

三是全面总结和系统把握党的群众组织力的历史探索。群众组织力的研究不仅要有国内各个历史阶段的比较与总结，还应有国际视野的比较和审视。在今后的研究中，一方面，要深化研究党的群众组织力的历史过程，研究中国共产党在革命、建设、改革和新时代不同阶段群众组织力的接续传承和逻辑关系；另一方面，要将历史与现实相结合，通过对历史的总结梳理来服务于现实，增强论证观点的力度和厚度。

四是要不断深化党的群众组织力的对策路径研究。党的群众组织力是一项实践性很强的课题，因此，在今后研究中必须提高对策路径的针对性和实效性。党的群众组织力是一个双向互动的过程，需要党和人民群众同向互动才能实现。在路径对策研究方面，不仅要从党的建设这一整体层面出发，还要结合群众组织力面临的现实挑战，找到二者之间的最佳“平衡点”和“公约数”，达到使研究服务于实践的目的。

四、研究思路、内容和方法

（一）研究思路

本文以马克思主义群众观为科学指导，以中国共产党几代领导人关于群众工作的重要论述为理论基础，综合运用多种研究方法，在对中国共产党群众组织力进行基本学理分析的基础上，立足新时代，构建新时代中国共产党群众组织力的理论分析框架，并对其在提升过程中取得的主要成效、面临的机遇和挑战进行了系统分析，旨在探讨新时代中国共产党群众组织力"如何生成""有何问题""如何应对"等基本问题。

首先，对现有研究成果进行综述，掌握本文研究的基本概貌。其次，通过理论溯源，深入挖掘中国共产党群众组织的理论根基，旨在探究中国共产党群众组织力产生和发展的逻辑起点。通过理论借鉴，全面拓宽中国共产党群众组织力的研究视野。再次，对中国共产党群众组织力进行比较系统的学理分析，阐释其科学内涵、构成要素和运行机制。在此基础上，从历史发展脉络系统考察党的十八大之前中国共产党提升群众组织力的历史演进和基本经验，为新时代增强党的群众组织力提供遵循和指导。最后，系统总结和分析新时代中国共产党提升群众组织力的实践探索和主要成效、多重机遇和主要挑战，并针对性地提出相对应的解决路径。

逻辑架构如图1–4所示：

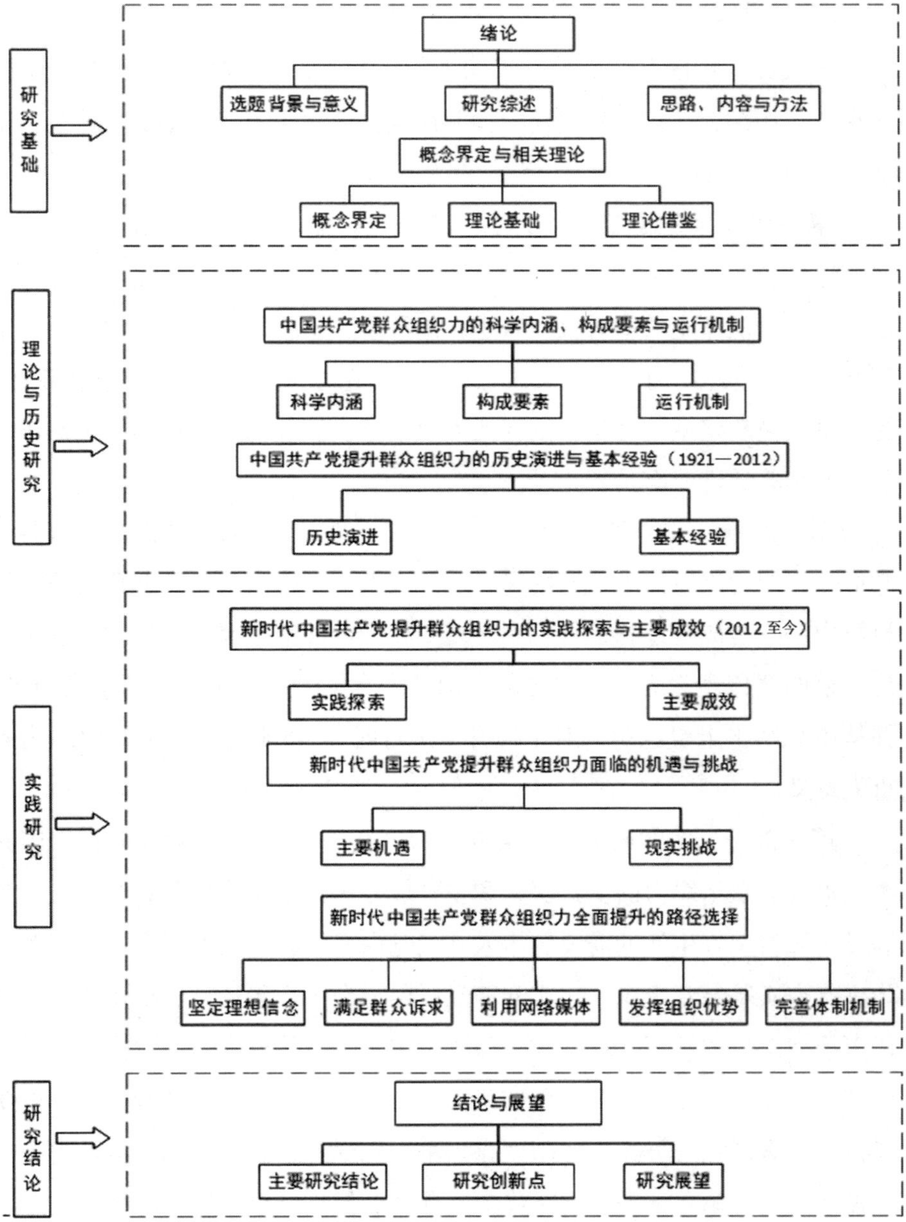
研究基础
绪论
选题背景与意义
研究综述
思路、内容与方法
概念界定与相关理论
概念界定
理论基础
理论借鉴
理论与历史研究
中国共产党群众组织力的科学内涵、构成要素与运行机制
科学内涵
构成要素
运行机制
中国共产党提升群众组织力的历史演进与基本经验（1921—2012）
历史演进
基本经验
实践研究
新时代中国共产党提升群众组织力的实践探索与主要成效（2012至今）
实践探索
主要成效
新时代中国共产党提升群众组织力面临的机遇与挑战
主要机遇
现实挑战
新时代中国共产党群众组织力全面提升的路径选择
坚定理想信念
满足群众诉求
利用网络媒体
发挥组织优势
完善体制机制
研究结论
结论与展望
主要研究结论
研究创新点
研究展望

图1–4 框架结构图

（二）研究内容

本文以“中国共产党群众组织力”为核心，将“理论与历史”“实践与现实”相结合，构建新时代中国共产党群众组织力研究的框架体系。本文在结构上主要分为四部分，包括八个章节：

第一部分：文献梳理（含第一、二章）。第一章主要介绍了本选题的研究缘由和意义，进行文献梳理和述评，交代本文的研究思路、内容及方法。第二章从厘定“新时代”入手，阐释了“组织力”“群众组织力”“中国共产党群众组织力”等相关概念；阐述马克思主义经典作家的相关论述，为本书研究奠定基础理论；阐释西方政治学、管理学、心理学等本文赖以借鉴的相关学科理论。

第二部分：理论和历史研究（含第三、四章）。第三章是对中国共产党群众组织力进行基本理论阐释，从学理上剖析中国共产党群众组织力的科学内涵、构成要素和运行机制，以期较为全面地把握这一论题的基本理论。第四章梳理党的十八大之前中国共产党提升群众组织力的历史演进，并从中总结出宝贵经验，对于提升“进行时”“将来时”的群众组织力有重大意义。

第三部分：实践研究（含第五、六、七章）。第五章对新时代中国共产党提升群众组织力的实践探索和主要成效进行系统梳理和总结。在不断满足人民对美好生活的需要、深入开展党内专题教育实践活动、以组织力为重点夯实基层党组织、切实开辟互联网群众工作新场域、推动构建新时代大统战工作格局等一系列实践探索中取得了党的群众组织力提升的重大突破，使党执政的群众基础更加坚实，党群干群关系明显改善，人民群众获得感显著增强，群众工作制度化水平大幅提升，有力开创了群众组织力建设新局面。第六章是对新时代中国共产党提升群众组织力的多重机遇和现实挑战进行分析。在机遇方面，国家治理效能不断彰显，社会公平正义不断促进，网络信息技术不断发展，群众政治参与有序扩大都为新时代党的群众组织力提升创造了良好机遇。在挑战方面，党内脱离群众的问题依然存在，社会主要矛盾转化引发新问题，网络群众工作水平亟待提高，部分基层党组织功能虚化弱化，群众工作体制机制有待创新，都对新时代的群众组织力提升造成巨大挑战。第七章，新时代中国共产党全面提升群众组织力的路径选择。本章从“坚定理想信念、满足人民美好生活需要、利用网络媒体、发挥组织优势、完善体制机制”五大方面综合发力，建构了新时代党的群众组织力的对策路径。

第四部分：主要结论（第八章）。第八章，结论与展望。总结本书的主要结论、研究的创新之处，并对未来的研究进行展望。

（三）研究方法

研究内容决定研究方法，反之，科学合理的研究方法又是揭示研究内容的本质和规律必不可少的“阶梯”。本文在坚持辩证唯物主义和历史唯物主义方法的指导下，具体采用以下方法来深入研究新时代中国共产党群众组织力问题。

（1）文献研究法。新时代中国共产党群众组织力研究，不仅要深入挖掘经典理论资源，而且要系统总结中国共产党成立以来有关群众组织力的相关成果，尤其是中国共产党几代领导人关于群众工作和群众路线的相关讲话、文章和专著。通过对这些文献和研究成果进行分类整理，不仅可以明确研究现状，而且能够为进一步深入研究找到突破点和努力方向。

（2）历史与逻辑相结合的研究方法。依据历史唯物主义基本原理，历史与逻辑相结合的研究方法是确保研究更具说服力的有力保障。这就要求我们在对社会现象、社会历史问题的研究上要始终坚持历史与逻辑相统一的方法。所谓历史研究法就是要运用发展变化的观点，深度分析中国共产党增强群众组织力的来龙去脉和实质，不能抛开历史发展的连续性和继承性去静止地看待其形成和发展的过程。同时，必须透过纷繁复杂的历史事件揭示其背后隐藏的规律和内在本质。深入挖掘中国共产党群众组织力与马克思主义群众观之间、与新时代党的群众组织力之间的关系，探究其生成逻辑。只有将历史研究法与逻辑分析法相统一，才能使得新时代党的群众组织力研究得到更为全面、系统和有力的论证。

（3）理论与实践相结合的研究方法。理论研究只有回应实践、关切现实才能落地生根。新时代中国共产党群众组织力研究不仅是理论问题，更是实践命题，需要在理论与实践的结合中找到“生长点”。一方面，马克思主义经典作家、中国共产党几代领导人的相关理论为新时代党的群众组织力研究提供理论滋养；另一方面，伴随实践发展，增强党的群众组织力面临的问题也会随之增多，需要依据形势发展不断更新变化，这就使党的群众组织力的生成发展呈现出动态化的发展趋势。因此，对于这一选题的研究要遵循理论与实践相结合的研究方法，在充分运用已有理论资源的基础上，坚持问题导向，从现实问题中追寻研究前景。

（4）多学科综合研究法。本文所运用的多学科研究方法，指的是借鉴多学科理论、知识和分析方法来研究新时代中国共产党群众组织力及其提升问题。之所以要用多学科研究方法，主要在于新时代党的群众组织力研究涉及面十分广泛，需要借助西方政治学、管理学和心理学的相关理论，为本研究提供宽广的视野。通过借鉴西方政治学的政党与选民关系理论，学习和参考西方政党做好群众工作的方式方法。通过借鉴管理学的组织理论，有助于进一步明晰群众组织力的基本内涵和构成要素。通过借鉴心理学的群体动力理论，有利于及时掌握群众的心理需求和心理变化，对我们党组织和凝聚群众意义重大。可见，以马克思主义基本立场、观点、方法为指导，综合运用西方政治学、管理学和心理学的相关理论来支撑新时代中国共产党群众组织力的研究十分必要且不可或缺。

（5）案例研究法。中国共产党群众组织力研究既是理论课题，也是实践命题，体现在各类具体事件和具体案例之中。本文通过运用经典案例，分析中国共产党在各个历史时期组织群众的具体实践，尤其是党的十八大以来增强党的群众组织力的鲜活实践，从中论证提炼出增强党的群众组织力的一般规律，使新时代中国共产党群众组织力研究更具有现实性、针对性和应用性，也更加鲜活和接地气。

第二章

基本概念与相关理论

新时代中国共产党群众组织力的研究并非“理论假说”，需要通过明晰“是什么”“依据什么”“借鉴什么”为下一步研究奠定坚实理论基础。从理论溯源视角把握中国共产党群众组织力形成的理论脉络，是深入研究新时代中国共产党群众组织力问题的基础与支撑。本章内容围绕“中国共产党群众组织力”的相关核心概念进行界定，再充分吸收马克思主义经典作家、中国共产党几代领导人的群众观之精髓，为其形成奠定理论根基。在此基础上，借鉴西方政治学、管理学和心理学等其他学科的相关理论，增强中国共产党群众组织力问题研究的科学性和时代性。

一、概念界定

研究任何一门科学，必须对其基本理论有明确清晰的认知，以便进行深层次研究。黑格尔曾说：“真正的思想和科学的洞见，只有通过概念所作的劳动才能获得。”[①] 只有澄清杂乱无章、混淆不清的概念，才能顺利开展研究。因此，只有对中国共产党群众组织力的相关概念做深入辨析，才能深刻揭示党的群众组织力的科学内涵，准确厘清党的群众组织力的构成要素，系统把握党的群众组织力的运行机制。

---

① ［德］黑格尔．精神现象学（上卷）［M］．贺麟、王玖兴译，北京：商务印书馆，1979：48.

（一）组织力

“组织力”最初是西方管理学中的一个范畴和概念，随着其传入中国，一大批中国学者开始研究组织及组织力理论，尝试将其借鉴运用到党的建设中。从其理论渊源来看，早期马克思、恩格斯曾在其政党学说中涉及关于组织的一些理论，但并未明确提到“组织力”一词。之后，韦伯和西蒙在研究中提出了一定的组织行为理论。直到19世纪末，英国著名经济学家阿尔弗雷德·马歇尔在其著作中首次明确提到“组织力”一词，指出，“组织和与之相关的组织力的概念，成为政治、经济和社会管理中的一个核心问题”[①]，为组织力的广泛应用起到至关重要的作用。自组织力这一词被提出以来，其适用范围逐渐扩展，被应用于管理学、心理学、政治学和党建等不同领域和学科，引发了一批专家学者的研究热潮。

（1）组织力的概念界定

从词源学角度考察，“组织力”是由“组织”和“力”组成的复合词，没有“组织”，何来“组织力”？在《辞海》中，尽管没有收入“组织力”这一词汇，但对“组织”一词有明确界定，即“将分散的人或事安排成一定的系统或整体”[②]。从构词来看，“组织力”由“组织”和“力”两个词构成，而“组织力”的核心词和落脚点则在于“力”。“力”一般常用的组词形式有“能力”和“力量”两种，二者的内涵有所差别。“能力”的英文表述为“Ability”（才能、能力），一般指个人或组织自身所具备的优秀品格或潜能。“力量”一词一般有四种释义：一是指“力气”，多指物理方面产生的力量（Physical Strength）；二是指“能力”，如军队力量、国防力量，代表的是一种既有能力；三是指事物所具有的强大性质或程度（Power）；四是在哲学范畴中，“力”是作用的形态，是物的精神。二者的区别和联

① ［英］阿尔弗雷德·马歇尔．经济学原理［M］．朱志泰，陈良璧译．北京：商务印书馆，1987：93.

② 夏征农，陈至立．辞海（第六版彩图本）［M］．上海：上海辞书出版社，2009：3083.

系在于，“能力”更侧重于才能和潜质，而“力量”是多种因素综合作用的结果，因此，“力量”的内涵和外延都要比“能力”广泛。那么，对“组织力”的“力”而言，到底是侧重于“能力”还是“力量”？本文认为，这一“力”的作用侧重于“力量”。组织之所以必要，就在于它能够汇聚并放大力量，有效的组织所产生的力量能够远远超出组织各成员力量的简单相加。这种力量既包含各要素个体独自的作用，也包含在此基础上各要素齐心协力、相互作用的合力。由于研究的学科视角不同，对“组织力”具体内涵的理解角度也会有所差别，因此，在研究“组织力”时，要立足于学科定位和研究视角，以准确界定和把握“组织力”的概念和内涵。

目前国内学界关于“组织力”的概念界定主要有以下几种代表性论点。一是“合力”论，认为组织力是组织内部各种能力的总和。从“合力”论视角把握组织力的基本内涵主要有以下特点，首先，能否有效组织是组织力的前提；其次，组织力是组织合力的外在表现形式；最后，组织力的合力大小以能否完成组织目标为检验标准。二是“整体”论，主要从内部和外部两方面来理解组织力，从内部来说，组织力就是提高组织内聚力、统一性和协调性的能力水平；从外部来说，组织力就是履行其组织职能，引领事物整体向前发展的能力和水平。“整体”论构建了组织力的整体轮廓和结构性，强调组织力要综合内外部因素来完善自身组织结构。三是“系统”论，用系统分析法来理解组织力，认为组织与其生存的环境密切相关，二者的这种互动关系即为组织力。一方面，组织要适应其生存环境，并在此互动过程中引导、动员和调整环境；另一方面，组织更重要的是进行“自救”，在互动过程中不断进行自我更新，使组织保持源源不断的活力。“系统”论相较于“整体”论而言，其突出特点是更加注重外部环境的影响，将组织与其生存的环境视为一个系统整体，不仅重视对外部环境的改造，更强调要适应环境。

综上所述，本文认为，组织力是指为实现一定的目标任务，组织内部各要素同频共振、高效协作所产生的一种强大力量。组织力有凝聚性和扩大性两个基本特点。凝聚性是指将个体零散的力量汇聚起来，形成一个强大的整体性力量；扩大性是指通过组织将个体力量成倍扩大，取得事半功倍的效果。但要达到这种效果，还需要有组织力的主体、客体以及实现手段等要素，只有这些要素有机整合、共同作用，才能真正形成组织力。

（2）组织力的基本内涵

每个组织当中都会涉及“组织力”，就其基本内涵而言，组织力一般分为“软实力”和“硬实力”两部分。从“软实力”来看，一个组织必须具备吸引力和感召力，树立正确的价值理念和价值观，如此，才能保持长久的组织力和动员力。从“硬实力”来看，一个完整的组织必须具备一定的规模和结构，包括组织制度和组织设计等，如此，才能实现组织的高效运转。就一个组织而言，组织力的“软实力”无法孤立存在，只有嵌入“硬实力”这一物质载体上才能发挥作用。从这“软”“硬”两个指标来看，组织力又可以细分为决策力、执行力、凝聚力以及创新力，这些“力”的组成在大多数组织中都有所体现。组织决策力是指一个组织要想成长壮大，决策必不可少，没有好的决策，组织就难以生存和发展。组织执行力指的是组织所具有的令行禁止的高超执行效率，执行力强大的组织也必然是强大的。组织凝聚力是衡量一个组织行稳致远的关键性因素，只有具备凝心聚力的能力，才能发挥无穷的组织力量。相反，缺乏凝聚力的组织终将是一盘散沙。组织创新力作为组织的核心竞争力，是有效检验一个组织能否在激烈竞争中生存下来的重要标尺。

（二）群众工作

群众工作是党的“生命工程”，明晰群众工作的基本概念、主要任务和时代特征，是开展群众工作的逻辑起点，也是研究新时代党的群众组织力的立论基础和首要前提。

（1）群众工作的概念界定

何谓“群众工作”？在对这一概念的分析和把握上，学术界的认识基本统一，只是在具体阐述时各有侧重。如夏明、贺兵认为，“所谓群众工作，是指党基于一定政治目标，通过满足群众利益诉求所进行的宣传、教育、发动和组织群众等工作的总和”①。刘玉瑛、甘守义认为，“群众工作有其明确的目标指向，是致力于为民服务基础上所进行的理论与实践活动”②。李甡将群众工作定义为“为实现自身的历史使命，党将人民群众组织动员起来所进行的一切活动”③。李聚山认为，“党的群众工作不是抽象存在的，而是对人民群众进行组织和发动的具体实践活动”④。吴祖明在其文章中将党的群众工作界定为“为完成和实现某项历史任务，党与人民群众密切联系，共同为实现党的执政目标而不懈奋斗的过程”⑤。

从以上对党的群众工作的概念界定可以看出，学界对群众工作重要性的认识基本是一致的。只有做好群众工作，政权才能不变质、不变色、不变味。但需要指出的是，在使用这一概念论及群众问题时，往往泛化，缺乏具象的阐释。同时，值得一提的是，党的群众工作与党的全部工作是有区别的，不能将二者混为一谈。从其基本内涵来看，党的全部工作包含的范围更加广泛，涉及内政、外交和国防等各领域和各方面，而党的群众工作只是其重要组成部分，因此，不能将二者等同起来。当然，党的全部工作离不开群众的支持和拥护，这也恰恰说明群众工作在党的全部工作中的重要战略地位，凸显了群众工作的重要性。因此，在对群众工作进行理论分析和阐释时，必须将其置于具体的研究视域中，科学揭示和把握其基本

---

① 夏明，贺兵．党的群众工作大辞典［M］．北京：中共中央党校出版社，1992：68.

② 刘玉瑛，甘守义．群众工作实用大辞典［M］．北京：中共中央党校出版社，2014：8.

③ 李甡．新时期党的群众工作概论［M］．北京：北京出版社，1995：2.

④ 李聚山．党的基层组织思想政治工作和群众工作［M］．北京：人民日报出版社，2003：121.

⑤ 吴祖明．与时俱进 加强党的群众工作［N］．光明日报，2002-8-09（05）.

内涵，避免陷入空泛化。

本文对群众工作进行概念梳理，是为了更深刻理解和把握群众组织力的科学内涵。从两者之间的关系来看，群众工作涵盖的内容更加广泛，其中包含着群众组织力，只有做好群众工作，才能增强群众组织力；而作为群众工作的重要组成部分，群众组织力是开展群众工作的重要着力点，只有增强群众组织力，群众工作才能更有效地开展。因此，对群众组织力的研究离不开群众工作，二者之间相互依存，密不可分。在新时代背景下，党的群众工作形势更加严峻复杂，要精准把握群众工作的精髓和核心要义，就要以增强党的群众组织力为主要抓手，最大限度将人民群众的力量和智慧凝聚起来，不断提高党的领导力、厚植党的群众基础。

（2）群众工作的基本任务

群众工作是一项具体化的工作，在不同的历史时期，根据党和国家发展形势的变化，群众工作被赋予不同的任务和要求。但归根结底，群众工作的任务总是围绕党和国家的大政方针而展开。从一般意义而言，群众工作主要有以下基本任务。

第一，宣传组织群众。积极向群众宣传党的主张，凝聚组织群众为实现党的目标使命而不懈奋斗，这是群众工作的首要任务。只有通过宣传，群众才能自觉认同和接受党的主张，进而团结凝聚在党的周围。组织群众是建立在宣传基础之上的，只有通过正确的宣传和引导，党才能把分散的群众发动、组织和凝聚起来，形成一股坚不可摧的力量，不断增强党的执政影响力和战斗力。

第二，教育引导群众。正确的教育和引导对于党的群众工作至关重要。人民群众是推动历史车轮不断向前的重要动力，在历史发展进程中发挥着无穷力量。但由于历史发展的曲折性和复杂性，人民群众在实践活动中会受到诸多复杂因素的影响，导致某些群众在思想认识方面会有所偏差，影响党的大政方针的贯彻和实施。这就需要党能够及时把握群众思想动态，通过正确的教育和引导，将先进的思想理念灌输给群众，提高群众的思想政治觉悟。

第三，尊重依靠群众。党与人民群众之间血肉相连，不可分割。在群众工作中，既要重视发挥党的引领和推动作用，又要相信群众的力量和觉悟，充分了解和尊重群众的意愿，依靠群众来开展群众工作。同时，群众的信任和支持是党保持自身生机和活力的关键所在，因此，在开展各项工作之前，党始终要做到各项决策以群众为本，为群众谋福利，尊重人民群众的主体地位。

第四，服务凝聚群众。在群众工作中，“服务”二字的分量最重，只有将服务群众的工作落实好，才能将群众凝聚起来。服务群众是具体的，而不是抽象的，需要在处理好各种利益矛盾、满足群众的利益诉求中得以实现。广大党员干部只有心中有群众，为群众办实事，才能践行好服务群众的根本宗旨，将群众的“心”汇聚在一起，齐心协力共图共谋党和国家发展大业。

（3）群众工作的时代特征

党的群众工作不是一成不变的，而是动态发展变化的。新时代，“发展环境、发展条件都发生了新的变化，目标任务也发生了新的变化”①。社会各领域发生了深刻变革，主要表现在政治、经济、文化等领域，而其映射在党的群众工作领域主要表现为新时代党的群众工作面临诸多新特征。

第一，新时代丰富了群众工作的新内容。党的十八大以来，我们党在治国理政的实践中突出了人民群众的价值和地位，为新时代党的群众工作指明了方向。党的十九大报告首次明确提出“党的群众组织力”，这是对新时代党的群众工作内容的扩展和丰富发展，明确了新时代做好群众工作

① 中共中央宣传部．习近平新时代中国特色社会主义思想三十讲［M］．北京：学习出版社，2018：2.

要以增强党的群众组织力为重要依托和支撑。

第二，新时代锚定了群众工作的新目标。新时代，我们更加有信心完成民族复兴的历史使命。为了顺利达成这一心愿，中国共产党必须具备强大的群众组织力，将人民群众作为实现我们伟大梦想的主力军，这是对新时代党的群众工作的目标要求。

第三，新时代催生了群众工作的新动力。进入新时代，“我国社会主要矛盾已经转化为人民日益增长的美好生活需要和不平衡不充分的发展之间的矛盾”①。这一主要矛盾的转化对党的群众工作影响深远，主要表现为精神文化需要的增长。人民群众对生活有了更高的诉求，也在一定程度上推动着党的群众工作不断深入发展。

第四，新时代拓宽了群众工作的新渠道。新时代，随着信息技术的迭代发展，诞生了许多新的群众工作手段与渠道，尤其是传统媒体与新媒体“交叠”，有效拓宽了群众工作渠道，进而不断推动群众工作的强化和发展。

（三）群众组织力

群众组织力是衡量政党领导力和执政能力的重要指标。任何一个政党要生存和发展，必须依靠强大的群众组织力。一般而言，不同的政党，其群众组织力的类型有所不同；同一个政党，在历史发展的不同阶段，其群众组织力的方式和方法也会有所不同。在本研究中，群众组织力是开展研究的一个核心要素，据此，要想更深入开展研究，就需要厘清这一构成词组的内涵和基本类型。

（1）群众组织力的概念界定

群众组织力作为一个整体概念，主要由组织力的主体、组织力的客

---

① 习近平．决胜全面建成小康社会 夺取新时代中国特色社会主义伟大胜利——在中国共产党第十九次全国代表大会上的报告［M］．人民出版社，2017：11．

体以及组织力的手段等具体要素构成，只有这些要素有机整合，才能形成强大的群众组织力。从政党建设的角度，在群众组织力这一概念中，核心的要素则是群众组织力的主体（政党）。只有政党发挥其凝聚群众的作用，并通过有效的组织手段来动员群众，才能激发起群众的动力，从而形成强大的群众组织力。因此，对政党而言，群众组织力主要包含三大要素：目标明确的政党、渴望满足需要的群众和科学有效的组织动员手段。其中，政党目标是群众组织力形成的“原”动力，只有政党制定和规划科学的发展目标，群众组织力才有“主心骨”；群众的诉求与政党满足其诉求的耦合程度决定了群众组织力的张力，若政党目标与群众诉求相近，则群众组织力会增强，若政党目标与群众诉求相差甚远，则群众组织力的效果会大打折扣；能否采取切实有效的组织动员手段决定了群众组织力的合力大小，科学的组织动员手段是有效连接政党和群众之间的“桥梁”，如果组织动员手段得当，则群众组织力会达到部分之和大于整体的效果。

综上所述，本文认为，群众组织力是指政党为实现其目标和使命，在满足群众一定的利益诉求基础上，通过有效的组织动员手段将群众组织起来所显示的作用力。需要指出的是，群众组织力这一概念会随社会需要而动态变化的。因此，在把握和理解这一概念的核心要义时，要持有与时俱进的研究态度，同时，探寻出群众组织力内涵中一些固定不变的内在属性，使这一概念更具说服力和科学性。

（2）群众组织力的类型

在对群众组织力概念界定的基础上，根据政党性质和政党目标使命的不同，国内学界将群众组织力主要分为动员工具型和使命引领型两大类型。[①] 动员工具型一般是西方政党群众组织力的指称，而使命引领型则是

① 龚少情.新时代党的群众组织力的生成逻辑和实践路径——党、国家与社会的关系视角[J].社会主义研究，2019（3）：101-107.

马克思主义政党群众组织力的概括。

所谓动员工具型群众组织力，是指西方政党为达到其执政目标，需要动员群众参与其中，而在目标实现之后则会暂时中止这种交易关系，所形成的群众组织力带有强烈的目的性。动员工具性群众组织力主要有以下几个特征：一是松散交易性。政党将群众组织起来，实质上是出于政党的竞选需要，获得更多选票和支持。之所以能够号召群众参与其中，也是因为政党会承诺在执政后带给群众实质利益，双方都是基于利益而联系在一起；二是动员活动性。西方政党主要通过开展群众集会、演讲和街头游说等，并不注重从政党内部来进行群众组织力建设；三是非常态化。与我们不同的是，西方政党只有在重大活动或事件中，才会与群众保持紧密联系。活动或事件一旦结束，与群众的联系则会相对松散和疏远，属于实用主义的群众组织力。从以上三个特征的分析中可以看出，西方政党动员工具型群众组织力的形成与政党的生长背景和政党性质紧密相关。西方政党起初产生于议会，由于没有基层组织，因此与社会处于疏离状态，在这种情形下其群众组织力是无从谈起的。随着宪政的发展和成熟，政党逐渐成为国家与社会之间的“桥梁”，承担起组织动员群众的任务。但由于政党的使命和性质所限，其群众组织力呈现明显的松散性、交易性和非常态化的特征。由此，西方政党的动员工具型群众组织力基本形成，为政党在选举和目标达成等方面发挥着巨大作用。

所谓使命引领型群众组织力，是指无产阶级政党肩负着人民群众的重托，为实现共同的奋斗目标将群众组织起来的伟大能力。使命引领型群众组织力主要有以下特征：一是强烈的使命自觉。在使命型政党看来，群众不是可资利用的工具，政党之所以要组织群众是为达到为群众谋利益的光荣使命目标。群众利益和政党利益是一致的，不是冲突的，实现群众的利益就是使命型政党的奋斗目标和毕生信条。二是坚持党的领导。与西方政党不同的是，使命型政党是群众的“主心骨”，引领和带动群众组织力前进的方向。为了组织群众，使命型政党注重发挥基层党组织的作用，党的各级领导干部也必须深入群众，解决他们的实质困难。三是具有严密的群众组织力制度。使命型政党动员群众的方式不仅限于组织群众参加各类活动，更重要的是，会依据群众的利益诉求和中国共产党的事业发展需要，建立起具有各种功能群众性组织，形成一套严密的群众路线长效机制和组织网络，更利于群众组织力的持久发展。

综上所述，本文所研究的群众组织力指的是使命引领型群众组织力，即在中国共产党的领导下，为实现中华民族伟大复兴，将广大群众组织和动员起来所形成的一股强大力量。相较于西方政党，使命引领型群众组织力占有明显的组织优势。中国共产党自成立之日起，就肩负着为人民服务的使命，它具有强大的社会组织基础，善于从群众中汲取智慧和力量，带领中国人民实现一个又一个奋斗目标。尽管中国共产党在不同的历史发展阶段群众组织力的呈现方式有所不同，但党的使命担当精神和执政目标在群众组织力建设中却是一以贯之的。

（四）中国共产党群众组织力

不同时代的群众，往往在思想和认识层面有所差别，具有不同的利益诉求和发展需求。当前群众主体多元化，群众利益复杂化，要想明晰中国共产党群众组织力的概念，就不能停留在一般层面，而要聚焦新时代群众的特点进行具体分析。

（1）新时代群众的特点

第一，群众主体多元化。随着社会结构的深刻调整，社会阶层不断分化，群众主体也呈现多元化特征。与过去单一化的群众相比，今天的群众主体涉及各个领域和社会阶层，包括个体户、自由职业者等新兴社会阶层，其流动性和广泛性明显增强，为党的群众工作带来严峻挑战。

第二，群众价值取向复杂化。伴随时代的发展变化，群众思想发生巨大转变，不再是被“牵着鼻子走”的依附品，自主意识和独立意识显著增强，在社会中的地位和作用日渐凸显。同时，随着对外开放的不断深入，各种先进科学技术观念和理念文化输入，对群众的思想和价值观念产生巨大影响，使群众的思维意识日趋活跃、精神世界日趋丰富，党动员组织群众难度加大。

第三，群众利益诉求多样化。进入新时代，随着我国社会主要矛盾的转化，群众的利益诉求更加多元和复杂。对人民群众而言，物质利益已不再是他们的主要诉求，渴望得到尊重、理解和情绪表达等精神诉求更加凸显。因此，如何平衡和处理好群众利益诉求的多样化，是新时代群众组织力建设的主要任务。同时，在满足各方面诉求的基础上，群众的自主意识和参政意愿明显增强，呈现新时代群众的精神风貌和鲜明特点。

（2）中国共产党群众组织力的概念界定

党的群众组织力是党的领导力的重要体现，具有凝聚群众力量和巩固执政根基的作用，但这些作用的发挥只有在组织群众基础上才能实现。与群众组织力相同，要达到“力”的结果，就需要做好组织群众的过程，而组织群众的过程包括主体、客体、手段和目的等要素综合发挥作用。因此，中国共产党群众组织力这一概念的界定也应从这些具体要素入手，只有使这几大要素形成合力并发挥作用，群众组织力才能真正增强。

第一，中国共产党群众组织力的组织主体，也就是“谁在组织”的问题。就本文的研究对象而言，主体要素方面的“谁在组织群众”主导着整个群众组织力的过程，发挥着“主心骨”作用。那么究竟是“谁在组织”呢？从组织结构上看，主要由最高决策者（主要指中国共产党）、政策细化者（主要指各级党组织）和政策执行者（主要指党员领导干部）组成组织团队。从层次上看，由领导层（决策主体）、研究层（智囊主体）和执行层（执行主体）开展组织。其中，领导层主要着眼于宏观进行相关部署；研究层的主要职责是为领导层决策建言和为执行层提供方法指导；执行层则是按照领导层的部署，设计组织思路，并运用研究层提供的方法论，开展具体的组织活动。

第二，中国共产党群众组织力的组织客体，也就是“组织谁”的问题。从根本上说，中国共产党群众组织力的客体是人民群众，但如上所述，人民群众是一个多元化的群体，如何有效组织凝聚群众，这是党的群众组织力的重点和难点。新时代，群众在接受“正能量”的同时，也极易被错误思潮影响，如果不能及时掌握群众的思想动态，群众就容易走“弯路”，产生负面情绪和影响，从而影响中国共产党群众组织力的建设和发展。因此，在组织群众的过程中，党要重视对群众思想方面的引领，通过宣传大政方针政策，深入开展调查研究等，不断拉近与群众之间的距离。在这一过程中，一方面能够促进党同群众之间的密切联系，使群众对党的目标使命更加认可；另一方面也有助于党及时了解群众需求，更好地服务群众。

第三，中国共产党群众组织力的组织手段，也就是“如何组织群众”的问题。有效的组织手段是增强党的群众组织力的关键环节，会达到事半功倍的效果。中国共产党群众组织力的组织手段可从三个层面进行分析：宏观层面的组织手段主要是走群众路线、理论联系实际等；中观层面的组织手段主要有调查研究、上门走访、问题反馈等；微观层面的组织手段因具体任务和目标的不同而更加多样化，但对组织效果产生着直接影响。这三个层面从一般到特殊，互相影响，缺一不可。

第四，中国共产党群众组织力的组织目标，也就是“组织起来干什么”的问题。组织目标在增强党的群众组织力中发挥着根本性作用，只有准确把握群众组织力的目标，才能有组织起来的动力。中国共产党的奋斗目标可分为长远目标、现实目标和具体目标，而这些目标的实现离不开强大的群众组织力。从国内外发展大势来看，当前“两个大局”交织交汇，风险挑战叠加复杂，而人民群众凝聚起来的强大力量是应对这一系列重大风险挑战的最强定力。

综上所述，本文认为，中国共产党群众组织力在党和群众的双向互动过程中产生，属于一种生成性能力。具体而言，党的群众组织力就是以党和人民利益的高度统一为前提，在解决利益矛盾和诉求基础上对最广大人民群众进行宣传、教育、组织和凝聚，使之产生向心力和归属感，进而采取自觉统一的行动来实现共同理想目标的强大力量。

（3）中国共产党群众组织力与相关概念辨析

党的群众组织力不能孤立存在和发挥作用，它与党的政治领导力、思想引领力和社会号召力一起，共同构成了党的领导力的完整结构。“四力”之间既相对独立，又相互依存、相互支撑、共存互补，是密切联系的辩证统一整体，缺一不可。厘清党的群众组织力与其他“三力”之间的区别和联系，有助于我们更好把握党的群众组织力的科学内涵。

群众组织力与政治领导力。在“四力”中，政治领导力是“发动机”，居于核心统领地位，起到把握方向、统御全局的作用。从政治领导力与群众组织力的关系来看，党的政治领导力是一项宏大的战略工程。其显著特征是方向性、原则性和根本性，抓好政治领导力，就能抓住群众组织力的“主心骨”。因此，只有自觉把党的政治领导力作为灵魂，才能真正形成强大的群众组织力。

群众组织力与思想引领力。在“四力”中，思想引领力是“探照灯”，发挥着精神支柱的作用。从思想引领力与群众组织力的关系来看，思想引领力注重以党的理论来武装群众头脑，坚定群众理想信念，增强群众的思想向心力和组织力。反过来说，群众是思想引领的主要对象，离开了群众，思想引领就无从入手。因此，只有提高组织群众的能力，才能更好地实现思想引领力，二者之间互相依存，不可分割。

群众组织力与社会号召力。在“四力”中，社会号召力是“助推器”，起着精神动力的作用。从社会号召力与群众组织力的关系来看，一方面，社会号召力是提升党的群众组织力的精神动力和源泉保证，只有通过有效的社会号召，才能将群众凝聚和组织起来。另一方面，社会号召的对象是广大人民群众，只有将群众组织起来，才有强有力的组织依靠和渠道，使社会号召得以真正落实。

总之，通过对群众组织力的相关概念进行辨析，可以看出，强大的群众组织力如同“稳压器”，在“四力”中起到化解压力、平衡动力的作用。无论是政治领导、思想引领还是社会号召，都必须依托群众才能开展各自工作，否则都会缺乏根基和依靠。因此，在新时代背景下，只有增强党的群众组织力，才能更好地实现“四力”的有机统一，进一步锻造和提升党的强大领导力。

二、理论基础

中国共产党群众组织力研究既有源，也有根，这个“源”就是马克思主义经典作家关于无产阶级政党群众工作的相关理论，这个“根”就是中国共产党人关于群众工作的历史实践。中国共产党群众组织力建设是一项系统性工程，因而，推进新时代党的群众组织力研究必须建立在强有力、持续性、创新性的思想理论基础上。系统梳理、深入挖掘马克思主义经典作家关于无产阶级政党群众工作的思想、中国共产党人关于群众工作的重要论述，为新时代中国共产党群众组织力研究提供深厚的理论基础。

（一）马克思恩格斯关于无产阶级政党群众工作的论述

一个民族、一个国家、一个政党，要进步、振兴、壮大和发展，必须有先进的科学理论作为指导。恩格斯指出：“一个民族要想站在科学的最高峰，就一刻也不能没有理论思维。”[①] 马克思、恩格斯和列宁虽然没有明确提出“群众组织力”的相关理论，但在其著作中，都有涉及关于无产阶级政党与群众关系的理论，对如何维护群众利益、处理党群关系进行了诸多论述，为新时代增强党的群众组织力提供了理论源泉。

① 马克思恩格斯选集（第3卷）[M]. 北京：人民出版社，2012：875.

马克思、恩格斯虽然没有明确提出“群众组织力”这一概念，但是他们在无产阶级革命的伟大实践中，深刻认识到群众组织力的价值意义，始终对工人运动和群众疾苦予以极大关注。在马克思和恩格斯的理论认识中，只有将群众团结起来，才能获得革命胜利和人民解放。马克思、恩格斯关于组织团结群众的相关论述，多维度、全方位展现了群众组织思想，对新时代中国共产党增强群众组织力具有重要理论价值。

第一，人民群众是历史的创造者，是推动社会进步的根本力量。在马克思、恩格斯创立科学的群众观之前，西方哲学家们总是将“群众”归为群氓一类而置于视线之外，是统治阶级用来维护自身统治的工具或手段。马克思、恩格斯在批判英雄史观、创立唯物史观的过程中，逐渐认识到英雄虽然对历史发展起到一定的推动作用，但是无法创造历史，而真正掌握历史发展脉搏，实现全人类解放的只有人民群众。因此，马克思、恩格斯提出了人民创造历史这一思想，并具体阐述了人民群众的伟大历史作用。

首先，人民群众是社会物质财富的创造者。早在1844年，马克思和恩格斯就提出，“工人制造一切，生产一切”[①]。这里的“工人”显然就是指人民群众，而“制造”和“生产”则是针对创造物质财富而言的。随后，在《德意志意识形态》中，马克思、恩格斯指明了物质生产活动是一切历史活动的前提和基础，而人民群众正是这一物质资料生产的主体。1847年，马克思在《哲学的贫困》中阐述了“人民群众是强大的生产力”这一观点，肯定了人民群众在物质资料生产中所发挥的重要作用。由此可见，历史的发源必须以物质资料生产为前提，正如恩格斯所指出，“没有一个生产者阶级，社会就不能生存”[②]。物质财富的创造在满足人类基本衣食住行的同时，更为人类社会创造科学、艺术等精神文明奠定了坚实的物质基础。

① 马克思恩格斯全集（第2卷）[M].北京：人民出版社，1957：21.

② 马克思恩格斯全集（第19卷）[M].北京：人民出版社，1963：315.

其次，人民群众通过实践活动创造精神资料。马克思认为艺术、科学、文化等精神财富都建立在物质劳动的基础上，离开了群众劳动和物质财富，精神财富的创造就会成为“空中楼阁”，缺乏根基和支撑。正如恩格斯所言：“人们首先必须吃、喝、住、穿……然后才能争取统治，从事政治、宗教和哲学，等等。”① 当然，在马克思、恩格斯看来，精神财富不仅仅指文化艺术，还包括政治和科学技术研究等，只有与劳动和人民群众相结合，科技文明才得以实现和发展，否则一切将无从谈起。相反，如果没有精神财富的创造和充实，人类社会将会止步不前，无法发展和进步。由此可见，物质财富和精神财富是促进人类文明进步发展的必备因素，缺一不可，只有二者相互促进，互为依靠，才能促进人类社会的有效运转。

最后，人民群众是推动历史前进的主心骨。历史的不断发展是建立在现实生活的人为追求自身利益而不断斗争的基础之上的。在阶级社会中，剥削阶级为了维护自身的统治地位，极尽所能压迫和奴役被剥削阶级的人民群众。为了反对剥削和压迫，追求自身利益，人民群众只有通过斗争和革命才能得以实现。在马克思、恩格斯看来，“资产阶级的最光辉灿烂的成就都不是它自己争得的，而是平民大众，即工人和农民为它争得的”②。倘若没有“人民群众”的奋力抵抗，也无法取得革命的最终胜利。由此可见，只有人民群众才能承担起社会变革重任，从根本上决定了历史前进的方向。

第二，无产阶级的历史使命是通过组织团结起来寻求全人类的解放。马克思、恩格斯关于“人民群众解放”的一系列重要论述，构成了马克思主义群众观的重要内容。马克思主义在本质上是关于“人”的学说，谋求全人类的解放是马克思、恩格斯一切革命活动和实践活动的终极目标。在

① 马克思恩格斯选集（第3卷）[M].北京：人民出版社，2012：723.

② 马克思恩格斯全集（第18卷）[M].北京：人民出版社，1964：325.

剥削和压迫的现实遭遇面前，人民群众必须依靠自身力量，奋起抗争，极力寻求自由和解放。正如马克思、恩格斯在《神圣家族》中所言：“无产阶级能够而且必须自己解放自己。”[①]显而易见，这种解放体现在经济、政治和思想文化上的解放。马克思、恩格斯认为，“工人阶级的经济解放是伟大的目标，一切政治运动都应该作为手段服从于这一目标”[②]。因此，为实现经济上的独立和解放，无产阶级必须以英勇的斗争精神来吸引和组织他们，领导他们去反抗和推翻一切剥削和压迫，带领他们走上新的经济建设道路。从根本上而言，只有经济需求得到满足，人民群众才有可能去寻求政治上的解放。因此，在实现了经济上的解放之后，无产阶级必须继续奋勇向前，带领人民群众反抗剥削和压迫，寻求政治上的解放。在《共产党宣言》中，马克思、恩格斯明确指出，“无产阶级……如果不炸毁构成官方社会的整个上层，就不能抬起头来，挺起胸来”[③]。显然，人民群众进行革命，最终目的就是确立无产阶级的统治地位。只有获得政治上的执政权和话语权，才能为实现思想和文化上的解放筑牢坚固的政治屏障。如果说经济和政治上的解放是基础条件，那么从一定意义而言，思想文化上的解放则是最终的解放。为了实现人民群众的解放，就必须在无产阶级的领导下，通过消灭剥削和消除私有制，建立起一个由人民群众享有物质精神财富的民主社会。

由此可见，经济、政治和思想文化上的解放缺一不可，都是实现人类全方位解放的必经环节。人民群众的解放是根本性解放，而要实现这一彻底的解放，必须从根本上摧毁旧的国家机器，打破一切封建桎梏，消除一切不平等，建立起一个自由、平等的新社会，这就是无产阶级的历史使命和寻求解放的真正意义和价值所在。

① 马克思恩格斯全集（第2卷）[M].北京：人民出版社，1957：45.

② 马克思恩格斯选集（第3卷）[M].北京：人民出版社，2012：171.

③ 马克思恩格斯选集（第1卷）[M].北京：人民出版社，2012：411-412.

第三，无产阶级政党是组织动员群众进行革命斗争的坚强堡垒。人民群众要实现自己的目标，就要组成自己的政党，科学而强有力的政党在解放人民群众中发挥着重要作用。1864年，马克思在《国际工人协会成立宣言》中指出，“只有当工人通过组织而联合起来……人数才能起举足轻重的作用”①。换言之，将群众组织起来的力量固然强大，但更重要的是要有一个科学政党的领导。如果人民群众不能得到正确的引导，那么其所能发挥的力量将大打折扣。只有在科学政党的领导下，人民群众在与资产阶级的斗争中才能战无不胜，实现自身的利益和价值。恩格斯也曾指出，“不管怎样组织起来，只要它是一个真正的工人政党就行”②。如此，才能够发挥其在政治、思想和组织等方面的领导作用，凝聚人民群众的智慧，为群众谋利益、谋幸福。

既然政党的重要性不言而喻，那么人民群众到底需要什么样的政党呢？在马克思、恩格斯看来，利益是“试金石”和“晴雨表”，最能客观反映人民群众的价值取向和思想走向。只有符合人民群众利益，才是人民需要的政党，否则最终会被群众所抛弃。正如马克思、恩格斯所指出，“无产阶级的运动是……为绝大多数人谋利益的独立的运动”③。其中“绝大多数人”就是广大人民群众，这就使得无产阶级在与人民群众建立天然的同盟关系中取得最终胜利。除此之外，无产阶级政党更重要的是要加强对群众的理论教育和科学引导。因为在进行工人阶级运动时，各阶级（包括工人、农民、知识分子等）都不可避免地带有自身局限性。如果不加以教育和引导，很可能在阶级斗争中被资产阶级所取代，那么，实现人民群众的独立和解放将无从谈起。因此，用科学的理论教育群众，引导群众

① 马克思恩格斯选集（第3卷）[M].北京：人民出版社，2012：10.

② 马克思恩格斯选集（第4卷）[M].北京：人民出版社，2012：584.

③ 马克思恩格斯选集（第1卷）[M].北京：人民出版社，2012：411.

走上正确的革命道路，这是无产阶级政党在取得人民认可后必须加强的重要问题。

第四，人民群众只有团结组织起来，才能获得自我解放。马克思、恩格斯十分重视组织和团结群众，发出了“全世界无产者，联合起来”①的号召，充分体现了对群众组织力量的重视。在马克思、恩格斯看来，“随着历史活动的深入，必将是群众队伍的扩大”②。无产阶级只有把全世界范围内的人民群众组织起来，才能凝聚起势不可当的力量，从而推翻资本主义压迫，实现无产阶级的奋斗目标。马克思和恩格斯不仅高度强调无产阶级与人民群众团结一致的极端重要性，更指出无产阶级团结人民群众的方式和途径就是结成天然的同盟关系。

无产阶级和人民群众，从根本上说是天然的同盟关系，而团结是维持这一同盟关系的桥梁和纽带。在马克思、恩格斯看来，“组织是最重要的武器”③，“只有全民族的联合力量才能避免分裂的危险”④。由此可以看出，这里的“全民族”是世界范围内的大团结和大联合，只有如此，才能唤醒群众，推翻一切“旧思想”和“旧制度”。正如恩格斯所说，“为了进行斗争，我们必须把我们的一切力量捏在一起，并使这些力量集中在同一个攻击点上”⑤。马克思、恩格斯反对“假团结”。所谓“假团结”，就是指那些口头上喊着团结，实际上却煽动和扰乱人心，造成分裂危险的罪魁祸首。在马克思、恩格斯看来，团结固然重要，但也有高于团结一致的东西，那就是人民群众内部的斗争。只有团结而没有斗争的民族和政党则是虚有其表，虽然外表坚硬，实则内部松散；而只有斗争而没有团结的民族和政

① 马克思恩格斯选集（第1卷）[M].北京：人民出版社，2012：435.

② 马克思恩格斯文集（第1卷）[M].北京：人民出版社，2009：287.

③ 马克思恩格斯全集（第19卷）[M].北京：人民出版社，1963：284.

④ 马克思恩格斯全集（第21卷）[M].北京：人民出版社，1965：474.

⑤ 马克思恩格斯选集（第4卷）[M].北京：人民出版社，2012：500.

党就会陷入分崩离析的危险之中。既有团结又有斗争的民族和政党才是最终的胜利者。无产阶级和人民群众之所以能结成这种天然的同盟关系，是因为他们之间存在共同的利益。也就是说，只有当各国工人的状况是相同的，所面临的遭遇是一致的，他们才能结成“铁”一般的联盟，共同战斗以对抗资产阶级联盟。因此，要想成功组织和发动群众，就必须注重和解决群众的利益问题，这样才能为建立起团结统一的联盟创造条件，从而将一个个独立的个体团结起来，由内而外凝聚起推翻旧世界的强大力量，实现“自由人”的联合体。

马克思、恩格斯关于组织团结群众的这些重要论述和观点，丰富了唯物史观的体系，构成了马克思主义群众观的基础框架，为各国无产阶级政党提供重要参考和借鉴。尽管后来各国的无产阶级结合本国实际或特定时代背景，对马克思、恩格斯的群众观进行了丰富和创新，但总体而言都是对马克思、恩格斯群众观的继承和发展。

（二）列宁关于无产阶级政党群众工作的相关论述

列宁十分重视人民群众的地位、作用和影响力。回顾其一生，列宁虽未曾明确提出“群众组织力”这一概念，但是在领导俄国革命建设的实践中，他十分善于组织人民群众。正是因为列宁对人民群众作用的科学认知，才能将科学社会主义的理论变成了实践。因此，系统研究梳理列宁关于密切联系群众的重要观点和相关论述，对新时代中国共产党增强群众组织力无疑具有重大理论参考价值。

第一，人民群众是革命胜利的根本力量所在。政党的组织动员能力决定了其生命力和战斗力，人民群众的支持和拥护是实现政党奋斗目标的强力后盾，列宁深刻认识到组织群众的重要性，阐明了人民群众在俄国革命和建设中的重要地位。

一方面，强大的群众组织能力是俄国社会主义革命的力量源泉。早在苏俄革命时期，列宁就深刻指出，“无产阶级在争取政权的斗争中，除了组织，没有别的武器”[①]。换言之，要凝聚战斗力量，就必须组织群众，否则就是一盘散沙，争取政权只能成为一句空话。在列宁看来，要战胜强大的反革命势力，必须动员一切群众力量，“不组织群众，无产阶级就一事无成。组织起来的无产阶级就无所不能”[②]。只有从群众中汲取力量，善于与群众结成一片，才能使无产阶级拥有坚强后盾，成为集中统一的、有战斗力的政党。历史经验证明，“把千百万劳动群众组织起来……这是革命取得胜利的最深的泉源”[③]。当然，仅靠把群众组织起来是远远不够的，还必须有严密的组织和铁一般的纪律，这对巩固无产阶级政权具有极为重要的意义。如果没有严格的铁的纪律，无产阶级政党就会沦为涣散的、不定型的俱乐部，就无法保持政权的稳固性和长期性。那么，要维持和加强无产阶级党内纪律，就必须提高广大党员的革命觉悟和革命忠诚，使党同广大工农群众“打成一片”，实行民主集中制的组织原则。如此，才能真正将党锻造成具有钢铁般意志和力量的政党。

另一方面，要实现从资本主义向社会主义的过渡，没有人民群众的支持和参与是无法实现的。因为“只有当群众知道一切，能判断一切……国家才有力量”[④]。相反，如若执政党与群众背道而驰，长此以往必将失去群众支持。由此可见，群众对执政党的支持不是一劳永逸的，这就要求执政党无论何时都要将人民群众放在首位，始终观照群众需求，满足群众利益，如此，才能拥有长期执政的资格。十月革命胜利后，面对战争破坏、饥荒严重、工业停滞等百废待兴的局面，列宁深刻认识到，“只靠共产党员的双手来建立共产主义社会，这是……十分幼稚的想法”[⑤]。人民群众才

---

① 列宁选集（第1卷）[M].北京：人民出版社，2012：526.

② 列宁全集（第14卷）第2版增订版 [M].北京：人民出版社，2017：121.

③ 列宁选集（第3卷）[M].北京：人民出版社，2012：709.

④ 列宁选集（第3卷）[M].北京：人民出版社，2012：347.

⑤ 列宁全集（第43卷）第2版增订版 [M].北京：人民出版社，2017：100.

是俄国社会主义建设和国家管理的主体力量，社会主义建设无论从组织领导、政策制定和执行监督都离不开人民群众的积极参与。因此，在社会主义建设时期，俄国无产阶级的主要任务是凝聚群众力量，以此来促进社会主义建设事业。

由此可见，无论是进行革命还是发展建设，组织群众都成为俄国无产阶级政党必不可少的重要任务。历史一再证明，人类历史的长卷是由人民群众绘制和书写的，只有组织起来的人民群众才能汇聚起强大的力量，成为推动社会前进的力量之源。总而言之，始终尊重历史客观规律，坚持从人民利益出发去发动群众、组织群众、凝聚群众，才能永葆无产阶级政党的先进性，取得社会主义建设事业的成功。

第二，密切联系群众是革命胜利的最大优势。十月革命的胜利，使苏维埃俄国的重心由革命时期转向建设时期，在以列宁为首的布尔什维克党领导下，俄国走上社会主义建设道路。进入和平建设时期后，苏维埃党内开始出现脱离群众倾向，严重影响党群关系，对此，列宁多次强调“只有相信人民的人……才能获得胜利并保持政权”①。俄共（布）之所以能突破国内外敌对势力的重重包围，正是因为以列宁为首的布尔什维克密切联系群众，时刻相信和依靠群众。

列宁不仅高度强调密切联系群众，而且系统阐述了如何加强和保持这种密切联系。首先，必须同大多数工农群众保持牢固联系。建设社会主义不是单个人、少数人的事情，而是需要千百万群众的共同努力。执政后的俄共（布）为了管理国家，巩固政权，就必须积极号召人民群众参与，这就需要同大多数工农群众保持密切联系。正如列宁所说，“我们需要的是能够经常同群众保持真正的联系的党”②。工农阶级占俄国人口的绝大多数，

① 列宁全集（第33卷）第2版增订版［M］. 北京：人民出版社，2017：61.

② 列宁全集（第39卷）第2版增订版［M］. 北京：人民出版社，2017：228.

是俄共（布）保持政权和巩固政权的核心力量，因此，保持与千百万工人和农民的密切联系是保持和稳定政权的关键要素。其次，执政党在制定和实施政策过程中必须把维护人民利益作为最根本依据。列宁为满足农民对土地的需求和意愿，颁布《土地法令》。之后为解决战时共产主义政策对人民利益的损害，又推行了新经济政策，对争取人民群众对执政党的支持发挥了巨大作用。最后，做好群众来访接待工作，保障人民合法权益。认真对待群众的来信、来访和申诉工作，是克服官僚主义的有利途径。列宁每天除了处理大量政务之外，会抽时间亲自接待来访群众，切实解决群众来访反映的问题。同时，列宁还要求各相关部门领导干部“亲自……对其上层和基层机构进行考察”[①]。在考察和调研基础上，能够了解全国四面八方的情况，更好地加强和保持与人民群众的密切联系。从一定意义上讲，坚持同人民群众保持“活的联系”是俄共（布）区别于其他执政党的显著标志，也是进一步巩固政权，实现统一的重要法宝。

第三，反对官僚主义是革命胜利的重要保障。在列宁看来，官僚主义是影响党的健康肌体的“毒瘤”，只有反对和遏制官僚主义，才能克服脱离群众的危险。沙皇俄国是一个带有浓烈封建军事帝国色彩的资本主义国家，尽管十月革命胜利后苏维埃俄国对旧式国家机关进行了改造，但一些国家机关中依然存在着旧式国家机器的痕迹。这就使得苏维埃政权建立后不久，官僚主义就在其内部“复活”。主要表现为少数党员干部逐渐迷失本心，开始大搞形式主义，陷入文山会海、乱下指示的境地，严重脱离群众，不仅影响党的先进性和纯洁性，更损害人民群众的利益。针对这种情形，列宁尖锐指出，“共产党员成了官僚主义者。如果说有什么东西会把我们毁掉的话，那就是这个”[②]。对俄共（布）而言，保持和维护政权的首

① 列宁全集（第43卷）第2版增订版［M］. 北京：人民出版社，2017：325.

② 列宁全集（第52卷）第2版增订版［M］. 北京：人民出版社，2017：288.

要任务就是要与国家机关和党内存在官僚主义做坚决斗争。

列宁不仅从各方面揭露了官僚主义的危害和弊端，更对如何克服官僚主义做了详细阐述。由于苏维埃俄国的国家机关是在旧式机关基础上改造的，带有浓厚的官僚主义色彩，因而要在苏维埃俄国彻底铲除官僚主义必将是一项长期而艰巨的任务。对此，列宁强调指出，“只有当我们彻底消灭了那个叫作官僚主义的总管理局和中央管理局的脓疮以后，才可能有群众的自主精神”①。为彻底消灭官僚主义的侵蚀，列宁提出了一系列可行措施。首先，大力发展经济和文化教育。俄共（布）官僚主义盛行，最重要的主要原因在于经济因素。因此，必须从源头上清除党内的破坏分子，加强对工农群众的教育。同时，也要严格党员入党条件，遴选高质量的党员领导干部，经常性开展对他们进行培训和思想教育，加强干部队伍建设，以此来减少党内的官僚主义习气。其次，健全监督体系。借助群众的监督力量，深入群众、了解民意是防止官僚主义的手段之一。对执政党进行监督，是人民群众的一项基本权利，也是执政党性质和宗旨的必然要求。为实现对国家机关和领导干部的有效监督，列宁提出要让非党内的工人和农民加入。在列宁看来，非党工农群众在揭露贪污腐败、形式主义和官僚主义时会更加果断和勇敢。这样会使监督的效能最大化，体现人民民主。除了利用群众的监督之外，改组承担监督职能的工农检查院也尤为重要。苏维埃国家政权创建初期，工农检查院的权威和地位较低，监督监察作用未能得到有效发挥。在这种形势下，列宁强调对工农检查院和中央监察委员会合并，形成党政统一的监督模式，从而提高监督效能。最后，通过法律的约束来惩治官僚主义。“对犯有官僚主义、拖拉作风……等过错的人给以行政处分。”②这些措施对有效遏制苏维埃党和国家机关内部的官僚主义，

① 列宁全集（第50卷）第2版增订版［M］. 北京：人民出版社，2017：313.

② 列宁全集（第43卷）第2版增订版［M］. 北京：人民出版社，2017：157.

真正体现维护群众利益具有重要意义。

（三）中国共产党人关于党的群众工作的重要论述

中国共产党的百年奋斗史是一部动员、组织和团结广大人民群众的历史。群众只有组织起来才能汇聚起强大力量，如果群龙无首、一盘散沙，必将一事无成。在革命和建设的不懈探索中，中国共产党主要领导人结合实际国情，形成了关于党的群众工作的系统思想和重要论述，不仅丰富了马克思主义的群众观，而且为新时代中国共产党群众组织力的研究提供了理论支撑。

（1）毛泽东关于党的群众工作的重要论述

作为伟大的马克思主义者，毛泽东擅长通过群众动员来实现政治目标。在具体实践探索中，毛泽东形成了动员组织群众等内涵丰富的群众观。科学理解和把握毛泽东关于动员、组织和团结群众的重要论述，对新时代增强党的群众组织力有着重要价值。

第一，群众是革命和建设的主体力量。纵观党的发展史，必须深刻认识和正确回答的一个重大问题就是：谁是革命和建设的主体？在不懈的革命建设实践中，毛泽东找到了最终答案，那就是人民群众。毛泽东在继承马克思主义群众史观基础上，高度肯定了“人民，只有人民，才是创造世界历史的动力”[①]这一论断，为新时代增强群众组织力奠定了思想基础和理论依据。

人民群众是中国革命取得成功的胜利之本和可靠保证。在毛泽东看来，人民群众拥有无穷的智慧和力量，和平时期，人民群众是财富的创造者，而在革命战争时期，人民群众是参加革命的主体力量。具体而言，“革命战争是群众的战争，只有动员群众才能进行战争”[②]。灾难深重的中国和

① 毛泽东选集（第3卷）[M].北京：人民出版社，1991：1031.

② 毛泽东选集（第1卷）[M].北京：人民出版社，1991：136.

被重重压迫剥削的中国人民，要想彻底从苦难中解脱，必须依靠群众力量。自抗战枪声打响，广大人民群众团结一心、同仇敌忾，共同抵抗外来侵略。随后，中国共产党站在抗战前列，带领人民全身心投入抗战，为此做出不懈努力。对此，毛泽东提道："抗日民族统一战线的组成……丝毫也不能离开这一争取群众的努力。"① 在抗战过程中，中国共产党克服重重困难，广泛动员号召群众力量，坚定了抗战必胜的决心。中国革命的发展历程表明，真正打不倒的力量是成千上万拥护革命的人民群众，只有广大人民群众团结一致，才能取得革命事业的全面胜利。

人民群众是社会主义建设的力量之源。经历过革命锻造，人民群众从几千年来被压迫的历史处境中解脱出来。我们党也深刻认识到要想巩固政权，进行社会主义建设，依然需要人民群众。从根本上说，人民群众对社会主义建设有着极高积极性和无限创造力。因此，建设时期更应充分发挥群众作用，调动一切群众力量进行国家建设。在社会主义建设时期，毛泽东始终坚持相信群众和依靠群众，形成了以历史动力论为基石的群众观。

第二，将群众力量组织起来，就能克服一切困难。团结组织起来，才能汇聚起强大合力。党的百年发展历程证明，组织群众是党不断发展壮大的重要法宝和重要武器，是党的鲜明政治优势和优良传统。纵观中国近代革命探索和革命斗争，人民群众从未被放置于主体地位加以重视。处于封建闭塞中的清王朝，已然成为一个"躯壳"，岌岌可危，最终在武昌起义的枪声中轰然倒塌。之后的辛亥革命虽具有进步意义，但并未实现真正意义上的民主，反而在北洋军阀的混战中加剧了中国的半殖民地半封建状况。造成这种局面的原因，与统治阶级背离人民群众意志，导致人心涣散不无关系。自中国共产党成立以来，人民群众才真正作为革命的主体力量得以"出场"，在推翻封建统治压迫，实现民族独立解放中发挥着巨大作

① 毛泽东选集（第1卷）[M].北京：人民出版社，1991：279.

用，为社会主义建设奠定坚实基础。

在毛泽东群众观中，组织动员群众占据着重要地位，具有丰富的科学内涵。首先，坚持党的领导是组织和动员群众的核心动力。毛泽东号召将广大人民群众组织起来，不仅是为实现特定历史阶段的任务和目标，更是为了建立一个严密有序、具有稳定性和延续性的领导组织，而只有中国共产党具备这一优秀品质和能力。其次，将群众力量组织起来才能克服一切困难。我们党成立之初就强调“中国革命运动的将来命运，全看中国共产党会不会组织群众”①。土地革命战争时期，毛泽东将组织群众工作提升到了新的战略高度，认为党只要“团结起千百万群众来……我们就能夺取全中国”②。抗战爆发后，将广大人民群众组织起来抗击敌人更是成为当时的迫切需要。对此，毛泽东提出：“把群众力量组织起来，这是一种方针。”③最后，组织群众，与群众亲密结合起来是克服官僚主义的重要手段。毛泽东鲜明指出，官僚主义作风无孔不入，是危害党的健康肌体的毒瘤，只有组织和动员广大人民群众与官僚主义做斗争，才能实现党和人民群众的密切联系。无论是军队还是地方工作部门，都必须进一步加强同人民群众的密切联系。

组织和动员群众不是简单地将群众召集起来，必须注重方式方法。用什么方法动员和组织群众，让群众以极大的热情和积极性参与中国革命和建设的伟大事业中来，这是一个重大课题。在毛泽东看来，组织群众最有效的方法就是深入群众，与群众密切结合在一起，不仅要虚心向人民群众学习，还要掌握群众工作方法，为群众谋幸福，只有通过组织和宣传帮助人民群众改善物质和精神生活，才能获得群众的真心拥护。

---

① 中共中央文献研究室．建党以来重要文献选编（一九二一——一九四九）（第二册）[M]．北京：中央文献出版社，2011：522.

② 毛泽东选集（第1卷）[M]．北京：人民出版社，1991：139.

③ 毛泽东选集（第3卷）[M]．北京：人民出版社，1991：930.

第三，全心全意为人民服务。毛泽东在做好群众工作过程中，始终将“全心全意为人民服务……一切从人民的利益出发”[①]作为出发点和归宿。在此基础上，毛泽东具体阐述了为人民服务的重点应放在为人民谋利益、符合人民利益、反对和克服官僚主义上，有力增强了党的群众组织力。

全心全意为人民服务，就要把为人民谋利益作为党的价值目标。人民的利益高于一切，党所制定的大政方针，归根结底都是为了维护人民群众的利益。如此，才能将群众组织起来，更好地进行党的建设。中国共产党成立之初，毛泽东就明确指出，革命的根本目的是使人民群众过上吃饱穿暖的生活。抗战时期，面对物资极度匮乏的状况，毛泽东提出“必须给人民以看得见的物质福利”[②]，最大限度凝聚人心。中华人民共和国成立后，毛泽东将重心转到提高人民的生活水平上，充分诠释了人民至上的执政理念。在毛泽东看来，为人民服务，从根本意义上说就是要为人民谋利益。

全心全意为人民服务，就要把一切向人民群众负责作为最高准则。具体而言，就是党的一切言论行动必须符合人民群众的利益。正如毛泽东所说，“每句话，每个行动，每项政策，都要适合人民的利益”[③]。一方面，党的各项政策必须为广大人民群众所拥护。另一方面，要培养党员领导干部对人民群众负责的觉悟和意识，深入群众进行走访调查，不仅要为人民群众谋取经济利益，还要为群众谋取全方位利益。如此，才能真正赢得民心，受到人民拥戴和支持。同时，向群众负责绝不是一句空话，而是实实在在的具体行动，为此，要“解决群众的穿衣问题，吃饭问题，住房问题……”[④]只有如此，才能真正做到为人民服务。

全心全意为人民服务，就要把虚心向群众学习作为共产党员的工作

---

① 毛泽东选集（第3卷）[M]. 北京：人民出版社，1991：1094.

② 毛泽东文集（第2卷）[M]. 北京：人民出版社，1993：467.

③ 毛泽东选集（第4卷）[M]. 北京：人民出版社，1991：1128.

④ 毛泽东选集（第1卷）[M]. 北京：人民出版社，1991：136-137.

准则。要想更好地为人民服务，就必须有丰富的知识和智慧，而这些知识和智慧的获得需要从人民群众中汲取。在毛泽东看来，“群众是真正的英雄”[①]，只有虚心向群众请教学习，才能汇聚群众经验和智慧，形成系统的知识，更好地为人民群众服务。

第四，一切依靠群众，密切联系群众。中国共产党的显著优势，“就是和最广大的人民群众取得最密切的联系”[②]。在井冈山革命根据地之时，毛泽东就非常重视联系群众，并在之后的革命实践中形成了密切联系群众的思想。

密切联系群众对于增强党的群众组织力至关重要。在毛泽东看来，革命战争年代，为夺取革命胜利，必须花大气力搞好与人民群众的关系。对此，毛泽东曾生动地阐述：“我们的同志不论到什么地方，都要把和群众的关系搞好……放手发动群众，壮大人民力量。”[③]只有全党上下团结一心，才能汇聚起强大的力量，战胜一切来犯之敌。社会主义制度建立后，人民群众的重要性更加凸显。毛泽东告诫全党，“如果党群关系搞不好，社会主义制度就不可能建成”[④]。因此，密切联系群众在任何时候都是中国共产党的“护身符”，是党获得人民群众广泛支持，取得革命胜利和社会主义建设成功的重要手段，失去这个“护身符”，党的事业将一事无成。

密切联系群众需要处理好三大关系，即党群关系、干群关系和人民群众之间的利益关系。首先，要处理好党同人民群众之间的关系。在毛泽东看来，党群关系如鱼儿和水的关系。党在任何时候都要同人民群众打成一片，不能脱离群众。其次，要正确处理好干群关系。干群关系聚则强，散

① 毛泽东选集（第3卷）[M].北京：人民出版社，1991：790.

② 毛泽东选集（第3卷）[M].北京：人民出版社，1991：1094.

③ 毛泽东选集（第4卷）[M].北京：人民出版社，1991：1162.

④ 中共中央文献研究室.毛泽东年谱（一九四九——九七六）（第3卷）[M].北京：中央文献出版社，2013：192.

则弱，是决定党的事业成功与否的关键要素。党员领导干部要树立与人民群众平等对话的意识，竭力当好人民群众的“公仆”。他指出，“任何人不论官有多大……决不许可摆架子”①。最后，处理好各种利益关系。面对人民群众内部之间利益冲突时有发生，必须综合协调处理好各种矛盾。毛泽东明确指出，“无论粮食问题，灾荒问题……以及其他各项问题，都要……统筹兼顾……作出各种适当的安排”②。

（2）邓小平关于党的群众工作的重要论述

邓小平在革命建设实践中，积累了丰富的群众工作经验，对团结和组织群众有了更深刻的认识。党的十一届三中全会之后，党同人民群众的关系进入一个新的历史时期。面对改革开放的严峻考验，邓小平多次强调组织和团结群众的重要性，在实践中不断推进党的群众组织力建设，凝聚了民族力量，使改革开放取得了巨大成就。系统梳理邓小平关于党的群众组织力的相关经典论述，有利于为新时代增强党的群众组织力提供丰富理论镜鉴。

第一，“人民群众的利益高于一切”是组织群众的出发点。中国共产党要把群众组织起来，必须将人民利益置于首位。邓小平指出：“党只有……代表群众的利益，才能形成强大的力量。”③此处“形成强大的力量”实际上就是组织力。改革开放初期，关于姓“资”还是姓“社”的问题引起了广泛讨论，邓小平结合我国基本国情，提出“是否有利于提高人民生活水平”，即群众利益高于一切的价值标准。从涵盖范围看，群众利益包括物质和精神两方面，即两手抓，两手都要硬。

坚持“群众利益高于一切”是由我国社会主义本质决定的。一方面，我国的社会性质从价值目标的层面上肯定了实现群众利益的必要性。另一

① 毛泽东文集（第7卷）[M].北京：人民出版社，1999：355.

② 毛泽东文集（第7卷）[M].北京：人民出版社，1999：228.

③ 邓小平文选（第2卷）[M].北京：人民出版社，1994：342.

方面，“社会主义的本质，是解放生产力，发展生产力，消灭剥削，消除两极分化，最终达到共同富裕”[①]。这一重要论述不仅为实现群众利益找到了途径，又为实现群众利益确定了目标。首先，实现群众利益必须有一定的物质基础，那就是解放和发展生产力。但是，不管是为人民服务还是为群众谋利，都不能流于形式，应该在具体行动中体现出共产党人的工作标准。邓小平认为，“社会主义必须大力发展生产力……不断提高人民的生活水平”[②]。换言之，如果生产水平落后，实现人民群众的利益只能落为空谈。其次，实现群众利益的目标是共同富裕。共同富裕是邓小平做好群众工作、提升群众组织力的落脚点。共同富裕是指消除两极分化的富裕，如果搞两极分化，不仅不能实现人民群众的真正利益，反而会违背人民意愿，加剧社会矛盾。同时，共同富裕是一个动态发展过程，随着时代发展其内涵也会不断变化。邓小平的共同富裕思想是在坚持唯物史观基础上提出的，极大调动了群众的积极性和主动性，团结凝聚了人心。

第二，尊重人民群众的首创精神，积极发动人民群众的力量。邓小平在实践中深刻认识到人民群众的重要地位和巨大作用，高度重视人民群众的首创精神，赋予群众组织力新的时代精神和特色。1978年冬，安徽凤阳县小岗村的农民努力突破“左倾思想”的禁锢，率先实行了家庭联产承包责任制，开启了“包产到户”的土地经营模式。这一创举解放和发展了农村生产力，有力地推动了农村社会主义事业发展。但在当时这一政策的实施，也遭到了很多质疑，有人认为，这一土地经营模式偏离了社会主义的性质，对这一新生事物进行了消极抵抗和打压。面对这些质疑声音，邓小平坚定站在人民群众的立场上，对小岗村村民的壮举表示了充分肯定，认为这一创举充分发扬了人民群众的首创精神。要改革，要开放，就必须有

---

① 邓小平文选（第3卷）[M].北京：人民出版社，1993：373.

② 邓小平文选（第3卷）[M].北京：人民出版社，1993：10.

创造力和冒险精神，“看准了的，大胆地试，大胆地闯”[①]。在国家政策的支持和鼓励下，全国各地农村地区纷纷仿效这一土地经营模式，通过家庭联产承包责任制，改变了农村的贫困面貌，走出了真正适合农村的发展道路。从设立经济特区，到实行全方位的对外开放政策，无不体现了邓小平相信群众力量、尊重群众的创造力和首创精神。历史和实践一再证明，只有尊重群众的首创精神，“我们才能够团结和动员最广大的人民群众”[②]，以饱满的热情投身到改革洪流中去。

随着改革的不断深化，利益矛盾纷繁复杂，因此，在尊重群众首创精神的基础上，还要善于动员和引导群众，妥善处理和协调好各种利益冲突和调整，将人民群众的利益损失降到最低。在邓小平看来，要如实、及时地将党面临的困难和挑战告诉人民群众，“只要你关心群众，同群众打成一片……任何困难都能够克服”[③]。

第三，克服官僚主义，当好人民的“勤务员”。增强党的群众组织力必须克服官僚主义，密切同人民群众的关系。克服官僚主义是党的一项长期任务和斗争，作为执政党，如若不能抵制官僚主义，就会面临脱离群众的危险。邓小平十分重视官僚主义和特权思想对党的侵蚀和危害，他曾郑重指出，“如果哪个党组织严重脱离群众而不能坚决改正……就会被人民抛弃”[④]。同时，为更进一步密切党同人民群众的关系，更好地组织人民群众参与改革事业，邓小平提出“要同人民一起商量办事”[⑤]。从一定意义上讲，这一论断的提出更加凸显了人民群众的地位和作用，有利于更好地克服党内的官僚主义风气，团结凝聚起人民群众的磅礴力量。

---

① 邓小平文选（第3卷）[M].北京：人民出版社，1993：372.
② 邓小平文选（第3卷）[M].北京：人民出版社，1993：190.
③ 邓小平文选（第2卷）[M].北京：人民出版社，1994：228.
④ 邓小平文选（第2卷）[M].北京：人民出版社，1994：368.
⑤ 邓小平文选（第3卷）[M].北京：人民出版社，1993：268.

除此之外，要克服官僚主义，更好地增强党的群众组织力，还需要接受人民群众的监督。监督问题是邓小平多次强调的一个重要问题，他认为，“党要领导得好……就要受监督”①。在他看来，监督主要包括党的监督、群众监督和民主党派的监督，其中群众监督是核心。随着实践的不断深入，群众监督问题被赋予新的内涵。一是要扩大人民民主的范畴。通过开好人民代表大会、政协会议、建立统一战线等来保障人民民主。二是形成党委领导下的“群众监督制”。充分调动人民群众的积极性，使群众更好地参与监督中来。三是要创造群众监督的条件。做好群众监督要坚持实事求是的原则，做到绝不冤枉一个好人，也不会错漏一个坏人。四是要使群众监督法制化。群众监督要有效，必须形成纪律的约束力。邓小平认为，我们这样一个大党，要组织团结起来，“一靠理想，二靠纪律。组织起来就有力量”②。只有形成铁的纪律，才能使群众监督法制化，真正保障人民群众民主监督的权利，更好地克服和清除官僚主义，为增强党的群众组织力和凝聚力创设有利环境和条件。

（3）江泽民关于党的群众工作的重要论述

在世纪之交的重要时期，面对经济结构多元化，利益关系复杂化，能否抓住机遇，迎接挑战，对党来说是一场严峻的考验。以江泽民同志为主要代表的中国共产党人勇立时代潮头，把握发展大势，创造性地提出“三个代表”重要思想，从多方面对党的群众工作做了进一步丰富和发展。

第一，以代表人民利益组织凝聚群众。江泽民在继承和发展马克思主义利益观基础上，创造性提出“三个代表”重要思想，丰富和深化了党的群众工作。其中“代表着中国最广大人民的根本利益”③是江泽民群众观的核心理论观点。随着改革的不断深化，我国经济结构发生重大调整，多元

① 邓小平文选（第1卷）[M].北京：人民出版社，1994：270.
② 邓小平文选（第3卷）[M].北京：人民出版社，1993：111.
③ 江泽民文选（第3卷）[M].北京：人民出版社，2006：2.

化趋势显著，利益调整和利益关系也逐渐复杂化，江泽民在深刻认识这些严峻挑战的基础上指出，“党的一切工作和方针政策，都要以是否符合最广大人民群众的利益为最高衡量标准”[①]。这一重要论断的提出，为党解决和协调利益矛盾确定了根本原则，明确了党代表的人民利益，而不是任何团体的特殊或局部利益。只有“联系群众，宣传群众，组织群众”[②]，才能真正实现群众利益，促进改革事业发展。江泽民在科学阐明群众利益观基础上，赋予了人民群众利益的新内涵，将其具体分为经济、政治和文化利益。其中，经济利益是最基本的利益保障，但不是人民群众奋斗和追求的全部。随着社会的不断发展，政治利益和文化利益的重要性将愈加凸显。在江泽民看来，代表人民利益不能仅停留在物质层面，更要关注人民群众的政治和文化利益，只有这样，才能真正满足群众全方位利益需求。

第二，密切党群关系是党保持生机活力的源泉所在。在改革开放的伟大征途中，江泽民把党群关系上升到政治的新高度来认识，他指出，“我们党必须始终保持同人民群众的血肉联系”[③]。随着党的执政地位转变，对党的执政能力提出了更高要求。一方面，执政后的中国共产党能够更好地动员和组织人民群众发展经济和文化事业；另一方面，在改革开放的时代大潮下，一部分党员干部容易贪图享乐，滋生拜金主义，从而威胁党群关系。因此，党要首先从加强党员干部的党性锻炼着手。广大党员尤其是领导干部，要坚定理想信念，淬炼思想灵魂，积极深入群众。如此，才能在领导改革和社会主义事业建设中获得人民支持，不断增强同人民群众的感情。密切党群关系，还必须清除党内的腐败现象和官僚主义。为此，要建立健全民主科学决策程序和群众监督制度，从制度和法律层面保证党员和

---

① 江泽民．在纪念党的十一届三中全会召开二十周年大会上的讲话［N］．人民人日报，1998-12-19（01）．

② 江泽民文选（第1卷）［M］．北京：人民出版社，2006：364.

③ 江泽民文选（第1卷）［M］．北京：人民出版社，2006：407.

干部始终密切联系群众。

（4）胡锦涛关于党的群众工作的重要论述

党的十六大以来，面对新的时代发展需求，以胡锦涛同志为主要代表的中国共产党人顺应时代之需、人民所望，竭力将维护群众利益作为全部工作的重心，增强了党的群众组织力。

第一，在坚持“以人为本”的理念中做好党的群众工作。在新的历史时期，胡锦涛总揽国际国内发展大局，创造性地提出了“科学发展观”这一重大战略命题，不仅坚持了党的群众路线，而且赋予其新的时代内涵。科学发展观的核心立场是“以人为本”，这是对党的群众路线的创造性发展，彰显了发展为人民的价值内核。在胡锦涛看来，人民群众是科学发展的主体，“党的一切奋斗和工作都是为了造福人民”[①]。具体从以下几方面入手。首先，要秉承为民服务的宗旨意识。从根本上来说，人民群众是党执政的最强动力，离开了人民群众，党的执政地位就无从谈起。做好群众工作是增强宗旨意识的最好体现。其次，要密切党群联系。历史一再证明，人民群众是党不断发展壮大的力量之源和制胜法宝。最后，要遵循以人为本的科学发展理念。在坚定不移推动发展过程中，要深入认识中国特色社会主义发展规律，就必须更加注重以人为本，真正做到为人民谋利益。

第二，在坚持“三为民”思想中做好党的群众工作。“三为民”即“权为民所用、情为民所系、利为民所谋”[②]，是胡锦涛群众观的重要内容，为增强党的群众组织力提出了具体方法和有力措施。“权为民所用”，是指党的权力是人民赋予的，因此，在决策和政策的实施上要始终将人民群众的利益放在首位，切实用好手中的权力。中国共产党成为执政党，是历史和人民的选择。作为人民的公仆，党员领导干部要充分认识权力的归属、使

---

① 胡锦涛文选（第2卷）[M].北京：人民出版社，2016：624.

② 中共中央文献研究室.十六大以来重要文献选编（中）[M].北京：中央文献出版社，2006：68.

用和受益权是人民群众。“情为民所系”就是要始终与人民群众之间保持天然的亲密联系，这一联系和纽带是维系党和国家兴衰成败的关键。无论何时，党员领导干部都要情系人民群众，深入基层，切实解决群众困难，倾听群众心声，只有在情感上和人民群众达成共鸣，才能真正与群众心连心。“利为民所谋”其核心和实质是为人民群众谋利益。群众利益无小事这不是一句口号，我们党历经艰难曲折，取得举世瞩目的巨大成就，其根本原因是一如既往地为人民群众谋利益。那么，如何切实做到“三为民”呢？胡锦涛强调要建立健全群众路线的长效机制，用制度化来保障和实现“三为民”。党的群众工作是一项系统工程，没有制度的刚性约束，党员干部便容易产生懈怠思想，不能更好地为人民服务。因此，要切实保障人民群众的利益，必须健全群众工作制度，唯有做到顺民、利民，才能永立不败之地。

（5）习近平关于党的群众工作的重要论述

党的十八大以来，面对深刻调整变化的世情、国情和党情，党的群众工作面临新挑战。以习近平同志为核心的党中央坚持走群众路线，提出了一系列群众工作新观点和新举措，极大地增强了党的群众组织力和凝聚力。

第一，“坚持和加强党的全面领导”① 是新时代群众工作的主心骨。始终坚持党的领导是做好新时代群众工作的根本保证。在党的各项事业建设中，群众组织力发挥着巨大作用和力量，而这一力量的发挥离不开党的领导这一“主心骨”。新形势下，党的群众工作面临前所未有的难度和挑战，不仅要满足群众物质诉求，更要关注群众思想动态。要完成这一系列复杂的群众工作任务，有效增强党的群众组织力，必须以党为“主心骨”，通

① 中共中央党史和文献研究院．党的十九大以来重要文献选编（上）[M]．北京：中央文献出版社，2019：43.

过党的全面领导来把握群众工作的时代脉搏。首先，群众组织力建设需要党的政治领导。政治领导从根本上说就是要坚决做到“两个维护”。面对群众工作的复杂形势，习近平十分强调党员领导干部要讲政治，在群众工作中始终同党中央保持一致。在组织群众、教育引导群众的过程中始终增强“四个意识”，坚定党性，坚决服从党的决策和部署，既要有担当，又要心系群众，执政为民。其次，群众组织力建设需要党的思想领导。从思想上动员和感召群众能够大幅增强党的群众组织力。中国共产党要依据群众工作的具体目标和任务对群众进行针对性的思想引导，使群众领会党的决策部署，从而增强党的思想引导力和凝聚力。最后，群众组织力建设需要党的组织领导。在习近平看来，“党的力量来自组织”①，只有在坚强组织领导下，才能做到令行禁止。只有在党的坚强领导下，各级党组织有序落实各项方针政策，才能汇聚起强大的组织力量，充分发挥党的组织优势。

第二，“以人民为中心”是新时代群众工作的价值旨归。当前做好群众工作，其实质就是“要坚持以人民为中心的发展思想”②。那么，如何做到“以人民为中心”呢？在习近平看来，美好生活需要是以人民为中心的需要，满足人民对美好生活的向往，这是新时代群众工作的核心，也是我们党在新的历史条件下对群众路线的进一步提炼和概括。当前，群众主体多元化，群众利益诉求更加复杂和多样。人民群众的客观需要不仅停留在物质生存层面，更侧重于对政治、文化、生态等精神方面的需求。党的十八大以来，习近平充分着眼于人民群众的需求变化，结合社会主要矛盾的转化来做好新时代群众工作。在全面深化改革方面，坚持打破利益藩篱，为人民群众谋取更多利益；在全面依法治国方面，坚持以法治造福

---

① 中共中央党史和文献研究院.党的十九大以来重要文献选编（上）[M].北京：中央文献出版社，2019：560.

② 习近平.立足我国国情和我国发展实践 发展当代中国马克思主义政治经济学[N].人民日报，2015-11-25（01）.

人民；在全面从严治党方面，坚决清除党内的“四风”问题，“打虎灭蝇”一刻也不能松懈；在全面建成小康社会方面，坚持小康是全民的小康，小康路上，一个群众都不能掉队。习近平始终重视保障和改善民生，将其作为群众工作的重点来推进，在社会保障、脱贫攻坚、生态环保等方面极大地保障了人民群众的利益，并强调党员干部要深入基层，与人民群众想在一起，干在一起，不断增强党的群众组织力。

第三，基层党组织是新时代群众工作的战斗堡垒。中国共产党历来重视通过基层党组织来增强党的群众组织力。党的十八大以来，习近平多次强调，“只有基层党组织坚强有力……党的根基才能牢固，党才能有战斗力”[①]。他不仅强调了基层党组织的重要性，还指出基层党组织是试金石，是党的群众组织力强弱的重要判断标准。党的群众组织力实质上就是以各级基层党组织为依托所形成的强大力量，基层党组织是做好群众工作的基础性力量，是我们党执政的重要组织基础。基层党组织要发挥好组织和凝聚群众的工作和任务，首先必须明确职责和使命，自觉承担起团结、组织和动员群众的责任。基层干部要解决群众难题，倾听群众心声，全力做好群众工作。习近平认为基层组织是做好群众工作的依托，是党的固本之策，任何时候党的基层组织建设都不能松懈。随着形势的发展变化，基层党建的功能逐渐弱化，长此以往必将影响党的组织力和凝聚力。因此，要强化基层党建功能，更好地服务于群众。基层党员领导干部在提高自身业务水平的基础上，还要不断做出榜样示范，以此来带动和影响人民群众，不断增强党的群众组织力和凝聚力。

第四，社会主义协商民主是新时代群众工作的制度保障。从制度层面

---

① 中共中央党史和文献研究院．十八大以来重要文献选编（下）[M]．北京：中央文献出版社，2018：178.

看，社会主义协商民主是“保证人民当家作主的重要制度设计”[①]，为党的群众组织力建设提供了规范的制度保障。作为密切联系群众的重要桥梁，协商民主从制度上保障了党的群众路线的发挥。正如习近平指出，“我们要深刻把握社会主义协商民主是中国共产党的群众路线在政治领域的重要体现这一基本定性”[②]。通过发挥协商民主的作用，更好地贯彻和落实群众路线。从本质上说，党的群众路线是一条民主路线，只有让人民群众自上而下充分参与和管理国家，同时党员领导干部能够密切联系群众，才能体现人民民主的真谛，贯彻落实好党的群众路线。除此之外，协商民主作为群团组织的重要组织形式，在我国国家治理现代化中占据重要位置。群团组织作为联系党和人民群众之间的重要纽带，具有强大的组织优势，而协商民主是其实现途径，有助于增强人民群众的认同感和归属感。协商民主之所以能够作为中国民主政治的优势不断发展壮大，核心就在于能够将人民群众作为它的根本依靠力量，画出人民利益诉求的最大圆。从协商主体来看，始终秉承和保障“众人的事由众人商量”，将人民群众作为民主协商的主体加以重视。从协商客体来看，不断扩大协商的对象、内容和范围，不仅关注国家重大问题，也关注社会协商事项，更涉及与人民群众切身利益相关的具体事项，体现了协商民主的广泛性和包容性。从协商过程来看，通过民意调查、民意探讨与民意监督，有助于人民群众参与并监督国家和社会治理，满足和倾听群众利益诉求，为更好地增强党的群众组织力提供了制度保障和重要依托。

三、理论借鉴

新时代党的群众组织力研究，既需要深厚的理论积淀，也需要开放

---

① 习近平. 在中央政协工作会议暨庆祝中国人民政治协商会议成立70周年大会上的讲话［N］. 人民日报，2019-09-21（02）.

② 习近平谈治国理政（第2卷）［M］. 北京：外文出版社，2017：294.

的思维和开阔的眼界，不仅要关注西方政治学视角下政党与选民的关系理论，更要借鉴管理学的组织理论和心理学的群体动力理论，为本研究提供丰富的理论借鉴。

（一）西方政治学的政党与选民关系理论

任何一个政党的产生和发展都必须有群众参与，政党与民众的关系也是政治关系。在政治学视角下，政党作为功能性组织，“是民众进行政治表达的工具”[①]。具体而言，政党的功能性主要体现在利益表达、利益综合和利益实现上。利益表达功能是政党的首要政治功能，指政党作为桥梁和纽带，为民众提供利益诉求的平台，初步建立起基本的党群信任关系。在此之后，政党为使党群关系得到进一步巩固，便通过综合和协调各方利益来平衡民众的心理需求。在这一阶段，主要依靠的就是其利益综合功能的发挥。最后，在执政的实践过程中，政党会在一定程度上满足和实现民众的利益，以此来巩固自己的执政合法性和民众的支持，这就是政党所体现出的利益实现功能。从一定意义上说，政党与民众的关系建立就是通过利益表达、综合、实现三大功能来实现的。

在长期的政治实践中，西方政党在处理与选民的关系方面积累了丰富经验。政党需要民众的参与才能有合法的执政地位，民众也只有通过政党来获取利益诉求平台。政党和民众双向互动，构成了政党与选民关系的显著特征。美国政治学家亨廷顿很早就认识到了群众在政党政治中的重要作用，他指出，“一个强大的政党对广大群众具有号召力，并通过一个有效的组织把民众维系在自己的周围”[②]。从一定意义而言，政党来自群众，也服务于群众，政党目标的实现，离不开群众的支持。也就是说，政党力量

---

① Hirschman, A.O. Exit, Voice, and Loyalty: Responses to Decline in Firms, Organizations, and States. Cambridge, MA: Harvard University Press. 1970.

② 塞缪尔·P. 亨廷顿. 变化社会中的政治秩序［M］. 王冠华，译. 北京：生活·读书·新知三联书店，1989：385.

的强弱，不仅取决于群众的参与和支持，更取决于政党联系群众的制度安排。在长期的政治实践中，西方政党探索出一套适合自身发展的“政党与选民”关系制度，收到了良好效果。一是构建新型“政党与选民”关系。依据时势发展，各国政党提出与时俱进的联系民众理念，尽力缩小政党与民众之间的政治鸿沟。面对复杂利益关系时，政党注重协调各方利益诉求，创造“双向互动”的党群关系平台。二是筑牢“政党与选民”关系的制度屏障。经过长期的实践，西方政党建立了完善的党群联系制度，保障了党群联系的制度化。三是创新联系群众的方式。政党在联系民众时，注重创新方式方法，根据信息化和时代发展要求，建立互动交往，双向沟通的党群联系方式，在相关平台设置民众评论功能并予以答复等。这些举措深得民心，增进了政党与民众之间的关系。四是充分发挥社会团体作用，增强群众基础。许多西方政党为了全方位密切联系群众，充分利用群众性团体和利益集团等组织，精准掌握群众需求和动向，以此来增强其群众基础。政党这一系列联系民众的举措和经验，在政党选举和执政中发挥着重要作用。

西方政治学视角下政党与选民关系理论对于我们党密切联系群众，增强党的群众组织力有着十分重要的借鉴意义。首先，在构建新型党群关系上，开拓群众表达渠道和平台，发挥传统媒介和新媒体在组织群众和宣传群众方面的优势，切实为群众解决物质和精神方面难题。其次，在做好群众工作方面，我们党要增强服务意识，充分尊重民意，发扬民主，调动群众的积极性和参与度，更好地贯彻落实党的路线方针。再次，在改进群众工作方式方法上，我们党要讲求民主协商，不能摆“官架”；要丰富群众工作载体，运用好新媒体新技术在群众工作中的重要作用；更要树立典型模范，发挥“关键少数”的作用，注重党员干部的榜样和示范引领。最后，在搭建群众工作平台方面，我们要借鉴西方政党的经验，设立专门的群众组织机构，如中央群众工作部等，以此来适应群众工作的需要。

（二）管理学的组织理论

任何组织都需要管理，在管理学中，组织有静态和动态之分。静态地看，组织是涉及组织内部的各要素和组织网络。动态地看，组织是发展变化的，依据目标的不同而不断调整和变革。从一定程度上讲，现代管理学中的组织理论主要体现为动态组织理论。组织不是漫无目的，而是有明确的目标，其实质在于充分发挥组织成员的主动性、积极性和创造性。

从西方组织理论的发展实践来看，人们对组织的认知经历了从萌芽到逐步成熟的发展过程。19世纪末，面对西方资本主义发展缓慢、效率低下等一系列问题，如何进行科学管理、提高生产效率成为当时亟待解决的重大问题。在这一问题的驱使下，西方组织理论学派开始崭露头角，经历了古典组织理论、行为科学组织理论和现代组织理论三个发展阶段。其中，古典组织理论学派的核心思想是“科学管理”，主张对组织的原则、结构和职能等进行研究。在此基础上提出了“科学”“协调”“合作”“高效”等科学管理原则和管理方法，为解决当时生产力发展缓慢发挥了重要作用。作为一门应用型学科，行为科学组织理论克服了古典组织理论的不足，侧重于对组织行为的管理，通过描述、解释、预测和控制这些行为的变化规律，以提高组织的有效性。组织行为理论的权威学者斯蒂芬·P. 罗宾斯（Stephen. P. Robbins）认为，组织行为作为一个研究领域，通过不断改变组织内部行为，从而使组织高效运转。[①] 现代组织理论作为一个更加丰富的体系，既注重分析组织的整体结构和运行机制，也注重个人行为、外部环境等对整体组织结构的影响。美国管理学家詹姆斯·穆尼认为，组织是为实现共同的目标，特定的人群联合起来形成一股强大力量，只有组织内部高度协调，才能发挥无穷力量。[②] 美国管理学家切斯特·巴纳德认

① 斯蒂芬·P. 罗宾斯. 组织行为学［M］. 孙健敏，李原，译. 北京：中国人民大学出版社，1997：9.

② 高杰，高林玉. 管理学的研究起点与逻辑起点问题探究［J］. 东北财经大学学报，2005（3）：11–14.

为，组织是两个及以上的人，为实现共同目标协调行动的有机整体。[①]一般而言，一个有效的组织需要满足三个要素：协作意愿、共同目标和互动交流。只有组织内部维持协作和平衡，这个组织才能有效存在。因此，按照西方管理学理论，组织就是人们为达到一项共同的目标，按照一定的原则和方法，发挥人力、物力、财力等各种资源效用的载体，团结协作形成的一种体系、形式或集团。

管理学的组织理论与党的群众组织力有一定的相适性。一切关于组织的理论与实践研究，都要回归“组织”的本体。群众组织力的形成建立在各种群众组织的基础上，只有群众组织有效发挥作用，才能形成群众的凝聚力和向心力，从而增强党的群众组织力。现代组织理论认为，组织的精髓在于组织目标，关键在于组织基础，根本在于组织运行。[②]我们对党的群众组织力的研究要回归组织目标、组织基础、组织评价，探索出党的群众组织力的生发机理和提升路径。其中，组织目标是群众组织力的动力，只有明确了目标，才能有组织起来的方向；组织基础是群众组织力稳健运行的基本保障，也是其生发与提升的基本前提；组织评价是衡量群众组织力强弱的重要因素，也是群众组织力的一个评价指标。同时，任何组织都不是一成不变的，都要经历变革和发展。通过研究组织变革的动力、维度、阻力等因素，才能增强组织的有效性，使组织获得创新发展。因此，借鉴和学习管理学的组织理论，有利于更好地为党的群众组织力研究开阔思路和视野，提供方法论指导。

（三）心理学的群体动力理论

群体动力理论的创始人是美国心理学家库尔特·勒温（Kurt Lewin）。他创造性地将物理学中“场”的概念迁移到心理学上，将群体的心理活动

---

① 罗珉．组织管理学［M］．成都：西南财经大学出版社，2003：5.

② 郭圣莉．行政组织学［M］．上海：华东理工大学出版社，2012：5.

放在“心理场”中去解释，侧重研究群体行为动力产生的心理机制。在库尔特·勒温看来，“心理场”包括两个场域：一个是群体行为发生的外部客观环境；另一个则是群体内部的心理环境和心理状态。其中，外部客观环境包括时间和空间等客观对象，个体内心环境则包括情绪、需求、信任等。一般来说，稳定的心理状态至关重要，会使群体与外部环境之间保持一种“势均力敌”状态。但当环境无法满足群体心理需求时，两者之间所维持的关系会“失衡”，造成群体的心理紧张，这种“紧张的释放可为心理活动和行为提供动力和能量”[①]，这便是群体动力理论。

群体动力理论指的是“群体内成员所共有的、有别于其他群体的心理现象”[②]。这种心理在群体各成员之间相互作用，影响他们进行群体活动，而这一群体活动的方向由内部心理需要和外部环境两方面所决定。群体动力理论由凝聚力、驱动力和耗散力三大要素组成。其中，群体凝聚力侧重于从情感层面维系各成员，成员的心理越充实，其行为表现就会越积极正面，群体凝聚力会越强。同时，凝聚力强的群体会使成员产生强烈归属感。这种归属感使各成员依靠群体，相互帮助，相互协作，进一步提升群体凝聚力。群体驱动力是促进群体进步发展的动力源，通过激发各成员的能力和兴趣，可以产生强大的群体效应。在群体驱动力影响下，成员只有参与到群体竞争中，通过群体竞争机制来激发自身积极性，才能更好地在群体中完善发展自己。除了产生凝聚力和驱动力之外，群体也会产生耗散力。当群体脱离社会发展时，就会出现破坏群体凝聚的耗散力，影响群体发展。因此，应努力完善和更新群体结构，极力避免出现群体耗散力的出现。

群体动力理论对处理党群关系，增强党的群众组织力有重要借鉴意

---

① 申荷永 . 论勒温心理学中的动力［J］. 心理学报，1991（3）：306.

② 屠文淑 . 社会心理学理论与应用［M］. 北京：人民出版社，2002：163.

义。众所周知，人是社会中的人，因此其心理需求和行为活动不可避免会受社会环境的影响。这种心理需求涵盖了愿望、情感、信任等多个层次。随着全面深化改革的深入推进，我国进入了改革攻坚期和深水区，为群众提供发展机遇和发展空间的同时，也带来了新的挑战和问题。不同群体和阶层在财富分配、思想观念和个人需求等方面的矛盾冲突逐渐“崭露头角”。面对这些不确定因素和挑战，“对未来的预期会直接影响人们的心态和行为选择”[①]，群众心理预期的变化会深刻影响和塑造其社会行为活动。当社会提供的物质和精神需求能够满足群众心理预期时，则整个社会环境会相对稳定；相反，当社会的给予不能达到群众的心理期待，则会产生消极的社会情绪和行为活动，给党群关系带来巨大挑战。因此，党和国家应该把准群众的心理“脉搏”，积极调节党群关系中的不和谐因素，最大限度地掌握群众的思想动态，建立健康稳定的党群关系。在当前党的群众工作中，我们应借鉴心理学中的这一理论，敏锐观察党员干部和群众的心理特征，维护干群关系之间的“平衡值”，为增强党的群众组织力创造良好的社会心理环境和氛围。

① 杨宜音，王俊秀．当代中国社会心态研究［M］．北京：社会科学文献出版社，2013：56.

第三章

中国共产党群众组织力的
科学内涵、构成要素与运行机制

中国共产党群众组织力研究既是一个实践课题，也是一个重大理论问题，需要从理论维度对中国共产党群众组织力的科学内涵、构成要素与运行机制进行学理性剖析，以明晰群众组织力的外延边界、认清群众组织力的思想内核，锁定群众组织力的内生联系，将中国共产党群众组织力的研究建立在科学的理论基础之上。

一、中国共产党群众组织力的科学内涵

党的群众组织力作为一种生成性力量，其生成过程从根本上说是党和群众之间的双向互动。根据前文的概念界定可知，中国共产党群众组织力就是以党和人民利益的高度统一为前提，在解决各种利益矛盾和诉求基础上对最广大人民群众进行宣传、教育、组织和凝聚，使之产生向心力和归属感，进而采取自觉统一的行动来实现共同理想目标的强大力量。那么，究竟应该如何教育、引导和组织群众，使群众自觉投身到共同的理想目标中去？这是党的群众组织力需要解决的实质性问题，也是本文需要继续深入探讨的重大问题。据此，对党的群众组织力的科学内涵进行多维度剖析和深度透视就显得尤为重要且必要，只有深刻把握党的群众组织力的科学内涵，使党和群众之间建立良性的双向互动关系，党的群众组织力才能不断得以增强。

（一）基本前提：党和人民利益的高度统一

人类社会从本质上来讲就是一个利益关系的集合体，利益是人类历史发展的内在驱动力，"'思想'一旦离开'利益'，就一定会使自己出丑"[①]。中国共产党群众组织力作为一种内在生成的力量，要得到群众的认同和支持，进而把群众组织起来并不是一件容易的事。其基本的价值前提是，要让群众深切感受到党是真正代表群众利益的，双方的根本利益是高度统一的。妥善处理好党和人民之间的利益关系，是明晰党的群众组织力科学内涵的首要问题。

任何一个组织或政党都存在利益关系，利益是社会发展的原动力。在以往的视野中，我们通常将"党和人民的利益""党和国家的利益"关联在一起使用，忽视了对"党的利益"的单独研究，致使我们经常会有"党的利益在理论和现实中都不独立存在"这样的认识误区。事实上，党的利益与人民利益一样，都是客观存在的，脱离利益的政党或政治组织都是不存在的，对中国共产党而言也是如此。如果党与人民群众之间无法形成一个唇齿相依的利益链，那么，仅靠宣传、动员来维系党和群众之间的关系终究难以长久。事实证明，"共产党是为民族、为人民谋利益的政党，它本身决无私利可图"[②]。党的利益主要包括如下两个层面：一是作为政党组织的政治利益。政治利益是政党的第一位的追求。在现代政治中，政党的目标就是要通过执掌国家政权来实现党的政治纲领。作为马克思主义政党，中国共产党与其他政党一样，其首要目标就是实现长期执政。因此，党的一切政治活动的主题都围绕着增强执政的合法性和有效性。那么，要实现党的政治利益，就要不断创造物质条件和精神条件，这是维系党生存发展、有效运作的必备要素和资源。二是作为工具的公共利

① 马克思恩格斯全集（第2卷）[M].北京：人民出版社，1957：103.

② 毛泽东选集（第3卷）[M].北京：人民出版社，1991：809.

益。政党是联系政府与民众之间的“桥梁”和“纽带”，发挥着“中介”作用。作为使命型政党，中国共产党的先进性就体现在它是代表人民利益的，是人民参与政治的工具。除了代表公共利益外，中国共产党没有任何特殊私利，从始至终都在为人民谋福利，这也是党的性质和宗旨的重要体现。

只要有人的地方就会有利益存在，利益来自人民的需要。一般而言，人民利益是一个复杂的系统，不仅具有时代性，而且具有多元性。首先，人民利益具有时代性。从历史变迁角度看，人民利益会随着时间和历史发展而不断发生变化。新民主主义革命时期，人民群众渴望民族独立和人民解放，通过一系列群众运动来致力于实现政治利益。这一时期，中国共产党侧重于实现人民的政治利益，通过革命斗争的胜利，实现了人民的政治利益诉求，为经济和文化利益的实现奠定了政治前提和基础。社会主义革命和建设时期，人民通过革命斗争获得了解放，在政治利益实现的基础上，进一步满足人民对经济和文化的需求就成为新中国建设的主要任务。正如毛泽东所言，“我们共产党人……不但为中国的政治革命和经济革命而奋斗，而且为中国的文化革命而奋斗”[①]。改革开放时期，社会阶层逐渐多元，利益格局不断复杂化，如何更好地改善和保障民生，促进社会公平就成为改革的当务之急。党的十八大以来，伴随社会主要矛盾转化，群众的利益诉求更加多元化。由此可见，各个历史时期，人民群众都有不同的利益需求，只有顺应历史发展趋势，时刻关注人民利益的变化，才能从根本上代表人民利益。其次，人民利益具有多元性。具体而言，主要包括政治利益、经济利益、文化利益等在内的全方位利益。经济利益是其他利益存在的物质基础，一旦没了经济做保障，其他利益都无从谈起。政治利益是保障人民当家作主的利益形式，因此，要不断通过政治体制改革和政治

① 毛泽东选集（第2卷）[M]. 北京：人民出版社，1991：663.

文明建设来保障人民的政治权益。文化利益是其他利益实现的“精神支柱”，不可或缺。需要指出的是，人民的利益绝不仅限于经济、政治和文化层面，社会民主也是人民最重要的利益之一。如果缺乏有力的民主制度，其他利益也就无法保障，也不可能实现人民的根本利益。只有将以上各个层面的利益相统一，全方位兼顾人民利益，才能实现人的全面发展和人类的彻底解放。

从根本上说，党和人民的利益必须是高度统一的，这是密切党群关系、增强群众组织力的重要前提。从一般意义来讲，“政党是民众参与政治的工具，政党是人民控制政府之手的延伸”①。党的利益与人民利益二者之间既有联系也有区别。二者的联系主要表现在两方面：一方面，从理论上说，党是代表人民利益的，“党的全部任务和责任，就是为人民谋利益”②；另一方面，从实践来看，党的利益与人民利益不是天然的统一，在实践中有产生偏差的可能性。一旦党的决策和方针不能很好地满足群众的利益需求，二者就有潜在的矛盾和冲突发生。这种矛盾的产生要么是由于党在制定大政方针时缺乏与群众沟通；要么是由于党内部分领导干部的腐败堕落。因此，要将这一潜在矛盾扼杀在“摇篮”里，就必须加强党的先进性和纯洁性建设，如此，才能将党的利益与人民利益相统一并落实到实践中去。在搞清楚二者之间的联系后，厘清二者之间的区别也是必不可少。党的利益与人民利益的区别主要表现在以下几方面：一是人民利益先于党的利益而存在。当还没有政党的时候，人民利益就已然存在了，只不过是理论上的存在。而当党出现之后，人民的利益才能得以实现。二是党的利益服务于人民利益，从一定程度上，其最终目的是实现人的自由全面发展，二者是有所区别的。因此，只有深刻剖析党的利益和人民利益之间的联

① 王长江．现代政党执政规律研究［M］．上海：上海人民出版社，2002：40-42.

② 江泽民文选（第2卷）［M］．人民出版社，2006：262.

系和区别，正确处理二者之间的潜在矛盾，才能最大可能实现二者之间的统一。

（二）核心要义：正确处理好人民内部矛盾

人民内部矛盾是一个重大的理论问题，也是迫切的现实问题，正确处理好人民内部矛盾，对于增强党的群众组织力至关重要。社会矛盾的产生、存在和发展不是孤立的，而是多方面因素综合作用的结果。随着我国经济社会发展进入快速转型期，利益格局深刻变动、群众主体多元多样，一旦处理不好，便会导致社会矛盾纠纷频发，给党的群众组织力建设带来极大困难和挑战。因此，我们必须深刻认识到“群众工作的本质是密切党群关系，核心是正确处理人民内部矛盾”①。只有看到人民内部矛盾的作用机制，提高解决处理人民内部矛盾的能力，才能有效调动各种社会力量，在切实解决矛盾中增强党的群众组织力。

深刻认识人民内部矛盾的复杂态势，是正确处理好各类矛盾的重要前提。“一般来说，人民内部的矛盾，是在人民利益根本一致的基础上的矛盾”②，“但是如果处理得不适当，或者失去警觉，麻痹大意，也可能发生对抗”③。因此，我们必须深刻认识到人民内部矛盾的复杂态势，只有在认清矛盾的本质之后，才能各个击破矛盾，促进党群关系和谐，进而增强党的群众组织力。总的来说，人民内部矛盾大多是由于利益主体多元化而产生的，主要表现为个人之间、各利益群体和阶层、阶级之间的利益矛盾冲突。随着经济结构的深刻变革，群众的选择性和差异性明显增强，出现了行业、地区、城乡以及社会阶层之间的利益差异。这些利益矛盾和差异如若得不到妥善处理，便会引发利益纠纷和群体性事件，使发生矛盾冲突的

---

① 习近平与中央党校省部班学员座谈时强调 领导干部要不断提高新形势下群众工作水平［N］. 人民日报，2011-01-06（01）.

② 毛泽东文集（第7卷）［M］. 北京：人民出版社，1999：206.

③ 毛泽东文集（第7卷）［M］. 北京：人民出版社，1999：211.

概率增大，严重危及社会稳定。具体来说，一方面，社会阶级阶层分化导致矛盾冲突增多。随着科学技术的迅猛发展，经济结构发生重大变革，以往单一化的社会阶层已不复存在。在知识经济的促使之下，知识分子成为重要的社会阶层，普遍认同度明显提高。随着知识分子的收入和社会地位逐渐提高，其内部也逐渐分化。与此同时，经济的发展和社会财富的积累，使得贫富差距逐渐扩大，农民阶层的职业逐渐多元化，非农业化进程加快。在这一发展环境之下，农民为更好地实现发家致富，开始从事多元化的职业，导致其内部加速分化。另一方面，新兴社会阶层萌生导致矛盾多元化。在大变革大调整之下，“新型利益群体”[①]逐渐兴起并有了生长土壤，其对社会的贡献力和推动力不可忽视。但由于是新生发展力量，受传统认知的影响和阻碍，在价值认同和社会认同方面还存在差距，导致这一新兴阶层与其他阶层的矛盾时有发生。由此可见，无论是原有的阶级阶层，还是新兴的社会阶层，都具有独立的利益要求，成为独立的利益主体，在利益所得和发展预期方面都有所不同。利益主体的多元分化，从根本上改变了原有的阶级结构简单化状态，使得人民内部矛盾呈现多元化、复杂化、经常化的趋势。倘若不能正确引导和处理好各种矛盾，就会引发群体性冲突，对社会安定带来影响。因此，充分协调好各种利益关系，建立行之有效的矛盾化解机制，是正确处理好人民内部矛盾、密切党群关系的核心问题。

在深刻掌握各类矛盾的基础上，如何处理好这些复杂矛盾成为增强群众组织力的重要内容。由于人民内部矛盾呈现的复杂性，要协调处理好各种利益矛盾并非易事。毛泽东指出，“共产党人在劳动人民中间进行工作的时候必须采取民主的说服教育的方法，决不允许采取命令主义态度和强制

---

① “新型利益群体”主要指乡镇企业职工、民营企业的创业人员和技术人员、自由职业人员等。

手段”[①]。作为使命型政党，中国共产党要将广大人民群众像“磁铁”一样凝聚在党的周围，需要的不是党的强制性，而是感召力和吸引力。强大的感召力和吸引力不是与生俱来的，而是要通过解决人民内部矛盾、协调各种利益关系而实现。具体来说，要从以下几方面着手。一是要正视群众之间的各种利益矛盾和冲突。在当前社会发展中，各个行业之间竞争激烈，城市化进程加快，各种人民内部矛盾大量涌现，对党的群众工作开展极为不利。面对这样的发展态势，中国共产党应正视矛盾，在把握大局的基础上关心群众疾苦，努力化解矛盾。二是面对不同群体的具体利益诉求，党要适当“脱位”。这里所谓的“脱位”不是放任不管，而是要学会适时退出，以减少与群众的正面冲突。由于群众主体的差异性，利益冲突呈现复杂态势，如何平衡好各群体的利益关系，不是一件轻而易举的事。随着市场经济的发展，党政部门要适当退出对微观经济领域的管理，更好地发挥市场经济的活力。如此，才能有利于密切同群众的联系，协调好群众之间发生的各种利益关系和矛盾。三是要形成最大利益共同体。不同的群体，其利益诉求是不同的，由此造成了利益复杂多元的局面。中国共产党要充分掌握各种利益群体，发现其利益的共同点，以便求同存异，形成有利于各方的利益共同体。四是充分发挥利益整合作用，化解各类矛盾冲突。由利益冲突引发的矛盾问题层出不穷，只有发挥党的利益整合功能，才能有效化解各类复杂矛盾。利益整合不是简单的利益相加，而是通过有效方式，在维护各群体基本利益基础上，将各个部分的合理利益整合起来，形成一个稳定的利益结构链，提高整个利益整体的效能和作用。作为执政党的基本职能，利益整合能够使各种利益集团、组织形式的分散利益集中起来。随着市场经济的深化发展，利益矛盾冲突必将加剧，因此，必须通过利益整合来化解矛盾，维护和保障各方利益。

---

① 毛泽东文集（第7卷）[M].北京：人民出版社，1999：211.

（三）关键环节：把党的正确主张转化为群众自觉行动

“把党的正确主张变为群众的自觉行动”[①]既是群众路线的重要内容，也是增强党的群众组织力的关键环节。具体来说，群众的自觉行动建立在对党的认同基础上。因此，党在制定方针、做出决策时，要从群众利益出发，充分考虑群众的心理接受程度。唯有如此，才能从根本上将群众动员和组织起来，不断增强党的群众组织力。在具体实践中，将党的正确主张转化为群众的自觉行动，需要从以下三方面着手。

首先，党的正确主张是前提。只有主张“正确”，经得起实践和群众的检验，才能在群众中引起反响，从而将正确主张落实到群众的自觉行动中。提出正确的主张需要从两方面入手：其一，必须符合客观发展规律。恩格斯曾指出，“我们自己创造着我们的历史，但是第一，我们是在十分确定的前提和条件下创造的”[②]。具体而言，就是要遵循客观规律，也就是恩格斯所言的“确定的前提和条件”。只有把握这个前提基础，才能取得科学的实践成果。因此，可以说，正确的主张或真理，必然是符合客观发展规律的，能够经得起实践和人民的检验，否则便无法在实际行动中得以落实。其二，必须以维护群众利益为前提。正确主张归根结底还是为实现群众利益服务的，从二者之间的相互关系来看，正确主张必须以利益的实现为基础，这样才能产生足够的力量和作用，而利益实现也为正确主张的进一步落实创设有利条件。总体而言，只有实现正确主张和群众利益的有效结合，才能组织发动人民群众。

其次，实现群众的自觉行动与党的正确主张相结合是关键。具体来说，其一，要加强理论宣传。“理论一经掌握群众，也会变成物质力量。”[③]

---

① 中共中央文献研究室．习近平关于党的群众路线教育实践活动论述摘编［M］．北京：党建读物出版社，中央文献出版社，2014：63.

② 马克思恩格斯全集（第4卷）［M］．北京：人民出版社，2012：604.

③ 马克思恩格斯选集（第1卷）［M］．北京：人民出版社，2012：9.

正确的主张如若传不到群众的耳朵里，不被群众所掌握，那一切都是空谈。理论宣传是架起党的正确主张与人民群众的一座桥梁，必须通过宣传的力量，群众才能深刻理解并掌握党的正确主张，从而在实际行动中得以落实。因此，在宣传党的理论主张过程中，首先要与群众“交心”，让群众切身感受到党的正确主张是为人民群众服务的。在此基础上，关于群众在一些重大的理论和政策问题上的疑问，要及时给予解答，包括制定这些政策的目的和具体实施步骤等，让群众感受到这些政策带来的实惠和福利。另外，党员干部要起到模范带头作用，对党的正确方针路线要坚决执行和维护，从而引导和组织群众自觉接受并践行。其二，要切实反映群众利益。具体而言就是“必须给人民以看得见的物质福利”[①]。要贯彻落实党的正确主张，仅靠单纯的理论宣传是不够的，必须给人民群众带来实实在在的利益。理论宣传是手段，实现群众利益才是最终目的。如若仅通过口号宣传对群众进行灌输，而不结合具体利益的实现，党的政策和主张将是空洞无力的。概言之，理论主张只有反映群众利益，群众才会接受；反之，就无法得到群众的认同，更无法转变为群众的自觉行动。其三，建强党的理论宣传队伍。任何好的政策或主张，如果不能得到正确的宣传，就不能引起群众的共鸣。锻造一支理论过硬、素质够高、技术过关的宣传队伍，对党的政策贯彻落实至关重要。具体来说，这支宣传队伍首先要有极高的理论水平，不仅能够全面吃透和掌握党的理论主张，而且有丰富的实践经验，能够将这些理论主张以群众喜闻乐见的方式输出，使人民群众自觉认可并接受；这支队伍要有较高的素质，能够起到先锋模范作用，通过榜样示范来带动和影响群众接受党的主张；除此之外，随着互联网技术的发展，这支队伍还要紧跟时代，熟练掌握各种现代化宣传手段，运用网络平台向群众宣传党的主张和理论，将更多的群众凝聚和组织在党的周围。

① 毛泽东文集（第2卷）[M]. 北京：人民出版社，1993：467.

最后，将正确主张转化为群众的自觉行动是出发点和归宿。其一，充分发挥群众主体作用。人民群众具有主观能动性，对党的理论和主张有自己的判断力，因此，在组织群众过程中，要让群众全面深刻了解党的政策方针与群众利益的密切相关性。只有这样，才能凝聚起广大群众的组织合力，为贯彻党的主张和理论提供强大动力支撑。其二，以科学完善的机制保障群众的自觉行动。要使群众将党的主张转化为自觉行动，仅靠宣传和号召是不够的，还要有科学的机制保障。这样不仅能够使群众的自觉行动具有广泛性和长期性，而且能够确保党的主张和理论具有稳定性，不会因领导人更换而中止，更不会因个人想法而改变。其三，以实现群众利益为最终目标。党的主张和理论有明确的目标导向，那就是实现群众利益。因此，在制定政策时，要将维护群众利益作为立足点，这是群众自觉接受并付诸行动的前提。一旦政策不能代表人民利益，那么再好的政策也只能是空谈，终将被人民抛弃和反对。因此，正确主张转化为群众的自觉行动，必须以群众利益为最终目标，如此才能不断增强党的群众组织力。

（四）实践归宿：团结凝聚群众以实现党的奋斗目标

组织力的有效发挥要围绕特定的目标，党的群众组织力也是如此。中国共产党将群众组织起来的最终目的是要解决“干什么”的问题，即组织群众以达成什么样的奋斗目标。中国共产党在各个历史时期由于面临的历史任务不同，因而，党发挥群众组织力的目标也有所不同。从目标的层次性来看，在增强党的群众组织力过程中，党的奋斗目标可以分为长远目标、现实目标和具体目标。

增强党的群众组织力以实现共产主义远大理想的长远目标。任何一个有理想、有抱负的政党，绝不会为了执政而执政。从长远来看，执政党必须有坚定的理想信念和长远的目标指引，否则就不能使人民群众信服，自然也就无法凝聚和组织群众力量，所谓的执政也将会陷入虚无缥缈的空谈。中国共产党作为使命型政党，一直将为人民谋利益作为自己的终身信仰和执政信条，在组织、团结和凝聚群众过程中有着明确的长远目标。那就是在中国特色社会主义道路的指引下，组织带领人民群众最终进入美好的共产主义社会，这也是我们党的最高纲领。尽管当下我们仍致力于实现党的最低纲领，离这一长远目标的实现还有很远的距离，但我们对这一最高纲领的坚定信念从未动摇。它犹如“灯塔”一样，指引着我们党的前进方向。在党的最高纲领中，确定了我们党的长远奋斗目标，描绘了共产主义社会的美好蓝图，充分体现出我们党是先进型的马克思主义政党。早在民主革命时期，毛泽东就强调“共产党人决不抛弃社会主义和共产主义的理想”[①]。江泽民也指出，“忘记远大理想而只顾眼前，就会失去前进方向”[②]。党的最高纲领是党的一切奋斗的力量源泉和目的所在，若放弃了党的最高纲领，党的一切努力和奋斗都将失去前进的方向和动力，党的先进性也将不复存在。共产主义远大理想的实现并非一蹴而就，而是一个艰辛而漫长的过程，是几代甚至十几代中国共产党人用若干个阶段性理想铸就的。与具体奋斗目标不同的是，共产主义远大理想是隐性的价值理念，不能立竿见影地反映到人们实实在在的生活中，无法被人们所真切感知和认同。因此，在这一漫长过程中，必须有无数个显性的短期目标做铺垫，使人民群众可以深刻感知到党的执政理念和方针政策，以便能更好地组织凝聚群众。更为重要的是，共产主义长远目标的实现必须有坚定的理想信念作以支撑，正如习近平所言，“一个政党的衰落，往往从理想信念的丧失或缺失开始”[③]。一旦没有了理想信念的支撑，便很难到达终点目标，更无法将人民群众组织凝聚在党的周围。

---

① 毛泽东选集（第1卷）[M]. 北京：人民出版社，1991：259.

② 中共中央文献研究室. 江泽民论有中国特色社会主义[M]. 北京：中央文献出版社，2002：47.

③ 习近平谈治国理政（第2卷）[M]. 北京：外文出版社，2017：34.

增强党的群众组织力以实现中华民族伟大复兴的现实目标。对执政党而言，现实目标是可以为人民群众所感知的、在执政后短期内必须立刻组织群众完成的现实任务。相对长远目标而言，现实目标更为具体，是指在一定历史阶段之内，基于一定的共同价值理念而展开的目标追求。当前，对中国共产党而言，现实目标是实现伟大复兴，这与人民群众的热切期盼高度契合，为更好地凝聚群众力量、增强党的群众组织力创造了有利条件。随着时势的发展变化，党的现实目标还将会不断注入新的内容，但无论时代如何发展，形势如何变化，始终贯穿于党的现实目标中的“为民”这条主线不会变。只要紧紧依靠群众，组织团结起人民群众的磅礴伟力，中华民族伟大复兴就一定能实现，共产主义远大理想的终点也必将会到达。

增强党的群众组织力以实现党在现阶段的具体目标。除了党的长远目标和现实目标之外，在治国理政的具体实践中，中国共产党的执政地位是由无数个具体目标巩固的。从现阶段的发展实践来看，党的具体目标体现在经济、政治、文化、社会和生态等多个领域。在经济领域，我们党致力于统筹各方面的利益关切，做大分好“蛋糕”，使人民群众享受到应得的利益红利。“使各个方面的利益达到最大化和最优化，不仅是对党执政能力的考验，也是党增强群众组织力的关键。”[①] 在政治领域，我们党通过发展全过程人民民主，使人民群众享受到参政议政的民主权利，自觉投身到治国理政的伟大实践中去。在文化领域，我们党以社会主义核心价值观凝聚群众共识，不断引领群众增强文化自信，建设社会主义文化强国。在社会领域，我们党通过救济、保险和社会福利等具体举措改善和保障民生，致力于健全社会保障体系，使人民群众有更多获得感和幸福感。在生态文

① 纪中强 . 改革开放以来中国共产党增强群众组织力的历史考察与基本经验［J］. 理论导刊，2019（6）：15–22.

明领域，随着物质条件的改善和充裕，人民群众对生存质量有了更高需求，开始追求干净的水源、新鲜的空气、舒适的居所等，绿水青山成为人民群众在生态领域的美好向往。因此，如何满足人民群众在上述各个领域的美好生活需要，成为现阶段我们党的具体奋斗目标，也是增强党的群众组织力要面对的现实问题。

二、中国共产党群众组织力的构成要素

构成要素作为系统结构的必备因素，是组成系统形态的核心单元，各要素之间相互作用、相互协调，共同推动系统整体的高效运转。中国共产党群众组织力是一个多向度的复合型概念，有一套系统完整的内在结构体系。对党的群众组织力的构成要素进行深入剖析，使各要素之间协同推进，产生巨大合力，是加强党的群众组织力研究的必要前提。

作为群众工作能力和水平的重要方面，党的群众组织力体现和反映在群众工作的各个领域。同时，党的十八大以来，习近平针对党的群众工作做了系列重大创新性论述。深入剖析这些重要论述，不难发现其中蕴含着党的群众组织力的构成要素。其中，“组织动员广大人民群众坚定不移跟党走”①体现为政治引领力；“补齐民生保障短板、解决好人民群众急难愁盼问题”②体现为民生保障力；“多做宣传群众的工作，统一思想、凝聚人心”③体现为宣传动员力；“以提升组织力为重点……扩大基层党的组织覆盖和工作覆盖”④

① 习近平．决胜全面建成小康社会 夺取新时代中国特色社会主义伟大胜利［M］．北京：人民出版社，2017：69.

② 中国共产党第十九届中央委员会第六次全体会议文件汇编［M］．北京：人民出版社，2021：73.

③ 习近平谈治国理政（第2卷）［M］．北京：外文出版社，2017：309.

④ 中共中央党史和文献研究院．十九大以来重要文献选编（上）［M］．北京：中央文献出版社，2019：561.

体现为组织覆盖力；“创新群众工作体制机制和方式方法”[①]体现为创新驱动力。而这五大要素又可分为“内源性要素”和“外源性要素”两部分。“内源性要素”包括政治引领力、民生保障力和宣传动员力，是党的群众组织力形成的必备要素。其中，政治引领力是群众组织力形成的“原动力”和核心要素，只有增强政治引领，群众组织力才有“主心骨”。民生保障力是群众组织力形成的重要依托，只有保障民生，人民群众才能形成强大凝聚力。宣传动员力是架起党和群众之间的“桥梁”，采取切实有效的宣传动员手段会使群众组织力的效果倍增。“外源性要素”主要包括组织覆盖力和创新驱动力，在党的群众组织力中起着“加速度”的作用，对有效增强党的群众组织力至关重要。其中，组织覆盖力致力于对群众的组织和动员实现全方位覆盖，不留盲区和空白点。创新驱动力致力于不断创新群众工作方法，为党的群众组织力创造源源不断的动力与活力。这些“外源性”要素在党的群众组织力中虽然不是“中流砥柱”，但影响着群众组织力的合力大小。“外源性要素”有效发挥作用，则群众组织力会增强；反之，则群众组织力的效果会大打折扣。

据此，结合党的群众工作的实践要求，在深刻把握习近平关于党的群众工作的重要论述基础上，本文认为，中国共产党群众组织力由政治引领力、民生保障力、宣传动员力、组织覆盖力和创新驱动力五个要素构成，只有“五力”并举（具体如下图所示）、协同推进，才能形成强大持久的群众组织力合力。

---

① 习近平 . 决胜全面建成小康社会 夺取新时代中国特色社会主义伟大胜利［M］. 北京：人民出版社，2017：69.

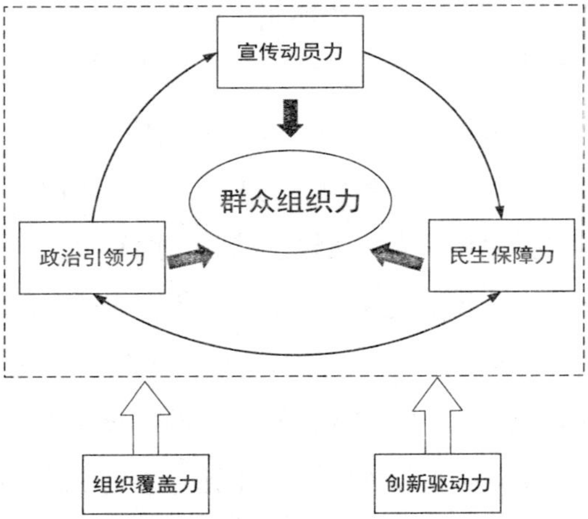

图3–1　构成要素图

（一）政治引领力

政治引领力是党的群众组织力的“航向标”，指的是在党的群众组织力中“由谁组织和引领”的问题。中国共产党作为“使命型政党”，在革命和建设的每一个重大历史关头，都始终保持以强大的政治引领来组织和凝聚群众力量，铸就了全党团结的同心圆，这是我们党不断走向辉煌的关键“奥秘”之所在。那么，强大的政治引领力从何而来？如何将14亿多人民群众自觉感召和凝聚在党的周围？从根本上说还是要依靠坚强、稳定的领导核心。只有充分发挥党中央“定海神针”的作用，才能以足够的政治定力来引领和组织群众，为党的群众组织力提供正确的“航向标”，从而形成强大的组织合力，最大限度增强党的群众组织力。

政治引领力作为中国共产党群众组织力的核心要素，具有“引擎”作用，是指在政治方向、政治原则和政治立场等重大问题上把握发展大势、统领全局的能力。政治引领力是由“引”和“领”两个关键词组成的合体。所谓“引”，凸显的是方向性问题，“向何处引”决定着党的群众组织力的发展方向。只有“引”的方向正确，党的群众组织力才能行稳致远，否则一切将无从谈起。而“领”强调的是领导力，指的是中国共产党通过至高无上的权威性而使群众产生自觉认同和跟随。群众的觉悟往往需要引导和组织，自发的觉悟很难形成集体自觉的力量。政治引领力的一个重要内容便是利用政治愿景组织群众知所趋赴，让群众觉悟并有组织地跟随党的领导。从其属性和重要性而言，政治引领力具有统领性和根本性，在党的群众组织力中具体表现为把稳政治方向和增强政治定力，是增强党的群众组织力之根本。

强大的政治引领力为党的群众组织力把稳“方向盘”。方向问题是根本性问题，只有以党的政治引领把稳群众组织力“方向盘”，才能确保引领方向不偏移，最大限度调动起人民群众的力量。具体来说，中国共产党在引领和组织群众过程中，在根本方向上要始终坚持“三不变”，即党的基本理论不变、党的基本路线不变、党的基本方略不变，只有“理论上清醒，政治上才能坚定”[①]。首先，坚持党的基本理论不改变。所谓实践出真知，党的基本理论不是凭空产生的，是经过长期实践所积淀的。中国共产党要组织和引领群众，必须有科学理论的指导，否则便没有了方向指引。同时，要依据形势发展与时俱进地创新发展马克思主义，以其最新理论成果武装群众头脑，引领群众不断将党建设得更加坚强有力。其次，坚持党的基本路线不改变。路线决定着道路和方向。在党的发展历史上，有因路线错误所导致方向偏移的血泪教训，严重影响党的前进步伐。因此，我们要以史为鉴，始终坚持基本路线不动摇，牢牢把稳这条生命线和幸福线，引领群众向正确的发展道路勇往直前。最后，坚持党的基本方略不改变。一个政党要实现长久、稳定发展，必须有长期稳定的基本方略。中国共产党的战略规划具有长期性和稳定性，不会因领导人的更替而改变。在治国理政的实践中，中国共产党能够有效避免“短期行为”，保证了国家基本

① 习近平谈治国理政（第2卷）[M].北京：外文出版社，2017：35.

方略的长期稳定性，为组织、凝聚群众提供了有利的政治保障。一言以蔽之，只有通过强大的政治引领，才能组织起千百万人民群众，增强群众对党的政治认同和自觉归属，保证党的群众组织力沿着正确的方向发展。

强大的政治引领力是增强党的群众组织力的“定心丸”。在党的群众组织力中，“定心丸”重在“定心”，主要强调党在引领和组织群众过程中，无论时势如何变幻莫测，都要始终保持强大的政治定力，永葆一颗执政为民的“初心”，不断增强党的群众组织力。“定”不代表不变，与此相反，党的群众组织力是一个动态发展过程，会依据时势发展变化呈现新的复杂特点。但无论时势如何发展，党的群众组织力中有内在不变的定力，那就是始终以群众之心为心，坚持党的群众路线不动摇。在党的百年发展历程中，群众路线始终是党的生命线，体现着党的政治本色和政治定力。能否坚持群众路线，是党的群众组织力强弱的“试金石”，具体体现在以下四方面。一是坚持一切为了群众不动摇。自成立之日起，中国共产党就将一切为了群众作为使命追求，为增强党的群众组织力奠定了民意基础。二是坚持一切依靠群众不动摇。党和人民群众二者互相依存，是不可分割的有机整体。党的领导是人民群众实现自身利益的根本保障，是增强党的群众组织力的“主心骨”。人民群众是党的力量依托，是否依靠群众是走好党的群众路线的关键一步。三是坚持从群众中来、到群众中去不动摇。中国共产党在引领和组织群众过程中，形成了科学的组织领导方法，那就是从群众中来到群众中去。具体而言，从群众中来是通过调查研究汇集民智民力，形成符合群众诉求的方针政策；到群众中去重在宣传引导，将党的方针政策转化为群众自觉行动。四是坚持“为民务实清廉”不动摇。其中，为民是核心，彰显了党密切联系群众的政治优势；务实是本质特征，充分体现出我们党脚踏实地、实事求是的优良品质；清廉是基本要求，突出了我们党坚决反对“四风”，加强理想信念教育的强大勇气。在党的群众组织力中，坚定的理想信念至关重要，是保证党清正廉洁、政治清明的关键所在，“理想信念动摇是最危险的动摇，理想信念滑坡是最危险的滑坡”[①]。因此，只有时刻强大的政治定力，强化中国共产党人的“心学”修炼，才能真正当好人民群众的“勤务兵”，坚定不移走好群众路线。

由此可见，在不断增强党的群众组织力这一实践过程中，必须以政治引领力为根本遵循，以此锚定党的群众组织力“航向标”。新时代，党的群众工作面临更加复杂的发展态势，群众主体多元化带来的矛盾和冲突频发，要将群众组织和团结起来实属不易。全党上下只有做到坚决维护党的领导核心，始终保持以强大的政治引领力来组织群众，才能更好地团结凝聚群众力量，进而不断增强党的群众组织力。

（二）民生保障力

民生保障力是党的群众组织力的“力量源”，解决的是在党的群众组织力中“组织谁”和“保障谁”的问题。民生是人民幸福之基，检验群众工作的成效，最终要落实到人民群众的民生保障上。只有以改善和保障民生为重点，方能更有效地组织和凝聚群众，并在此基础上汇聚起强大的群众组织力。

民生保障力作为中国共产党群众组织力的必备要素，是组织和凝聚群众的关键之举。只有着力保障和改善民生，群众才能自觉自愿跟党走，不断增强党的群众组织力。在具体实践中，主要通过为民解困、为民谋利和倾听民声几方面来凝聚民心。首先，要为民解困。在实际生活中，要重视群众的基本民生问题，“让改革发展成果更多更公平惠及全体人民”[②]。只有坚持问需于民，了解群众期盼什么，有什么困难，还有什么问题需要解决，实实在在地解决群众困难，才能得到群众的真心拥护。其次，要为民

---

① 习近平谈治国理政（第2卷）[M]. 北京：外文出版社，2017：34

② 习近平. 决胜全面建成小康社会 夺取新时代中国特色社会主义伟大胜利 [M]. 北京：人民出版社，2017：45.

谋利。通过建立健全群众利益发展机制、分配机制和协调机制，努力提高人民群众的收入水平。最后，要倾听民声。通过专题调研，找准群众的“急难愁盼”；要坚持开门问策、集思广益。对于一些影响面广的决策，要充分发扬人民民主，公开征求群众意见，倾听群众呼声，凝聚群众智慧。要多为人民群众办实事，解民忧、纾民困、暖民心。

民生保障力核心和关键在“民生”，民生连着民心、汇聚民力。只有不断在改善和保障民生中实现公平正义，才能将民力汇集和凝聚起来，最大限度增强党的群众组织力。公平正义是民生保障的重要着力点，也是增强党的群众组织力的关键环节，只有坚守公平正义原则，才能把“蛋糕”分好，调动起广大群众的积极性，汇聚起磅礴的群众伟力。在具体实践中，需要从以下几方面入手。首先，发展是基础和关键。改善和保障民生，“最主要的还是经济社会发展水平”[①]。因此，我们不仅要稳步实现发展，而且要提高治理能力和水平，为民生建设营造有利的社会环境。其次，制度是重要保障。一般而言，“不论处在什么发展水平上，制度都是社会公平正义的重要保证”[②]。只有通过制度安排来保障民生，才能真正实现社会公平正义。与此同时，我们要大力推动法治建设，使法治更有利于保障和改善民生，促进社会公平正义。最后，着力补齐民生“短板”是基本要求。当前，民生建设领域依然存在诸多“短板”，严重影响社会均衡发展和公平正义。为此，我们要大力加强社会建设，不仅要把“蛋糕”做大，还要把“蛋糕”分好，才能尽最大可能做到发展成果惠及全体人民，有力增强人民群众对党的归属感和向心力。

健全的社会保障体系是民生安全网、社会稳定器，对消除群众后顾之忧、增强党的群众组织力至关重要。目前，我国社会保障体系大体可分

① 习近平谈治国理政（第1卷）[M].北京：外文出版社，2018：96.

② 习近平谈治国理政（第1卷）[M].北京：外文出版社，2018：97.

为两个层面：一是通过完善医疗保险、住房保障和养老保险等实现社会保障全民覆盖，让人民群众切实享受到社会保障服务。二是通过县市区的政府公共服务中心、街道乡镇的公共服务中心、社区的公共服务中心等三级服务平台，为广大群众提供基本保障。在这两个层面中，前者是围绕社会保障开展群众工作的主要内容，后者是围绕社会保障开展群众工作的主要平台。完善社会保障全面覆盖主要从以下几方面入手。首先，完善卫生医疗服务体系，实现病有所医。当前，我国在公共卫生医疗改革方面依然任重道远，需要突破的地方还有很多。从党和国家层面来看，需要加大对卫生医疗的投入力度，针对当前存在的医药机制进行整改，建立良好的医患关系。尤其要重视和加强基层医疗服务水平，保证每个社区都有医疗卫生站，为更多的基层群众就医提供便利。同时，也要提高基层医疗服务水平，使人民群众的健康得到安全守护。其次，健全住房保障体系，实现住有所居。住房问题是民生保障的重要环节，让人民群众住有所居是最基本的民生保障。对此，政府要本着“房子是用来住的”原则，适时加大对房地产行业的调控，坚决杜绝房产投资和投机倒把现象。重要的是要改善低收入群众的居住条件，加大对保障性住房、公租房等的投资，让低收入人群有安全稳定的居住环境。同时，要平衡好各个阶层的住房需求，实现在住房领域的公平正义。最后完善养老保险制度，实现老有所养。随着人口老龄化趋势加深，养老问题成为当前民生建设的重要环节。为了有效解决这一问题，党和国家必须健全和完善各行业、各领域的养老保险制度，促进养老保险制度不断深化改革，以保障人民群众实现老有所养，增强对党的认同和支持。

（三）宣传动员力

宣传动员力是党的群众组织力的“桥梁”和“纽带”，指的是在党的群众组织力中“如何宣传和动员”的问题。任何理论和政策，只有通过宣传这把“利器”才能彰显其作用，党的群众组织力形成离不开正确的宣传和引导。当前，改革局面错综复杂，问题之多前所未有，要将群众组织起来并非易事，加强宣传和教育群众就显得尤为重要。因此，在宣传导向上，“要树立以人民为中心的工作导向”①，既要重引导，也要重疏通，以正确的宣传来动员群众。如此，才能架起党群沟通的“连心桥”，为增强党的群众组织力奠定坚实思想基础。

在政策宣传导向上，坚持以贴近群众心声凝聚民心。好的政策只有真正贴近群众心声，才能被群众所认可和接受，发挥强大的实践效能。要做好宣传群众的工作，最根本的就是要制定代表群众的宣传政策。一要贴近群众心声。政策是为人民群众服务的，好的政策只有贴近群众心声，走进群众心里，才能实现党的政策和人民群众自觉行动二者的统一。因此，党在制定政策时，就要充分考虑人民群众的接受度，以贴近群众心声为重要原则。二要善用群众语言。通俗地讲，党的政策要“接地气”，让人民群众能够听得懂、悟得透，力戒那种居高临下、生硬灌输的说教。只有善用群众语言，才能让群众听得明白、听得进去，将政策在群众中落实到位。三要讲究宣传方式。当前，一些政策在具体中得不到很好的落实，除了执行层面、工作层面的原因，一个很重要的方面是因为政令行于内部，群众不了解、不理解，进而不支持。有些政策和工作，群众想找到一份文件都特别难。老百姓只知道个大概，甚至根本不知道，导致认识误区和抵触情绪。因此，宣传要“接地气”，只有老百姓全面了解党和政府的大政方针，了解党和政府的决策部署，我们的政策和工作才能赢得群众更广泛的支持。

在舆论宣传导向上，坚持以保障群众权益顺应民意。新的形势下，群众工作的环境更加复杂，网络化趋势日益显著。与此同时，一些谣言、谎言被传播成真理，一些小问题被放大成大问题，一些突发事件回旋余地缩

---

① 习近平．论党的宣传思想工作［M］．北京：中央文献出版社，2020：16.

小，一些网站为吸引眼球大肆炒作负面信息，给群众工作带来严峻挑战。面对复杂的舆论场，我们必须“坚持正确舆论导向……提高新闻舆论传播力、引导力、影响力、公信力”①。具体而言，要从以下几方面入手。一是要切实掌握舆论的话语权。面对公众高度关注的东西，要主动作为、公开应对，主动向媒体披露。你不说别人就可能乱说，你不主动说就可能被动地说。对网民反映的意见和诉求，要积极进行处理，主动搞好反馈。对歪曲事实、蓄意造谣攻击的，要迅速正面澄清，予以有力批驳，让群众的情绪在公开应对中得以理顺，让群众的怨气在有效疏导中得以化解。二是要不断探索宣传思想教育的新载体。随着互联网的发展，传统宣传载体的发展空间受限，已经不能完全满足形势需要。因此，我们要不断开创宣传群众的新手段和新方法，最大限度地动员和组织群众。同时，要构建“零距离”的沟通机制，让人民群众发声和参与，保证群众的呼声得到回应；保障人民群众能够有效参与决策；保证宣传群众工作的做到入情入理。三要充分利用政府网站、政策宣讲机构进行宣传。将党的政策方针准确传达到群众中去，最重要的途径就是通过政府网站和政策宣讲机构，让人民群众准确倾听到党的声音，避免使群众受到不良舆论的引导。当然，不可否认的是，尽管我们已经在舆论宣传上下了很大功夫，但目前仍有不同的声音和论调影响舆论导向。这就更加需要在群众中做好宣传工作，树立正确的舆论导向，为增强党的群众组织力提供重要保障。

在精神宣传导向上，坚持以弘扬正能量动员群众。当前，随着各种社会思潮纷纭激荡、复杂多变，社会上出现了一些思想失度、道德失范、行为失当的问题，甚至对一些不良事件出现见怪不怪和“围观”“失语”现象。对此，我们必须弘扬正能量，“使社会主义核心价值观内化为人们的精神

① 习近平．论党的宣传思想工作［M］．北京：中央文献出版社，2020：11.

追求，外化为人们的自觉行动”①。具体来说应从以下几方面入手。一是要加强典型宣传引导。在向群众传递正能量的过程中，先进典型模范发挥着重要作用。因此，在动员群众的具体实践中，要善于树立先进典型，通过宣传身边的先进榜样来感召群众，引领群众唱响主旋律，弘扬真善美。二是要发挥党员的先锋模范作用。在群众诉求多元化的时代，组织动员群众离不开“关键少数”，这是做好宣传群众工作的关键环节，要“围绕为群众办实事、办好事，走出自己宣传群众工作的特色”②。三是要发挥社会主义核心价值观的引领作用。当今时代，核心价值观愈来愈成为凝聚群众的重要精神指引。具体来说，核心价值观如同一面精神旗帜，是人民群众奋发向上的精神纽带。无论何时，只有牢固树立社会主义核心价值观，坚守社会主义意识形态阵地，党才能够弘扬正能量，真正将群众吸引和组织起来。

（四）组织覆盖力

组织覆盖力是党的群众组织力的“催化剂”，旨在研究如何通过全方位的组织覆盖增强党的群众组织力的问题。在新形势下，新的社会组织和群众组织数量规模不断扩大，“特别是对于一些流动性较强的领域，尚未形成成熟可行的群众工作模式，群众工作推进难度较大、组织覆盖率还不高”③，“党在群众中的影响力和覆盖面有较多的空白点”④，给增强党的群众组织力带来严峻挑战。因此，我们必须适应新的环境变化，按照有利于扩大党的群众工作覆盖面为目标，激发群众组织的活力和动力，提升群众组

① 习近平.论党的宣传思想工作［M］.北京：中央文献出版社，2020：57.

② 《群众工作》编写组编著.群众工作［M］.北京：中共党史出版社，2011：109.

③ 郑春牧.提高党的群众工作科学化水平研究［M］.杭州：浙江大学出版社，2014：188.

④ 郑春牧.提高党的群众工作科学化水平研究［M］.杭州：浙江大学出版社，2014：188.

织覆盖力，充分发挥党的组织优势。

增强党的群众组织力要以提高组织覆盖力为重点。当前，各类不断发展壮大的社会群众组织，已成为增强党的群众组织力不可或缺的重要力量。为更好扩大有效覆盖，提高组织覆盖力，必须从以下几方面入手。其一，扩大延伸群众组织覆盖面。随着现代化进程的加快，群众的流动性愈来愈强，要将其组织起来的难度加大，因此，延伸组织覆盖面十分重要。在具体操作中，不仅要覆盖现有的群众组织，更要广泛涵盖各类社会组织，使组织覆盖不断向更大范围领域延伸。各类社会群众组织聚集了大量新社会阶层人员和群体，只有将这些人团结凝聚在党的周围，才能增强党的群众组织力。其二，有序推进群众组织设置。在扩大覆盖面的基础上，群众组织设置侧重于点，凡是符合设置条件的，都要建立群众组织，通过以点带面，提升组织的有效覆盖。其三，坚持动态监控，及时跟进群众组织调整设置。要全面掌握各类群众组织的群众人数、党员人数和组织设置等情况，按照分类施治的办法，落实工作责任，确保应建尽建，不留死角。同时，还要根据流动群众增多的实际，建立健全流动群众信息库，及时延伸群众组织设置，积极探索向这些群众聚集的专业市场、建筑工地、居民楼栋和商业网点等阵地延伸。

增强党的群众组织力离不开长效管用的组织覆盖机制，这是扩大群众有效覆盖的重要保证。各群众组织要完善长效机制，坚决防止“覆盖一次”等形式主义问题出现，有效做好覆盖工作。其一，健全目标责任制。为保持覆盖的有效性和长期性，必须落实目标责任制，坚持有人抓、有人管的原则，将群众工作覆盖成效作为干部考核的重要内容。其二，创新覆盖管理体制。要实现覆盖的长效化，必须健全覆盖机构，不断创新覆盖管理方式，提高覆盖的科学化水平。其三，必须强化督导促落实。根据情况组织召开非公经济组织和社会组织群众工作现场推进会等，相互学习交流经验和做法，对群众覆盖工作进行翔实部署和安排，最终“确保党对新社会各阶层群众的全覆盖”[①]。

增强党的群众组织力还要以群众组织建设为保障，实现群众组织的全覆盖。当前，党的群众组织中还存在着覆盖盲区和空白点，无法实现群众组织的全方位覆盖。对此，要从以下几方面入手。一是完善群众工作保障机制。一套开放、科学、高效的保障机制对实现全方位覆盖至关重要。尤其对基层而言，发挥群众工作职能，激发基层群众组织生机与活力，有利于调动党员干部工作积极性，巩固党的执政基础。在实践中，各级党组织必须认真落实基层群众覆盖工作保障，立足长远，着眼全局，紧密联系实际，务求实效，努力解决基层群众工作保障机制遇到的新情况、新问题，“要以提升组织力为重点……扩大基层党的组织覆盖和工作覆盖”[②]。二是强化群众覆盖的经费保障。从长远之计来看，要想实现群众组织覆盖，必须加大对群众工作的投入力度，设立活动经费体系（包括人员、活动、阵地维护等经费），以此保障群众工作经费做到专款专用，同时，主动为群众组织开展活动构建绿色通道。三是强化群众工作人员保障。各级群众组织部门应该为群众组织配备专职组织员和党建联络员，加强群众工作队伍建设。四是强化群众工作覆盖硬件设施保障。各地区要根据自身情况，投入适当资金大力解决群众工作活动场地、社区服务场所及设施不足的问题，逐步解决群众工作活动场地缺少的问题等，不断加强群众工作活动阵地，切实提高覆盖实效。

（五）创新驱动力

创新驱动力是党的群众组织力的“助推器”，旨在研究如何通过创新群众工作方法来激发群众内生动力的问题。党的群众组织力不但要在发展

---

① 郑春牧 . 提高党的群众工作科学化水平研究［M］. 杭州：浙江大学出版社，2014：188.

② 习近平 . 在全国组织工作会议上的讲话［M］. 北京：人民出版社，2018：13-14.

实践中不断磨砺和提升，更要在不断创新中保持生机与活力。当前，随着社会进步和发展，党的群众工作环境日趋复杂，这就需要在“继承和运用以往群众工作有效做法的基础上不断创新方式方法”[①]，以开放视野确立群众工作的创新思路，冲破群众工作发展桎梏，不断推动党的群众组织力持续有效运转。

以创新精神转变群众工作方式，创新群众思路。以往的传统群众工作方式是在特定社会背景下产生的，具有单一性、固定性和效率低等特点。面对当前群众工作的新变化，如若还坚持以往传统群众工作模式，显然会出现不相适应的情况。因此，要在群众工作中不断推陈出新，重点在于创新和转变群众工作思路。首先，在组织模式上，要创新群众组织设置的思路和方式，增强组织的有效性。具体而言，各群众组织要坚持创新思维，不断改进和完善群众工作方法，筑牢组织根基。新形势下，要积极探索优化群众组织设置的方法和途径，遵循“群众至上”的原则，不断推进群众组织设置创新，实现群众组织贴近经济社会发展、更贴近群众需求的目的。同时，要适应时代变化，进一步增强对流动人员的组织力度。其次，在组织建设上，要培养群众组织骨干力量，组织力强不强，关键看“领头羊”。要认真贯彻守信念、讲奉献、有本领、重品行的要求，建设一支高素质群众组织队伍。要始终加大对群众的党性教育力度，提高其党性觉悟。最后，要重点激发各行各业的创新动力，赋予群众组织力持久性和延续性。例如，在城市中，国企、高校以及其他领域的群众工作面临新的挑战，统筹协调推进这些领域的群众组织工作，必须发扬创新精神，做到逐一领域研究突破，逐一方面巩固提升，增强群众组织力的持久性和创新性。

---

① 《学习党的群众工作重要论述读本》编写组编．学习党的群众工作重要论述读本［M］. 北京：人民出版社，2011：172.

以创新精神回应群众诉求，凝聚群众思想共识。群众组织力的力量来源在群众，而要将群众凝聚起来达成思想上的共识，一刻也离不开强大的创新驱动力。党的组织是党的群众组织基础，在具体实践中要进一步解放思想，推动党组织中的党员干部增强改革创新意识、树立自我革新思想，克服因循守旧、畏惧不前的思想障碍，在组织群众的过程中担当好执行者、先行者和引领者。一方面，党的各级组织要树立创新思维，勇于冲破传统束缚，不断创新群众工作思路，确保群众工作方式贴近群众心声，符合群众诉求，以此来最大限度凝聚群众思想，实现对群众的组织和动员。另一方面，在制定政策时，党的各级组织要掌握群众思想动态，实时完善更新政策计划，提高政策的科学性。同时，人民群众也要紧跟时代发展，不断提高思想觉悟，在具体实践中积极了解党的政策，不断为党的各项决策建言献策。总而言之，创新是增强党的群众组织力的有效驱动，只有不断发扬创新精神，增强党和群众的双向互动，才能凝聚起群众的思想共识，增强党的凝聚力和组织力。

以创新精神推动发展大局，强化群众工作服务。聚焦创新驱动力，不断强化服务群众的工作理念，必须解决好“愿为”“能为”“善为”的问题。首先，创新驱动力是通过在群众工作中的积极作为来实现的，只有“愿为”才能“有为”。党的各级组织要增强“愿为”的意识和使命感，强化履职尽责和责任担当。要通过与群众的良性互动提供高质量和高满意度的服务。通过整合和协同各方力量实现服务的优质供给与满足，在服务群众中提升能力，在服务群众中凝聚力量，在服务群众中推动创新发展。其次，聚焦创新驱动力保障，不断完善以服务群众为导向的制度设计，解决好“能为”的问题。群众组织的创新驱动力直接体现在其工作质量的高低与服务效果的好坏上，对服务客体需求的了解与互动关系的现实状况直接影响群众组织的工作质量与效果。要完善以服务群众为导向的制度设计，构建群众组织与服务对象，特别是群众的交流与对接制度，从而实现高质量的服务与需求之间高匹配度的供给与满足。要完善互动反馈沟通机制，畅通信息渠道，定期深入群众和基层一线开展调查研究，了解和掌握群众需求与动态信息，及时回应群众诉求和帮助解决事业发展过程中的突出问题，让群众组织的创新驱动力在高质量的服务供给中得以生动体现。最后，聚焦创新驱动力实现，不断规范以服务群众为内涵的考核评价，解决好“善为”的问题。创新驱动力实现得如何，党的群众组织力体现得怎样，最终都是通过服务群众的实际工作成效来检验和衡量的。因此，要将服务效果作为衡量党的群众组织力作用发挥的重要标准，把群众对工作的满意度评价作为核心指标，用考核评价体系为牵引解决好群众组织“善为”的问题。同时，还要完善群众组织队伍建设，提高业务人员的能力和服务水平，为增强党的群众组织力提供重要保障。

三、中国共产党群众组织力的运行机制

机制是协调事物各个部分之间关系以更好发挥作用的内在运行方式。中国共产党群众组织力持久发展的关键在于，它不仅在整体上保持了高度的系统性和连贯性，而且在每一个环节上都有各自的内在规定性和高度统一性，基于“维护群众权益—化解矛盾纠纷—党群互动沟通—群众力量整合”的运作模式，构建起了一套要素完备、结构合理、运行顺畅的机制系统。在这一运行过程中，中国共产党通过维护群众权益来凝聚群众共识，通过化解矛盾纠纷来引导群众行为，通过党群互动沟通形成党与人民群众的平等交流和良性互动，以此来实现对群众的凝聚和整合，从而使群众在统一思想的正确指引下产生强大的群众组织力。据此，中国共产党群众组织力的运行机制主要包括群众权益维护机制、矛盾纠纷化解机制、党群互动沟通机制和群众力量整合机制。这四大机制（如下图所示）之间相互连接、有机互动，共同构成了环环相扣、循环往复的机制系统，增强了党的群众组织力的整体效能发挥。

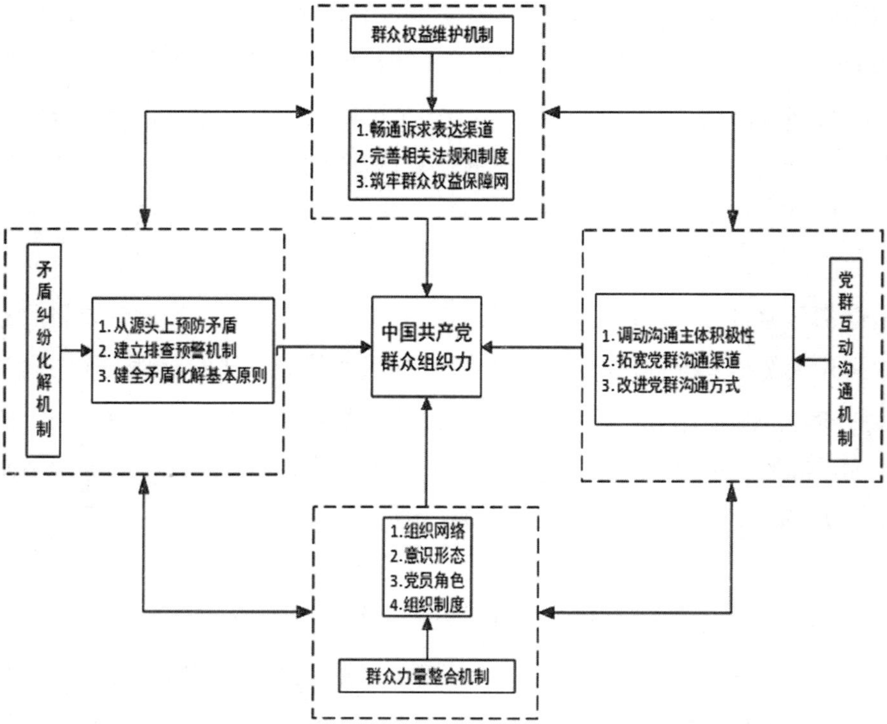

图3-2　运行机制结构图

（一）群众权益维护机制

维护群众权益既是做好群众工作的首要条件，也是党的群众组织力有效运行的基础性条件。要切实维护好人民群众各项权益，关键在于“建立健全党和政府主导的维护群众权益机制”①。在具体实践中，主要通过利益诉求、利益协调和权益保障三方面来达到维护群众权益的目的。

建立畅通的群众诉求表达渠道。所谓群众利益诉求，是指各个阶层

① 中共中央文献研究室．十八大以来重要文献选编（上）［M］. 北京：中央文献出版社，2014：30.

的人民群众在行使正当权利基础上，通过一定渠道向党和政府表达自身诉求，以维护自身正当利益的过程。在党的群众工作中，作为个体的人民群众有自己的利益追求和价值取向，要求对党和政府决策发表自身意见和建议，以此维护自身合法权益。当前，我国处于改革的关键战略期，面对复杂的利益关系，畅通群众诉求表达渠道就显得尤为重要。如果与群众沟通不畅，长此以往必然导致利益关系紧张。在这些利益群体中，尤其对弱势群体来说，利益诉求表达机制更为重要。弱势群体由于自身条件受限，在利益博弈中更容易受到不公平对待。假若没有顺畅的诉求表达渠道，这些弱势群体很难博得"关注度"，便会采取非正当手段维护自身利益，也就催生了社会矛盾的产生。事实上，一些社会矛盾并非不可避免，但由于缺乏畅通有效的民意表达渠道，使得某些群众的合理诉求得不到回应，处于"投靠无门"的境地，这使矛盾冲突产生，甚至发生群体性事件。因此，要将矛盾扼杀在"摇篮"里，就必须倾听各个社会群体的声音，搭建规范合理的群众利益诉求平台。一方面，通过各类社会团体和群团组织向政府表达群众诉求，协调各群体间的利益冲突。当前，"以高度发育的社会组织代替分散的公民个体表达利益诉求，是现代社会的一个显著特征"①。群团组织等社会团体不仅能拓宽群众表达渠道，而且也是维护社会稳定的"安全阀"，有利于及时掌握群众诉求。另一方面，党的各级政府部门要按时接待群众"上访"，通过设立信访接待部门等广泛征集民意，"真正把解决信访问题的过程作为做好群众工作的过程"②。

完善群众利益协调的相关法规和制度。不同群体有不同的利益诉求，随着利益格局不断重组变化，利益纠纷和矛盾冲突频发，成为我们必须着力解决的重大问题。因此，健全群众利益协调需从以下几方面入手。一是

---

① 陈三祝．浅析新的社会阶层及其利益诉求［J］．中国商界，2009（09）：150-151.

② 习近平对信访工作作出重要指示强调 千方百计为群众排忧解难 不断开创信访工作新局面［N］．人民日报，2017-07-20（01）.

引导多元利益主体培育正确的价值取向。面对利益主体多元化，要最大限度避免利益冲突，就需要从一开始就合理定位利益诉求，正确处理好各种利益关系，为利益协调营造良好的客观环境。二是加强相关法律和制度的配套建设。面对群众利益受损的情况，要协调好利益关系，有必要完善维护群众权益的各项制度，将群众利益的实现以制度的形式固定下来。三是发挥党和政府的主导作用。在协调利益冲突中，党和政府扮演着重要角色，可以利用政策和财税等方式协调利益矛盾、规范利益行为，维持各利益群体之间的稳定和谐相处。与此同时，党和政府在市场调节基础上充分发挥国家调控功能，切实解决由利益不均引起的贫富差距悬殊等问题，使各利益群体互惠互利、共同发展。四是形成合理的收入分配机制，保障社会公平正义。只有分配好“蛋糕”，才能从源头上解决利益纠纷，促进公平正义。合理的收入分配机制能够营造良好的环境，切实有效控制分配不均矛盾。五是建立健全财税制度，让高收入阶层多参与社会活动，增强其社会责任感和使命感。

通过有效的权益保障机制筑牢群众权益保障网。群众权益保障是为群众利益受损所建立的一道安全的保障网。随着群众维权意识的觉醒，群众对自身权益的认识愈加清晰，一旦遇到权益受损的情况，便会产生强烈的维权意识和自觉。但与此同时，部分领导干部因缺乏群众观念，在决策过程中忽视群众感受，使群众权益受到了损害。据此，必须完善群众权益保障机制，不断筑牢群众权益保障网。具体需从以下几方面入手。一是加大对群众权益维护的支持力度。为群众维权不仅仅是群众个人的事，也是全社会的责任。要充分发挥工会、共青团、妇联等群团组织，通过建立群众权益帮扶机制，为群众维权提供法律、政策和精神上的支持。二是保障司法公正。通过加大司法公开力度，维护人民群众的合法权益，营造公正有效的司法环境。三是建立决策风险评估机制。在维护群众权益时，党和政府要关注教育医疗、环境保护、安全生产等涉及群众利益的突出问题，对风险进行提前评估，以应对突发状况，保障群众的合理权益。四是杜绝有损群众权益的违法乱纪行为。尽管全面从严治党在实践中已取得重大成效，但现实中依然存在损害群众利益的违法行为，这些现象是群众关注的焦点问题。对此，必须坚决遏制此风，严厉打击这些违法乱纪行为，以实际行动来切实维护好群众权益。

（二）矛盾纠纷化解机制

矛盾纠纷化解机制是指面对多元利益主体间的矛盾和冲突，能够动员一切资源和力量去化解、调处和重组利益关系，使之达到互利共赢的效果。当前，伴随全面深化改革的纵深推进，我国已进入矛盾凸显期，新一轮的利益格局面临深刻调整，如何调处化解好矛盾纠纷，成为党的群众组织力建设的重要任务。事实上，只要有利益关系存在，矛盾冲突就不可避免，这是我们必须正视的重大问题。只有“完善矛盾纠纷排查化解机制”[①]，才能防止矛盾聚合和升级，将矛盾隐患消除在萌芽状态。矛盾纠纷化解机制在党的群众组织力这一运行过程中发挥着重要作用，既包括了宏观层面的整体布局，又包括了微观层面的具体政策制定和措施干预，为党的群众组织力持续有效运转奠定了坚实基础、创造了有利条件。

从源头上预防和减少矛盾纠纷的发生。在增强党的群众组织力过程中，矛盾纠纷调处工作是一项浩大的系统工程，涉及多领域和多层面，且辐射范围还将随着时代发展不断扩大。为防止各类矛盾叠加升级，必须“加强源头治理，努力将矛盾纠纷……化解在萌芽状态，避免小问题拖成大问题”[②]。随着我国经济社会发展进入关键期，各种矛盾纠纷频发，给党的群众工作带来严峻挑战。要想有效化解矛盾，减少纠纷，只有从基层入

---

① 中共中央文献研究室．十七大以来重要文献选编（中）[M]．北京：中央文献出版社，2011：158.

② 习近平就信访工作作出重要指示强调 下大气力把信访突出问题处理好 把群众合理合法的利益诉求解决好 [N]. 人民日报，2016-04-22（01）.

手“早抓早解决”，才能防止矛盾激化和进一步升级，达到事半功倍的效果。具体需要从以下几方面着手。一是坚持职能分工与条块覆盖相结合。为及时发现矛盾苗头，基层各党政部门、企事业单位、社区、乡镇等要严格落实责任分工，组织专人排查隐患，完善纠纷排查网，以确保不留盲区和死角。二是建立高效运转的危机应急机制。基层作为矛盾冲突的闸口，面对矛盾的不确定性和复杂性，必须有一套高效运转的危机应急机制，以便在关键时刻能采取科学有效的方式积极、稳妥、高效地处置矛盾纠纷。三是进一步健全责任追究机制。对于在化解基层矛盾纠纷中的敷衍了事、行为失当、履职不力等行为要坚决惩处，对导致矛盾恶化升级的相关责任人坚决追究责任，以便更好地做好源头矛盾处理工作。

建立矛盾排查与冲突预警机制。预警机制是指通过科学的理论和方法，对即将发生的矛盾进行科学预测，以便能够准确把握矛盾发展的趋势和轨迹，最大限度做出应对的一种机制。党在组织动员群众过程中面对的矛盾是复杂多变的，有些矛盾是以显性的形式呈现出来，可以被直观感受和准确认知，而有些矛盾则是隐性的，具有突发性和不可预见性，这对党的群众工作造成极大挑战。据此，要化解矛盾纠纷和冲突，必须建立健全科学的矛盾冲突预警机制。具体来说，一是加强党与群众的联系，建立有效的信息沟通渠道。在面对矛盾冲突和纠纷时，党要及时掌握和收集舆论信息，在对矛盾排查过程中，要畅通信息渠道，及时准确掌握矛盾信息，准确认识并制定有效措施加以干预。二是加强对矛盾的科学分析和研判。对矛盾易发多发的重点区域、重点对象、重点事件加强排查力度，以便在突发事件面前做出科学决策，掌握主动权。三是广泛动员各种力量参与矛盾排查工作。总的来讲，处理矛盾纠纷不仅是党和政府的职责，也是社会各界的共同责任。党要建立相应的奖励机制来增强化解矛盾的活力，同时及时、准确、全面收集民意，尽可能将矛盾消除在酝酿期。四是坚持常规排查和重点排查相结合。面对不同类型的矛盾冲突，要开展常规性排查，随时随地发现掌握各种矛盾纠纷和隐患。在重大活动和节庆日期间，各部门各单位要扎实开展集中排查，对于上级的排查部署要认真组织好落实工作，以更好地解决矛盾纠纷，增强党群之间的密切联系。

健全矛盾纠纷化解机制的基本原则。为更好地解决矛盾纠纷，将群众组织动员起来，应从战略层面健全和完善矛盾化解机制原则。具体包括以下几方面。一是法治原则。发挥法治的引领和规范作用是健全矛盾化解机制的内在需要。作为法治体系中的一部分，纠纷化解机制必然由法律所规范，将化解矛盾纠纷的各项措施统一到法律关系中并形成法律意志，从而使矛盾纠纷化解逐步制度化和规范化。二是系统原则。矛盾纠纷化解工作是一项复杂的系统工程，必须树立系统思维，使不同部分和环节的矛盾化解能够成为一个有机整体，相互促进并共同发挥作用。三是能动原则。面对不同类型的矛盾冲突，解决措施和应对方案有所不同，因而整体宏观层面的大政方针不具有普适性，不能应对所有矛盾冲突的解决，能动性这一独特优势便凸显出来，这是健全矛盾纠纷化解机制必须坚持的原则。在化解矛盾冲突的过程中，要具体问题具体分析，充分发挥解决各类矛盾的主动性和能动性，使矛盾纠纷化解机制具有灵活性和应变性。四是坚持协商原则。矛盾纠纷化解机制为矛盾对立的双方提供了一个平等的沟通平台，充分体现出自愿协商的属性。在具体实践中，矛盾双方要实现冲突化解，就要加强多元沟通，通过协商在诉求疏导中不断缩小矛盾的对立，实现矛盾的正向转化和化解，形成协商民主型的矛盾沟通化解机制，增强党的群众工作科学化、民主化水平。

（三）党群互动沟通机制

沟通功能是政党所必须具备的基本功能和属性，“政党最好被理解为沟通工具”[①]。只有通过有效沟通，才能了解民众需求，以此赢得民众支持

① ［意］乔瓦尼·萨托利.政党与政党体制［M］.北京：商务出版社，2006：57.

和执政的合法性。对中国共产党而言，建立良好的党群互动沟通机制，不仅是密切党群关系、做好群众工作的有效手段，更是增强党的群众组织力的关键环节。党群互动沟通机制是指中国共产党在与群众沟通过程中，双向互动、相互影响所形成的有机运行整体。相较于传统的“指令—服从”式党群关系，党群互动沟通机制侧重于双向互动，凸显的是党与人民群众之间的平等交流和民主对话。新时代条件下，党群关系面临新的考验，只有不断加强党群互动沟通，从党群沟通主体、渠道和方式等关键环节入手，才能推动党群沟通由被动向主动、由单向到双向转变，不断促进党群关系的良性互动。

充分调动党群沟通主体的积极性。从党群关系来看，沟通主体是指信息传输者和信息接收者，包括党和群众两个行为主体。具体而言，在信息流动过程中，党和群众既是信息传输者，又是信息接收者，二者在沟通角色扮演上是相对的，在一定程度上可以相互转化。在党群互动关系中，如果沟通主体动力不足，那么党群互动沟通机制也就难以有效运行。因此，要保证党群沟通的有效性和顺畅性，就必须从调动主体积极性来入手。一方面，提高党员干部的沟通能力。在很大程度上，“群众对党的直观感受和认识往往是通过党员干部的表现来实现的”[①]。优秀的党员干部队伍对密切党群关系至关重要。为此，各级党员领导干部必须突破传统观念束缚，树立与群众平等对话的沟通理念，在沟通中多和群众谈心交朋友，倾听群众心声，为群众排忧解难，凝聚群众力量。同时，也要加强对党员干部的理想信念教育，为其补足精神上的“钙”。具体来说，既要加强党员干部的理论素养，提高群众工作科学化水平，又要提高党员干部与群众的沟通能力，克服“新办法不会用、老办法不管用、硬办法不敢用、软办法不

① 张荣臣. 以制度推动干群良性互动［N］. 人民日报，2010-05-06（06）.

顶用”①的困境，有力增强党群之间的密切沟通。另一方面，发挥群众的主体参与意识。良好的党群互动离不开党，更离不开群众参与。在党群互动中，不仅要提高党员干部的主动性，还要调动群众的参与积极性。通过党、政府和社会引导等对群众进行宣传教育，激发其沟通动力。同时，也要通过相应的政策干预来畅通沟通渠道，避免出现沟通“过度化”和“冷漠化”两个极端。

拓宽和疏通党群沟通的渠道。党群沟通离不开畅通有效的渠道，这是密切党群联系的重要枢纽。从一定意义上讲，党群沟通渠道的顺畅化运行，不仅可以为群众表达自身诉求、实现政治参与提供有力平台，也为党了解社情民意提供了重要“窗口”。因此，为保证党群沟通机制的科学运行，必须从以下几方面入手。一是优化传统沟通渠道，充分释放沟通效能。在党群沟通与联系中，党组织、政府、民主党派和人民团体发挥着重要沟通功能，但由于受传统理念的束缚，其应有的沟通效能没能完全释放。因此，要勇于冲破束缚，推动传统沟通渠道的创新，充分彰显沟通效能。二是充分利用互联网渠道，构建网络党群沟通平台。今天，互联网已成为不可或缺的沟通载体，在党群有效沟通中扮演着重要角色。为更好地发挥互联网的沟通效能，党员干部必须提高互联网群众工作能力，不断增强网络意识。同时，要通过专门的舆情监测平台整理网民意见，打造良好的沟通互动平台，为实现党群有效沟通创造良好的网络环境。三是不断完善信息流通渠道。在党群互动中，沟通渠道相对多元化，既有制度内沟通渠道，也有制度外沟通渠道。其中，制度内沟通为主要渠道，包括由党制定的一系列规章制度等；制度外沟通渠道则是有效辅助，包括各类民间社团和群众组织等。这些信息流通渠道（尤其是民间沟通渠道）在传送和反馈信息时，因受周围环境的影响难免会带有主观偏好。为此，应落实沟通

① 习近平谈治国理政（第1卷）[M].北京：外文出版社，2018：403.

各个环节的主体责任，明晰责任清单，增强沟通渠道的科学有效性。

不断创新党群沟通的方式。除了沟通主体和沟通渠道之外，科学有效的沟通方式对党群互动沟通十分重要。由于渠道的不同，沟通的方式也会有所不同。为完善党群互动沟通机制，必须创新党群沟通的方式方法，增强沟通的实效性。一是促进沟通方式多元化。在党群互动沟通中，要坚持具体问题具体分析，根据现实需要采取灵活多元的沟通方式。例如，对于人员流动少的群众区域，可以通过走访、慰问等传统沟通方式；而对于流动性较强的群众，可以利用网络平台等开展沟通。二是杜绝形式主义的“无效”沟通。在党群互动这一过程中，“无效”沟通不仅浪费人力物力，而且对密切党群关系造成恶劣影响。对此，党员干部在沟通中要“接地气”，避免大话、空话和套话等形式主义沟通，杜绝摆架子、走过场、言行不一等形式主义倾向。要深入群众内部了解掌握情况，与群众进行深入沟通和互动，增强沟通的实效性。三是提高沟通技巧和能力。沟通是一门艺术，掌握良好的沟通“话术”有利于增进党群良好沟通和互动。提高沟通技巧最重要的是要讲群众语言，正如毛泽东所言，“如果我们没有学会说群众懂得的话，那么广大群众是不能领会我们的决议的”①。党员干部只有用群众听得懂、悟得透的通俗语言与群众对话，才能实现与群众平等交流，真正做到党群之间的良好互动和沟通。

（四）群众力量整合机制

所谓群众力量整合机制，是指中国共产党采取一定的方式手段对群众活动进行组织和协调，使之形成有机统一整体，最大限度凝聚群众力量，更好地实现群众组织力的整体目标。作为使命型执政党，中国共产党拥有强大的资源整合能力，是实现群众力量整合的核心主体。一切满足群众诉求的具体实践，最终都是为实现对群众力量的整合和凝聚。这是党的群众

---

① 毛泽东选集（第3卷）[M].北京：人民出版社，1991：843.

组织力的必然要求，也是群众工作的主要任务。党对群众力量的整合是一个系统工程，必须依靠组织网络、意识形态、党员和组织制度四大要素。只有四个要素相互配合，相互促进，才能实现党对群众力量的整合，形成强大的群众组织力。

通过组织网络实现对群众力量的整合。组织网络由若干个组织体系集结而成，是党的“筋骨”和“血脉”所在，在凝聚整合群众力量过程中发挥着重要作用。作为党凝聚群众的重要枢纽，组织网络如同一张巨大的网，能够将广泛分散的群众个体整合起来，形成坚不可摧的强大力量。健全的组织网络能够促进党的群众工作有效开展，更好地实现群众组织力的目标任务。相反，若是没有一个完整的组织网络作为依托，就无法将群众力量整合凝聚起来。从构成来看，组织网络可以分为内网和外网两部分。一方面，党的组织是由中央到基层自上而下构成的一张内在整体网络，为党的群众工作开展提供有效载体；另一方面，党领导下的各类群众组织（包括社会组织、企事业单位等）是一张外在网络，在党凝聚整合群众中发挥着重要辅助力量。正是依托这内外两张大网，党将自己的主张和意志有效“输送”给群众，有力增强了党的群众组织力。

通过意识形态引领实现对群众力量的整合。要实现对群众力量的有效整合和凝聚，除了依托组织网络之外，更重要的是加强对群众的思想引领，通过正确的意识形态影响和感召群众凝聚在党的周围。在传统阶级社会中，意识形态具有鲜明的阶级性，是特殊阶级实现利益的附属品。在中国共产党的执政理念中，意识形态作为一种隐形力量，是党在实践中形成的一套严密合理的理论体系，对组织、宣传和凝聚群众起着重要引领作用。从根本上来看，“任何社会整合最有效也是最为根本的方式和途径就是使某种意识形态社会化”[①]。然而，由于群众个体千差万别，要达到意识

---

① 程竹汝．中国共产党与社会整合［J］．学习与探索，1999（05）：83–89.

形态的统一化并非易事。尤其是面对当前“两个大局”交织交汇，各种错误思潮此起彼伏，对群众的思想产生强烈冲击和侵蚀。基于这个原因，在整合群众力量的现实实践中，中国共产党致力于加强意识形态建设，将其作为一项极端重要的工作加以重视。在具体实践中，中国共产党通过广泛宣传和教育，将代表人民利益的意识形态理念“输送”给人民群众，从而形成一个相对统一的价值追求，以此来统一群众思想，凝聚群众共识。由此可见，通过意识形态的引领，党将人民群众的思想和行动有机统一起来，有效整合凝聚了群众力量，增强了党的群众组织力。

通过发挥党员作用实现对群众力量的整合。党员作为群众力量整合的中坚力量，其数量和质量影响着党的群众组织力强弱。如果党员的数量过少，党的先进性和影响力就会减弱，难以形成强大的社会整合力量，党凝聚群众的功能也将大打折扣。但党员的数量并不能作为衡量党的群众整合功能的唯一指标，相反，数量庞大且素质低下的党员不仅不利于群众力量整合，而且对党的群众工作造成极大危害。在实际工作中，党员所发挥的群众整合作用，更多的是依靠党员的素质，而不是单纯的数量。因此，“要壮大党员队伍，必须将着力点真正转移到提升党员素质上来”①。从一定程度上讲，党员的素质决定着党的先进程度，也影响着党的群众整合功能。因此，素质过硬的党员在群众力量整合中发挥着桥梁纽带作用，不仅能够率先将党的方针政策传达给群众，促进党和群众之间的有效沟通，而且能够收集民意，将群众的意见及时反馈给党组织，实现“上情下达和下情上达”，做好党和群众之间的“传递”工作。同时，优秀党员的先锋模范作用能够在很大程度上感召群众，增强群众对党的向心力和认同感，从而实现党对群众力量的整合和凝聚。

通过组织制度实现对群众力量的整合。构建一套民主、合理、科学

① 李小娟.把好发展党员入口关［J］.人民论坛，2017（24）：104–105.

的组织制度既是党实现群众力量整合的重要保证，也是党的群众组织力能够有效运转的有力保障。对中国共产党而言，民主的组织制度能够充分体现党执政的民主化特点，为广大群众提供参与民主决策的机会，不但增强了人民群众参政的积极性，而且有利于实现党内决策民主与集中的有机统一，实现各级组织的一体化，将党组织建设成为整合群众力量的有力细胞。合理的组织制度是增进党与群众之间距离，化解党群矛盾的重要抓手。一套合理化的组织制度必然是能够满足党和群众的共同需求，不仅有利于增强党的政治权威性，而且在党获取政治权威之后，人民群众便会自觉产生对党的政治认同，主动自愿接受党的主张和政策，更好地团结在党的周围，形成强大的群众组织力。科学的组织制度能够保证党的重大决策具有科学性，有利于实现对群众力量的凝聚和整合。只有党的组织制度科学可行，才能实现对群众力量的整合和动员，同时保证全党上下思想和行动的统一，有力增强党的凝聚力和战斗力。

第四章

中国共产党提升群众组织力的历史演进及其基本经验（1921—2012）

理论研究要想说服人，不仅要有理论的深度，还要有历史的厚重感。因此，对于中国共产党群众组织力的研究不仅要立足于理论，更要注重对历史的探索和经验的汲取。系统考察党的十八大之前中国共产党提升群众组织力的历史演进，并从中总结和汲取宝贵历史经验，对新时代进一步增强和提升党的群众组织力有着极其重大的现实意义。

一、中国共产党提升群众组织力的历史演进

“历史从哪里开始，思想进程也应当从哪里开始。”[①] 我们追忆历史，就是要从中窥见经验和智慧，寻求当下问题的解决之道。作为使命型政党，中国共产党始终坚持人民至上，在历史的长河中密切联系群众，致力于通过组织动员来凝聚群众共识、汇聚民族伟力。系统考察党的十八大之前提升群众组织力的历史脉络，并从中总结出宝贵经验，有助于为新时代增强党的群众组织力提供历史滋养和经验借鉴。

---

① 马克思恩格斯选集（第2卷）[M]. 北京：人民出版社，2012：14.

（一）新民主主义革命时期提升群众组织力的探索

新民主主义革命时期，党的主要任务是团结组织群众进行革命，实现民族独立和人民解放。为实现这一目标任务，广大群众必然团结在中国共产党周围，这就构成了群众组织力的社会基础和强大内驱力。与此同时，由于当时革命面临的反动势力非常强大，所处的社会环境十分恶劣，只有放手发动群众，团结凝聚一切革命的阶级和阶层，才能取得新民主主义革命的胜利。

中国共产党一经成立，就深刻认识到群众的革命伟力，通过组织工人运动，不断将革命向前推进。党的一大明确提出“把工农劳动者和士兵组织起来”，以“实行社会革命”的任务①，初步体现了发动组织群众的思想。在此之后，随着轰轰烈烈革命运动的开展，中国共产党逐渐认识到群众基础的重要性。党的二大通过的《关于共产党的组织章程决议案》指出：“我们既然是为无产群众奋斗的政党，我们便要‘到群众中去’，要组成一个大的‘群众党’。”② 这个阶段党对扩大群众基础有了更深刻的认识，认为不仅要将农民、学生扩大到革命的阵营里，而且要联合一切可以联合的阶级，这是党在群众基础认识方面的一次重大飞跃。在具体的实践中，建党初期，中国共产党以领导和组织工人运动为中心任务，先后通过京汉铁路大罢工等一系列工人运动，探索了组织群众运动的基本方法和规律。尽管这些工人运动最终都以失败而告终，但是鼓舞了广大工人的斗志，是早期党的群众组织力的具体实践样态。除此之外，党还创办了众多刊物和工人夜校以宣传革命思想，启发了群众的革命意识，号召更多群众积极投身革命。

大革命时期，中国共产党更加注重组织发动群众力量，建立起了广泛

---

① 中共中央文献研究室，中央档案馆.建党以来重要文献选编（一九二一——一九四九）（第1册）［M］.北京：中央文献出版社，2011：1.

② 中央档案馆.中共中央文献选集（第1册）［M］.北京：中央党校出版社，1989：90.

的民主联合战线。1923年党的三大召开，标志着我们党从创建时期进入大革命时期。在党的三大上，正式提出了同国民党合作的决定，强调“我们加入国民党，但仍旧保存我们自己的组织……强大共产党的群众基础”[①]。党的四大提出要“鼓动并组织各地农民……否则中国革命取得成功是不可能的”[②]。这一时期，党通过对工农群众进行宣传动员，极大地鼓舞了群众的革命热情，掀起了工农革命的浪潮，使党对群众基础有了更加深刻的认识，主要包括：肯定知识分子的地位，认为其是可造就的革命战士；在小资产阶级党派中发展党员，引导他们投身革命；提出了工农联盟思想，扩大党在农民中的群众基础。1925年10月，在中共扩大执委会决议案中，我们党进一步指出：“中国革命运动的将来命运，全看中国共产党会不会组织群众，引导群众。”[③]1927年3月，在《湖南农民运动考察报告》中，毛泽东明确提出动员组织群众的思想，吸引和号召更多群众参加革命。与此同时，党在这一时期十分重视宣传阵地建设，通过搭建工农群众报刊平台，深入工农群众开展宣传，使党的组织迅速壮大起来，成为“领导着280余万工人和970余万农民的具有相当群众基础的政党”[④]。在不懈探索中，党在大革命时期充分认识到群众工作的重要性，这是基于革命发展形势所做出的科学判断。这一时期，革命形势迅猛发展，革命斗争此起彼伏，广大群众参加革命运动的热情，使中国共产党看到了组织起来的力量。同时，这一阶段在组织动员群众方面取得的突出成效，促进了广大民众革命意识的空前觉醒，使我们党也充分认识到，要想取得革命的胜利，必须广泛地动员和组织广大人民群众，不断将革命推向前进。

土地革命战争时期，中国共产党在异常残酷的革命环境中，始终与人

① 中央档案馆．中共中央文献选集（第1册）［M］．北京：中央党校出版社，1989：147.

② 中央档案馆．中共中央文献选集（第1册）［M］．北京：中央党校出版社，1989：358.

③ 中央档案馆．中共中央文献选集（第1册）［M］．北京：中央党校出版社，1989：472.

④ 中共中央宣传部．中国共产党宣传工作简史（上册）［M］．北京：人民出版社，2022：49.

民群众心连心，粉碎了国民党的“围剿”，开创了革命新局面。大革命失败后，党的组织遭到严重破坏。面对敌人的围追截堵，要想突破重围，就必须发挥群众力量。经过革命实践，我们党找到了适合自身的革命新道路。1927年10月，井冈山革命根据地建立，点燃了革命的星星之火，指引了中国革命的发展走向。1928年，在党的六大《政治议决案》中，进一步做出“党的总路线是争取群众”[①]的重要论断，号召全党积蓄力量以迎接新的革命高潮。1929年9月，在“九月来信”[②]中明确提出“群众路线”这一概念，深化了党对群众工作的认识。中共六大以后，全党继续贯彻“群众路线”，组织开展土地革命和扩大红军运动，使党的群众基础更加坚实。首先，解决农民的土地问题是党组织动员群众的重要方式。随着革命根据地的建立和发展，轰轰烈烈的土地改革也开展起来。土地问题是中国革命的核心问题，要将群众组织起来，就必须解决群众关心的土地问题。只有实现“耕者有其田”，广大农民才会心甘情愿地加入革命队伍。但由于缺乏经验，初期各根据地的土地革命多发生“左”的倾向。到1930年秋，各根据地在实践中不断总结经验，根据具体情况制定不同的土地政策，极大地提高了广大农民的积极性。土地革命的深入开展，使被压迫的农民分得了土地，在经济、政治上翻了身，极大地提高了革命的热情，为党更好地开展组织动员工作创造了有利条件。其次，扩大红军也是中国共产党强大组织力量的任务之一。在反抗国民党的军事“围剿”中，党的军事力量损失惨重。为补充兵源，迅速扩大红军队伍成为燃眉之急。因此，党通过发起扩红倡议，展开了如火如荼的扩红运动。1931年开始，党中央先后发出扩红指令和号召，采取了行之有效的措施，把分散的民众集中在革命旗帜下，壮大了红军队伍。1933年春，中共中央局提出了“创造一百万铁的红

---

① 中共党史和文献研究院．中国共产党一百年大事记［M］．北京：人民出版社，2021：16.

② 1929年9月，由陈毅起草、经周恩来审定的《中央给红四军前委的指示信》（史称“九月来信”）中，明确提出“群众路线”这一概念。

军”[①]的号召。广大工农群众热烈响应这一号召，形成了波澜壮阔的扩红运动。广大群众以踊跃参军为光荣，相互竞赛、奔走相告；妇女们手捧慰问军鞋军帽，动员鼓励男子当红军。这场声势浩大的扩红运动壮大了红军力量，形成了党政军群的伟大合力，夯实了党的组织根基。土地革命战争时期，中国共产党在实践中不断依靠群众，在动员和宣传群众方面效果显著。正因如此，党获得了人民群众的拥护和支持，经受住了革命的生死考验。

抗日战争时期，为抵御外侮，中国共产党号召人民总动员，主张广泛发动群众，实行全面抗战路线。面对外敌入侵，中国共产党必须调动一切抗日力量，组织动员广大人民群众加入战斗，汇聚起强大的抗战合力。这一时期，我们党主要通过扩大群众基础和开辟敌后战场两方面来增强党的组织力和凝聚力，助力战争胜利。抗战爆发初期，党的群众基础多以工人农民为主，通过成立救国会和农会等革命团体，号召大批工农群众加入了革命队伍。在此之后，随着抗战全面爆发，大批知识分子要求参加革命，党的影响力和感召力逐渐扩大，发展为全国范围的、广大群众性的马克思主义政党。但由于长期受“左”倾错误思想的影响，许多地方党组织在吸收、接纳知识分子方面存在顾虑，1938年3月，《关于大量发展党员的决议》中指出，“大胆向着积极的青年学生，知识分子勇敢的开门”[②]。1939年12月，党中央专门做出“善于吸收知识分子”[③]的决定，认为若无知识分子的参加，抗战的胜利是无法实现的。经过这一系列努力，大量优秀知识分子被吸收到党内，这不仅扩大了党的群众基础，而且能够使党更好地深入各阶级群众。除此之外，党十分重视“争取中间集团的进步和转变”[④]，团

① 张闻天选集传记组．张闻天画传［M］．北京：人民出版社，2018：60.

② 中央档案馆．中共中央文献选集（第11册）［M］．北京：中央党校出版社，1991：467.

③ 毛泽东选集（第2卷）［M］．北京：人民出版社，1991：618.

④ 毛泽东选集（第2卷）［M］．北京：人民出版社，1991：396.

结中间社会阶级、阶层积极加入抗战队伍。这些阶级的积极加入，不仅没有削弱党的阶级基础，相反，使党有了广泛的群众基础，影响力和凝聚力在不断增强。随着抗日救亡高潮的到来，党组织动员群众的实践延伸到各个领域和阶层，主要包括文化界、学生界、妇女界等救亡革命团体纷纷成立；民族资本家以各种形式为抗战捐赠物资，表达对抗战胜利的信心和决心；世界各地华侨饱含爱国之心，组织华侨青年回国参战，等等。通过不断扩大党的群众基础，抗日民族统一战线逐步确立，全国万众一心，构筑起捍卫民族解放的血肉长城。同时，在对敌作战方针上，我们党采取的是持久战和敌后游击战。这样的战争形式互相配合，更有利于发挥最大优势和力量实现抗战胜利。从战争局势看，由于敌强我弱，仅靠军事实力和正面战场的对抗是难以取得胜利的，而敌后战场能够有效凝聚和发展人民抗日力量，将更广泛的力量组织起来。具体来说，在沦陷区，由于受到日本帝国主义的百般残害，家国仇恨使这里的人民有着强烈的抗日愿望。但他们是无组织的、分散的，所以迫切需要一支敌后队伍的引领，不断凝聚各种抗日力量，壮大抗战队伍。由此可见，在抗日战争时期，党在具体实践中增强了同人民群众的血肉联系，党的凝聚力和群众组织力达到了一个新高度。

解放战争时期，党的群众组织力空前强大，为全面打赢内战奠定了坚实基础。抗战胜利后，面对满目疮痍的战乱景象，人民群众渴望和平稳定，需要休养生息、重建家园，而国民党却力图夺取抗战胜利果实，悍然发动内战。为争取和平，毛泽东明确提出，“要在人民群众中间，广泛地进行宣传教育工作，使人民认识到中国的真实情况和动向，对于自己的力量具备信心”①。众所周知，解放战争是一场历史性的战略决战，在敌我力量悬殊的情况下，中国共产党最终战胜了综合实力强大的国民党，取得了

① 毛泽东选集（第4卷）[M].北京：人民出版社，1991：1131.

人民战争的伟大胜利，这是世所罕见的。事实上，深入分析解放战争的前因后果可以得出，这不仅是一场军事力量的角逐，更是一场人心的较量。中国共产党采取各种方式组织和团结群众，制定和实施一系列符合人民利益的政策，赢得了群众的支持。1947年10月，中共中央颁布《中国土地法大纲》，提出了一系列惠民利民的土地政策，激发了广大群众支援革命的热情。同时，利用“三查三整”①，有秩序地整顿了人民军队，凝聚了军心民心。正因为解决了这些后顾之忧，中国共产党才能在敌我力量悬殊的情况下，打响了决定中国前途命运的三大战役，取得了人民战争的伟大胜利。其中，值得一提的是淮海战役，作为规模最大、歼敌最多的一场战役。淮海战役比拼的不仅是军事实力，更是民心的较量，在解放战争胜利中有着举足轻重的地位。在淮海战场上，华北、中原和华东区域，广大青壮年支援前线，后方老幼妇孺碾米磨面、制作军衣军鞋，几乎做到了全民动员，实现了“用小推车推出来的胜利”②，充分展示出强大的群众组织力。除此之外，渡江战役的胜利也离不开人民群众的全力支持，后来邓小平同志感慨道，“如渡黄河，群众把门板都贡献出来……那时群众吃得很差，还是拿出粮食供给人民解放军”③。

经典案例： 淮海战役是一场规模宏大的战略决战，由于作战区域基本在农村，因此需要大量兵力。在党中央的号召和动员下，解放区人民积极参战，掀起了浩浩荡荡的参军热潮。作为二等荣誉军人，宋守坤在1948年春因伤复原回到老家，当他得知淮海战役缺乏兵力，不

---

① “三查三整”是1947年冬至1948年夏，中国人民解放军利用作战间隙开展以“查阶级、查工作、查斗志”“整顿组织、整顿思想、整顿作风”为主要内容的大规模民主整军运动，以鼓舞官兵斗志、激励士气、凝聚人心。

② “用小推车推出来的”战役指的是淮海战役。由于淮海战役得到了人民群众的倾力支持，因此，担任淮海战役五前委之一的陈毅同志评价淮海战役是“人民群众用小推车推出来的”。

③ 邓小平文选（第1卷）[M].北京：人民出版社，1994：295.

顾家人劝阻和伤病缠身，主动报名参军，成为淮海战役队伍中的一员。同为复员军人，23岁的刘京合在征兵消息传来时，正在筹备婚礼。得知消息后，他果断做出支援前线的决定。面对家人的劝阻，他掷地有声地说："打赢这场战争比娶媳妇重要。"在解放区，这样感人肺腑的事迹比比皆是，人民群众倾家荡产，为淮海战役提供了坚强的后援保障，成为战争取得胜利的重要力量。[①]

渡江战役是中共战争史上的光辉篇章，也是为数不多的"水战"。2020年8月，在参观渡江战役纪念馆时，习近平感慨道："渡江战役的胜利，是靠老百姓用小船划出来的。"的确，在这场战役中，船只问题成为打赢战争的核心"武器"，如何护送百万军队过江，成为当时的燃眉之急。为顺利护送解放军战士渡江，群众中涌现出一批像马毛姐这样的渡江英雄。当时年仅14岁的马毛姐，划着自家小船横渡长江6趟，护送3批解放军顺利登岸。在此期间，敌人的子弹打中了马毛姐的右臂，她不顾疼痛，凭借机智和勇敢，毅然决然地完成了渡江任务。最终，在千百万群众的支援下，成功击退了当时实力雄厚的敌军，渡江战役取得了完全胜利。[②]

不仅是淮海战役和渡江战役，人民群众倾尽所有支援战争的壮举，在解放战争时期比比皆是，这充分显示了人心所向。可以说，"三年的解放战争打胜了，这是在长期的群众工作的基础上集中了一切力量才实现的"[③]。这一时期，中国共产党始终遵循依靠人民的原则，形成了系统的组织群众的工作方法，同时，使中国共产党在人民群众中树立了公信力，这是中国革命胜利的根本原因所在。

---

① 尚伟.从淮海战役的胜利看人民群众的历史作用［J］.党建，2021（12）：41-42.

② 朱胜利.渡江英雄马毛姐：初心永恒 情怀不老［J］.党建，2021（08）：53-55.

③ 邓小平文选（第1卷）［M］.北京：人民出版社，1994：295.

回顾和梳理新民主主义革命时期党的群众组织力的建设发展历程，我们可以深刻地认识到，在革命战争时期，是否会做群众工作、能否能够动员和组织群众进行革命，是革命胜利的基本前提。中国共产党是靠走群众路线起家的，是在与人民群众的密切联系中发展壮大的。一部新民主主义革命史，既是党领导人民实现独立解放的斗争史，也是党组织和动员群众的发展史，对新时代增强党的群众组织力意义重大。

（二）社会主义革命和建设时期提升群众组织力的探索

社会主义革命和建设时期，我们党由革命党转变为执政党，党的重心任务也不再是组织动员群众进行革命斗争，而是转变为组织群众全面进行经济建设，重建美好家园。经历过革命的生死考验后，在这一历史阶段，人民群众对党更加信任，在党的领导组织下，各阶级阶层的人民群众团结一心，全身心投入国家建设中，迅速改变了中华人民共和国的“一穷二白”面貌。

中华人民共和国成立初，随着革命性质和任务的变化，社会阶级结构有了重大变化，我们党对组织群众也有了更为深刻的认识。一方面，凝聚和团结广大劳动人民的力量，以实现社会主义工业化。另一方面，开展整风整党运动，不断增强党的凝聚力和群众向心力。首先，将广大劳动人民作为党的群众基础，凝聚起社会主义建设的强大力量。毛泽东将劳动人民定义为：“一切体力劳动者（工人、农民、手工业者等）以及和体力劳动者相近的、不剥削人而又受人剥削的脑力劳动者。”[①] 换言之，工人、农民、个体劳动者以及知识分子都属于劳动人民的范畴。其中，工人阶级在历史舞台中发挥着重要作用。战争年代，工人阶级在进行革命斗争、医治战争创伤、土地改革等方面占据着举足轻重的地位。中华人民共和国成立后，工人阶级成为经济建设的有力支柱，创造了辉煌的业绩。事实证明，

① 毛泽东选集（第4卷）[M].北京：人民出版社，1991：1287.

我国在工业发展方面的伟大成绩，离不开工人阶级的智慧和劳动。农民阶级是党依靠的最基本力量，在长期的革命斗争中，农民是中国革命的主力军，为夺取革命胜利而不懈奋斗。中华人民共和国成立后，农民阶级的人数最多，投身社会主义建设的热情也最高，在工业体系建设和国民经济体系建设中承担着重要任务，为经济的恢复发展做出了巨大贡献。个体劳动者规模较大，就业领域广泛，涉及城乡商业、服务业和饮食业等多个行业，对国计民生发展起着积极作用。因此，党充分尊重和肯定个体劳动者的作用，大力扶持和支持个体劳动者的合法经营，将他们的力量组织调动起来进行社会主义建设。对于知识分子的吸纳，我们党延续新民主主义革命时期的传统，将知识分子视为党的重要群众基础，认为知识分子群体在社会主义革命和建设中有着重要地位。由于工人、农民、个体劳动者以及知识分子的加入，我们党有了广泛的群众基础，党的凝聚力显著增强。其次，不断加强党的作风，开展整风整党运动。在全面执政环境下，党内一些党员领导干部居功自傲，逐渐丧失了革命年代的优良作风，贪污腐败行为屡禁不止。为解决党内存在的腐败问题，保持人民公仆的本色，中共中央在1950年夏秋冬三季，进行了全党范围内的整风运动，对基层党组织、不合格党员进行整顿和处理。经过整党整风运动，“共有32.8万人离开了党的组织，其中有23.8万混入党内的蜕化变质分子被清除出党”①，解决了党内思想不纯和组织不纯等问题，提高了党的战斗力和凝聚力。在这一阶段，我们党逐渐适应了全新的执政环境，领导和组织人民群众，团结一切力量，将全党全国各族人民的力量和智慧凝聚起来，全身心投入经济建设中来，迅速改变了中国的贫穷落后面貌。

1953年，党提出了过渡时期总路线，致力于恢复国民经济，进行“一

① 杨凤城．中国共产党历史［M］．北京：中国人民大学出版社，2010：217.

化三改”[①]，将群众组织动员起来，开展了如火如荼的社会主义改造。首先，在农业方面，掀起了大办农业社的高潮，“至1956年底，加入合作社的农户达到全国农户总数的96.3%，其中参加高级社的农户占到全国农户总数的87.8%”[②]。其次，在对手工业的改造上，采取了与农业类似的改造办法，通过“生产合作小组—供销合作社—生产合作社”等组织形式，逐步实现对手工业的改造。最后，对资本主义工商业，采取“四马分肥”的方式，鼓励资本家进行公私合营，激励企业的生产积极性，促进国民经济的发展。到1956年年底，各项改造任务基本完成，阶级结构发生重大调整，形成了“两个阶级一个阶层”[③]的阶级结构。与此同时，从世界范围看，科学技术迅猛发展，但中国还存在较大差距。从国内看，社会主义建设大规模展开，为更好地发展生产，赶超发达国家，党提出在依靠工人、农民阶级基础上，还要充分发挥知识分子的智慧和力量。社会主义改造之后，工人阶级和农民阶级的面貌焕然一新，成为国家的主人。由于他们的权利与地位得到了保证，从而激发起强大的生产热情，在社会主义建设中发挥着愈加重要的作用。同时，知识分子阶层也发生了历史性的转变，由原来的“依附性”阶级转变为工人阶级的一部分，成为新型的劳动人民知识分子。我们党高度重视知识分子，采取了一系列保护和支持措施，例如，改善知识分子的生活条件，提高政治待遇，摒弃以往的偏见，等等。在思想觉悟方面，经过党的思想洗礼，绝大多数知识分子觉悟提高了，划清了敌我界限，成为社会主义建设的重要依靠力量。

---

① “一化三改”中的“一化”指的是工业化；“三改”指的是对农业、手工业和资本主义工商业的社会主义改造。

② 杨凤城．中国共产党历史［M］．北京：中国人民大学出版社，2010：240

③ “两个阶级一个阶层”中的“两个阶级”是指工人阶级和农民阶级；“一个阶层”是指知识分子阶层。

经典案例：1953年2月15日，毛泽东主席乘坐专列南下视察，在经过河北时，邢台县县长张玉美被邀请到列车上，向毛主席汇报了邢台县的农业合作社情况。在与张玉美的谈话中，毛主席了解到，邢台县报批的农业生产合作社有200多个，入社人数达到87%。听到这个消息，毛主席十分高兴地说："合作化道路是一条由穷变富的路，群众热情高是好事情。"张玉美表示十分赞同，说道，"组织起来搞互助社合民心、顺民意，群众打心底里拥护"。通过这一政策激励，广大群众的热情高涨，纷纷自觉投身到生产中去，取得了辉煌成就。[①]

表4–1是社会主义改造带来的巨大成果，从表中数据可见，经过社会主义改造，人民群众积极性被调动起来，极大地解放了生产力，工农业生产总值都大大提高，这使我国国民经济获得了飞速发展。

表4–1　工农业总产值（单位亿元）

年份	工农业总产值	农业总产值	工业总产值
1949年	466	326	140
1952年	810	461	349
1957年	1241	537	704
1978年	5634	1567	4067

数据来源：《中国社会主义经济简史》[②]

1956年至1966年是在党的领导下全面建设社会主义的十年。在党和人民的共同努力下，国民经济体系逐步形成，党在群众心里的形象得到进一步巩固，社会主义制度初步建立起来。八大之后，随着形势的转变，党

① 中国共产党新闻网．集中精力谋划国家建设［EB/OL］［2013–12–30］. http://www.cpc.people..com.cn/nl/2013/1230/c85037–23974658–2.html.

② 柳随年，吴群敢．中国社会主义经济简史［M］. 哈尔滨：黑龙江人民出版社，1985：468.

的重心依然是发展经济，在党的组织带领下，人民群众集中力量发展生产，工业化建设成就显著，改变了我国工农业比重严重失衡的局面，为社会主义工业化发展奠定了基础。当然，这一时期党发挥群众组织力更多的是为了经济发展，因此，在此过程中也存在着忽视经济规律等问题，20世纪50年代末的“大跃进”和人民公社化运动就是例证。为了完成定额任务，大搞浮夸风，严重违背了经济发展的客观规律，正如邓小平指出的，“群众运动只是群众路线的一种形式……不能照搬……如果一年到头运动就没有劲了……实际上违反了群众意志，脱离了群众”①。实践也证明，这种群众运动不仅没有促进经济发展，反而造成了三年经济困难，成为阻碍社会经济发展的桎梏。由于社会主义制度刚建立起来，还有很多不成熟、不完善的地方，导致矛盾冲突增多。例如，“从1956年9月到1957年3月间，全国发生了数十起工人罢工、学生罢课、请愿事件。在浙江省、广东省农村也发生了闹退社的风潮，广东省农村先后退社的有10多万户”②。1957年2月，毛泽东发表讲话，就如何正确处理矛盾的问题做了深刻阐释，用“统筹兼顾、适当安排”③的原则解决各种利益矛盾，极大地激发了广大群众的热情与斗志，有利于增强人民内部团结和党的凝聚力。十年社会主义建设既取得了显著成绩，也出现了失误，留下了深刻的教训。当然，无论是成就，还是失误，都是我们党在探索中所积累的宝贵财富，值得被历史记上浓墨重彩的一笔，也为今后党和国家事业发展提供了有益镜鉴。

“文化大革命”时期，党的组织和国家政权机构遭到严重破坏，党的群众组织力方向发生了偏移，党的凝聚力和公信力极大降低。在此期间，党和国家领导人惨遭迫害，社会动荡，教育、科学、文化事业几乎停滞不

① 邓小平文选（第1卷）[M]. 北京：人民出版社，1994：295.

② 何沁. 中华人民共和国史[M]. 北京：高等教育出版社，1999：126.

③ 毛泽东文集（第7卷）[M]. 北京：人民出版社，1999：228.

前，对党和国家造成了极为严重的损失。值得肯定的是，中国共产党作为一个整体，既没有被摧毁，也没有被分裂，这恰恰说明了我们党具有坚不可摧的“聚合力”。我们党最终和人民群众携手挺了过来，结束了这场十年浩劫，迎来了新的发展生机。

由此可见，在这一历史时期，中国共产党依然坚持组织动员群众，进一步增强了党的群众组织力。无论是正面经验还是反面教训，都是我们客观审视这一历史时期的一面镜子，为改革开放和社会主义现代化建设新时期发挥群众作用、增强群众组织力提供有益借鉴和启示。

（三）改革开放和社会主义现代化建设新时期提升群众组织力的探索

改革开放和社会主义现代化建设新时期，中国共产党整装再出发，在深刻总结经验教训的基础上逐渐回归正轨。通过改革开放一系列伟大实践，人民群众逐步摆脱贫困，向共同富裕的幸福之路迈进。这一时期，我们党的重心任务是不断改善人民生活，满足人民群众的物质利益，这进一步密切了党群关系，增强了党的群众组织力。

党的十一届三中全会后，我们党吸取之前群众组织力发挥的经验教训，开始重视人民群众对物质利益的追求。正如邓小平指出，“不讲多劳多得，不重视物质利益，对少数先进分子可以，对广大群众不行”[①]。因此，结合改革开放的时代新特点，我们党以制定不同阶段的发展目标为主线，引领、团结和凝聚人民群众的奋斗力量，对党的群众组织力发挥，在理论与实践层面做了新的丰富发展。首先，将共同富裕作为人民群众摆脱贫困的重要途径，为党领导和团结群众创造条件。共同富裕是党的群众组织力在改革开放新形势下的现实目标与时代要求，邓小平从社会主义本质论的角度，提出“贫穷不是社会主义”[②]的著名论断，明确了共同富裕的本质内

① 邓小平文选（第2卷）[M].北京：人民出版社，1994：146.

② 邓小平文选（第3卷）[M].北京：人民出版社，1993：225.

涵。在此基础上，邓小平致力于满足群众的物质利益，从生产关系角度，突出了生产力的重要作用，极大地调动了人民群众的生产积极性。安徽凤阳小岗村率先实行包产到户之后，这一发展模式迅速席卷全国，尤其是一些经济发达地区（如江苏、浙江和广东）成果十分显著。这一生产责任制度的实行，打破了传统经济模式，给了农民劳动和经营的自主权，充分发挥了能者多劳的优势，使农民从中获得了实实在在的利益，有利于更好地发挥党的群众组织力。其次，把“人民标准”作为检验党的工作成败的根本标尺。社会主义市场经济体制的确立，极大释放了生产活力，也为社会各个群体的利益实现创设了良好条件。围绕新的发展实践，邓小平对检验党的工作的基本标准做了长期的思考，并在“实践标准”的基础上，先后提出了“四化”标准、生产力标准、人民幸福标准和“三个有利于”标准。这些“标准”是针对改革开放各个阶段所面临的主要任务和突出问题提出来的，侧重点有所不同，但其实质是一致的，那就是“人民标准”。需要指出的是，这里的人民强调的是人民的整体，强调党做决策要始终把是否符合人民群众整体意志作为根本标准。如此，才能最大限度地凝聚和组织群众。最后，扩大人民群众的范围，吸收更多优秀人才加入党的队伍。在长期的建设实践中，邓小平深刻认识到人才的重要性，积极动员愿为改革事业奉献的人民群体，不断扩大群众范围。在对知识分子的态度上，邓小平明确提出，“一定要在党内造成一种空气：尊重知识，尊重人才。要反对不尊重知识分子的错误思想”[①]。具体而言，随着改革开放的进程加快，知识的重要性开始凸显。面对科技的日新月异，只有尊重知识、发挥知识分子的重要作用，才能更好地提高国际竞争力，提高综合国力。同时，我们党还采取多种激励手段，改善知识分子待遇，广开贤路，吸收“又红又专”的创新型人才。除此之外，在社会结构的深刻调整下，阶级阶层逐渐

① 邓小平文选（第2卷）[M].北京：人民出版社，1994：41.

多元化，私营企业主、技术人员、自由职业者等大量涌现。我们党顺应时代要求，将这部分人也吸收进来，大大地拓展了人民群众的外延，有利于动员组织更多群众，为国家发展贡献力量和智慧。

经典案例：在改革的伟大进程中，邓小平始终坚信群众的力量。他曾指出，很多政策制定的灵感都来自群众的启发，例如，家庭联产承包责任制，如果没有群众的发明创造，我们就不可能看到，更不可能将之推广至全国。可以说，改革中的好政策都是群众创造出来的，我们只不过是将其加工，提高到政策层面加以指导罢了。另外，改革需要群众的冒险精神，要想干成事情，就必须敢闯敢拼，没有万无一失的事情，只要群众有改革的热情，我们都要支持并给予正确引导。[①]

党的十三届四中全会后，面对新形势下的国际国内环境，党的群众组织力在深入推进改革开放、建立和完善社会主义市场经济体制的实践中得到进一步发挥。随着社会新兴阶层的发展壮大，不仅既有社会阶层结构发生改变，而且党执政的社会基础也发生了较大变化。因此，为进一步坚持党的执政理念，必须始终发挥党的群众组织力，进一步巩固党的执政地位。首先，把党的群众组织力提高到了“讲政治”和“执政能力”的高度，实现了二者的有机统一。一方面，随着改革的不断深化，社会面临巨大转型，利益格局呈现出多元化趋势，加之群众的自主意识增强，对利益的诉求日渐迫切，使党的群众工作难度增大。另一方面，在市场化的驱动下，贪污腐败风气盛行，脱离群众现象日渐突出，使党的群众组织力建设面临严峻考验。与此同时，在党内不良风气的影响下，部分党员干部理想信念缺失，服务群众的观念淡薄；部分党政机关官僚习气滋生，形式主义盛行；

① 沈传亮．邓小平的改革智慧［N］．学习时报，2017-01-09（A5版）．

一些官员以权谋私，贪污腐化屡禁不止。这些党内消极腐败现象严重破坏党群关系，引发群众强烈不满。面对上述存在问题，为确保党对群众的动员力，1990年3月，《中共中央关于加强党同人民群众联系的决定》中提出，“我们党要密切同人民群众的联系……首要的问题是必须保证决策和决策的执行符合人民的利益”①。同时，为增强党员干部的宗旨意识，全党深入开展“三讲教育”②，提出党的干部只要“真正掌握和实践了群众观点、群众路线……也就从根本上懂得了政治”③。这些重要举措将党的群众组织力提高到“讲政治”的高度，极大地深化和密切了党群关系。事实上，党的十四大之后，为追求更深层次的改革、达到更高的发展目标，我们党进一步做出加强自身建设的努力，领导、动员和组织群众全面参与进来。其次，从“三个代表”的高度对党的执政理念进行阐发。为更好地增强群众组织力，我们党十分重视群众的利益诉求，积极探索人民利益最大化的有效途径。面对市场经济的发展，群众的利益诉求复杂多元，各个不同社会群体之间的利益关系甚至出现不同程度的矛盾和冲突，代表和维护群众利益面临新情况、新问题。针对这种状况，在处理不同利益矛盾时，我们党始终遵循“考虑并满足最大多数人的利益要求”④原则。具体而言，面对集体与个人、长远与短期等利益关系，我们党要做到协调有当、统筹兼顾，既不能为了集体利益剥夺群众合理的具体诉求，也不能为了当前利益因小失大，偏离了党的长远发展目标。只有协调好各种利益关系，才能更好地凝聚和发挥群众的力量。

---

① 中共中央文献研究室.十三大以来重要文献选编（中）[M].北京：中央文献出版社，1991：929.

② 1995年11月8日，江泽民在北京视察工作时指出，“根据当前干部队伍的状况和存在的问题，在对干部进行教育时，要强调讲学习，讲政治，讲正气，全国都要这样做，北京更要起带头作用”。是为“三讲教育”。

③ 江泽民.论党的建设[M].北京：中央文献出版社，2001：194.

④ 江泽民文选（第3卷）[M].北京：人民出版社，2006：279.

党的十六大之后，为改变以物质利益为主导的“瘸腿走路”现象，以胡锦涛同志为代表的中国共产党人顺应发展大势，创造性地提出了科学发展观，为我们党充分发挥群众组织力提供了新理念和新视野。在科学发展观这一理念中，核心是以人为本。其中的“人”不是单一的人，而是指广大人民群众。由此可见，以人为本与党的执政理念相融相通，赋予了群众组织力新的时代内涵。在科学发展观中，突出强调的主体是人民群众，无论时代如何发展，形势如何变化，人民的核心地位不会变，为人民服务的宗旨亦不会变，这就是以人为本的内涵。科学发展观的提出，是对如何贯彻群众路线、如何凝聚群众力量的实践回应。在这一历史发展阶段，我们党在坚持群众主体地位基础上，科学地回答了“发展为了谁”等重大问题，真正实现了以人为本和为人民服务二者的有机统一。与此同时，在市场经济的推动下，冲突矛盾频发，党内背离群众现象此消彼长。对此，胡锦涛明确强调要警惕“脱离群众”的危险，指出“凡是涉及群众的切身利益和实际困难的事情，再小也要竭尽全力去办”①。尽管群众的某些具体利益看似是琐碎的、微不足道的，但对群众来说十分重要。因此，解决群众利益问题不能流于形式和口号，而要落实到具体行动上。只有这样，人民群众才能信任和依靠党，党群关系才能维持稳定发展，党才能继续保持和拥有强大的群众组织力，带领人民群众创造更大的成就和奇迹。

改革开放和社会主义现代化建设新时期，党的群众组织力建设经受住了实践和时代的考验，开启了转型发展的新时期。这段历程也是中国共产党领导人民群众实现其根本利益的实践过程，党的群众组织力建设也在这一历史进程中不断丰富和完善，为新时代党的群众组织力全面提升奠定了坚实的基础。

① 胡锦涛文选（第2卷）[M]. 北京：人民出版社，2016：58.

二、中国共产党提升群众组织力的基本经验

强大的群众组织力是中国共产党的独特优势和制胜法宝。纵观党在革命、建设和改革的发展历程和实践，我们党在提升群众组织力方面进行了卓有成效的探索，积累了宝贵的历史经验。新时代，深刻理解和把握这些历史经验，有利于进一步增强党的群众组织力，同心同德全面建设社会主义现代化强国。

（一）坚持以党的领导为根本前提

中国共产党是领导、组织和动员群众的“主心骨”和核心支柱，没有党的坚强领导，增强党的群众组织力就无从谈起。在党的奋斗历程中，中国共产党始终坚持团结组织群众，将党的全面领导贯穿于群众组织力建设的全领域和全过程。

新民主主义革命时期，在党的坚强领导下，全国各族人民团结一心，实现了民族独立和人民解放。党成立之初，力量十分薄弱，为抵抗强大的反革命势力，国共开启了合作之路。在国共合作期间，中国共产党始终保持独立性和斗争性，为组织和动员群众发挥了重要作用。但遗憾的是，经过“四一二”反革命政变，国共合作开始破裂，经历了挫败的中国共产党逐渐认识到，只有牢牢掌握党的领导权，坚持党的全面领导才是长久之道。如果没有党的领导，一切革命活动和群众运动都将因没有方向指引而趋于失败。在领导群众进行革命的艰辛历程中，中国共产党逐渐认识到坚持和加强党的领导的重要性。一是认识到革命领导权的重要性。关于这一问题，党的四大给出了明确回答。在这次大会上，我们党首次提出无产阶级的领导权问题。在《对于民族革命运动之议决案》中，毛泽东明确指出，“中国的民族革命运动，必须最革命的无产阶级有力的参加……才能够得到胜利”[①]。二是坚持

① 中共中央文献研究室．毛泽东年谱（1893—1949）（修订本）（上册）[M]．北京：中央文献出版社，2013：129.

党对军队的绝对领导。在革命年代，军队的作用至关重要，军队实力强弱决定革命成败。大革命失败后，我们党深刻认识到军队的重要性，明确了武装斗争和人民军队在中国革命中的重要地位。因此，我们党开始建立一支由党绝对领导的人民军队，为完成革命任务奠定了有利根基。三是坚持党对统一战线的领导。在《目前形势和我们的任务》报告中，毛泽东深刻阐明："没有中国共产党的坚强的领导，任何革命统一战线也是不能胜利的。"① 1948年，中共中央发出"五一"号召②，积极动员各民主党派投身革命，极大地振奋了人心，形成气势磅礴的革命局面。四是维护党的领导核心地位。在伟大的革命实践中，以毛泽东同志为核心的党中央领导集体，经受住了历史的考验，是在中国革命的实践中形成的，也是在不断与错误倾向激烈斗争中形成的，更是在领导中国革命走正确道路中形成的。这一历史时期，我们党勇于斗争和实践，对维护党的领导核心做了一系列重要制度规定和安排。历史经验充分说明，坚持和加强党的全面领导，是党的事业成功的关键，是做好群众工作的法宝。五是制定和执行了党领导革命的正确政治路线。在革命斗争中，正确的政治路线至关重要，关系到党的方向和大局。我们党在革命实践中坚持了正确的政治路线，在此基础上制定了正确的方针政策，找到了中国革命的胜利之道。六是用毛泽东思想指导中国共产党领导的革命事业，为党走正确的革命道路提供思想指引。

社会主义革命和建设时期，为改变国家积贫积弱的面貌，党带领人民群众奋勇向前，实现了广泛的社会变革，取得了社会主义建设的伟大成就。在坚持和加强党的领导问题上，一是深刻阐明了中国共产党的领导核心地位。无论何时，领导核心是党的"航向标"，起着引领方向的作用。

---

① 毛泽东选集（第4卷）[M].北京：人民出版社，1991：1257.

② "五一"号召是指1948年4月30日，中共中央在纪念"五一"国际劳动节的口号中，号召各民主党派、各人民团体、各社会贤达迅速召开政治协商会议，成立民主联合政府，史称"五一"号召。

社会主义制度建立后，要大力发展经济，必须以稳定的领导核心做保障，否则，社会主义建设的方向将会偏离，出现不可挽回的损失。二是建立了以党的领导为核心的政治制度。在政治发展历程中，政治制度的地位至关重要。我国政治制度可分为根本政治制度和基本政治制度，只有毫不动摇地坚持人民代表大会这一根本政治制度，其他基本政治制度才有立足之地。但无论是何种制度，只有在党的坚强领导下才能得以实现。中华人民共和国成立后，党领导全国人民逐步建立起各项政治制度，明确了党的最高领导地位。三是建立了以党的领导为核心的经济制度。中华人民共和国成立后，在一穷二白的情况下，我们党大力发展经济，不断推动工业化进程，为社会主义事业的发展注入了动力。四是建立了以党的领导为核心的路线方针政策。大的制度是把方向的，而最终的贯彻落实要依靠具体的路线方针政策。例如，党的八大明确了我国国内的主要矛盾，并提出，“党和全国人民当前的主要任务，就是要……把我国尽快地从落后的农业国变为先进的工业国”[①]。这是依据国情和形势发展做出的具体判断，对党领导的社会主义建设事业意义重大。一言以蔽之，这一历史时期，在党的坚强领导下，人民群众拉开了社会主义建设的序幕，改变了新中国成立以来一穷二白的面貌，人民生活得到了极大改善，取得了建设的伟大成就。尽管出现了一些偏差，但总体上说，这一时期的成就是不可磨灭的，为改革开放奠定了坚实基础。

改革开放和社会主义现代化建设新时期，为避免少走“弯路”，我们党在总结经验教训的基础上，得出了“关键在党”的论断。这是高举马克思主义旗帜、增强群众组织力的必然要求。在这一历史新时期，在坚持和加强党的领导问题上，一是恢复和健全了民主集中制。作为我们党的根本组织原则，民主集中制对增强党的群众组织力至关重要。在党的领导下，

---

① 中共中央文献研究室．建国以来重要文献选编（第九册）[M]．北京：中央文献出版社，1994：293.

这一时期我们对民主集中制的基本原则进行了阐述，对维护党的集中统一领导意义重大。二是把坚持党的领导作为四项基本原则的核心。四项基本原则作为我们治党治国的重要方略，对于我们坚定道路自信，凝心聚力发展社会主义事业具有决定性意义。三是加强了党的执政能力建设。一个政党的执政能力强弱，直接决定党的事业兴衰成败，强大的执政能力依托于领导核心，只有坚强稳定的核心才是实现党长期执政的基础。四是制定并执行了正确的基本路线。在这一历史时期，党通过正确的基本路线框定了领导社会主义现代化建设的大局，使人民群众的幸福指数不断提高。五是用正确的理论指导党领导的各项事业。有了正确而先进的理论，才能指导实践。一方面，中国共产党是组织群众的主体，只有坚持党的领导，群众组织力才有“主心骨”；另一方面，要组织和发动群众，党必须有先进的理论指导，从而为党的群众组织力提供重要保障。

由此可见，中国共产党之所以能够将广大人民群众的力量凝聚起来，根本前提在于是坚持党的全面领导，这是党开展群众工作的基础。如果没有党的领导，中国人民就无法争得解放和压迫，中华民族也无法实现民族独立，更无法取得世所罕见的成就。在新的历史条件下，我们要增强党的群众组织力，将人民群众紧密团结在党的周围，就必须坚持党的全面领导，将群众凝聚在党的周围。无数实践证明，无论何时，只要我们始终坚决维护党的领导核心，紧跟党的步伐走，将党的各项方针政策贯彻落实，我们就一定能够团结统一，凝心聚力向着既有目标不断奋进。

（二）坚持以人民至上为价值旨归

“为民请命”是中国共产党的终身信条。在马克思、恩格斯看来，共产党不是为少数人谋利益，而是始终为绝大多数人谋利益的。列宁指出，“只有我们正确地表达人民的想法，我们才能管理”[①]。马克思主义经典作家

① 列宁选集（第4卷）[M]. 北京：人民出版社，2012：695.

关于群众观点的相关论述，不仅为增强党的群众组织力提供了理论指导，而且指明了实践遵循。中国共产党作为使命型政党，来自人民，扎根人民，在发展历程中始终顺应民心，坚持人民立场，将组织凝聚群众作为党的重要任务，不断增强了党的群众组织力。

新民主主义革命时期，为救人民于水火，中国共产党致力于摆脱压迫，为人民谋解放成为这一时期的主要任务。中国共产党成立之初，尽管力量十分薄弱，但仍然将为人民谋利益作为党的奋斗目标，在残酷斗争中始终做到了人民至上。十年内战时期，为解决人民群众经济和政治上的困难，我们党开展了轰轰烈烈的土地改革，将土地分给人民群众，解决了人民群众的心头大事。政治上，我们党进行了巩固政权，使人民参与到政治中来，增强了人民群众的归属感。正因为这些举措，解决了人民群众的困难，党在革命斗争中才能得到人民的支持，革命的星星之火才能成为燎原之势，并不断发展壮大。抗战时期，为了团结凝聚一切力量抵御外侮，各个根据地在政治上实行“三三制”，争取一切可能的力量；在经济上，实行合理的土地政策，从而兼顾了各方面的利益，最终形成最广泛的统一战线。解放战争时期，为争取人心，打败综合实力强大的国民党，我们党在解放区实行“耕者有其田”，使人民群众坚定站在党的一边。正是因为我们党一如既往地坚持人民立场，才能将人民群众凝聚起来。在整个革命战争年代，我们党每时每刻都将人民群众装在心中，无论处于何种境地，都实实在在为百姓做事，营造了天朗气清的良好风气。

社会主义革命和建设时期，为重建美好家园，中国共产党大力发展经济，改变贫穷落后的面貌。中华人民共和国成立初期，面对战乱带来的生产萎缩和民不聊生，毛泽东指出：“要把衣、食、住、用、行五个字安排好，这是六亿五千万人民安定不安定的问题。”① 只有着力解决好人民的

① 毛泽东文集（第8卷）[M].北京：人民出版社，1999：78.

基本生存需求，才能调动起人民群众的积极性，投身于社会主义建设事业。这一时期，由于我们党从革命党转变为执政党，党的角色和生存环境发生了变化。在发展经济的过程中，少数党员领导干部的革命斗志逐渐消沉，理想信念淡漠，官僚主义和形式主义之风开始盛行，我们党在一定程度上面临脱离群众的危险。因此，为保持党的优良作风，毛泽东提出“两个务必”，告诫全党要始终将“人民至上”作为党执政兴国的第一要旨，认为这是我们党跳出“历史周期律”的关键之所在。尽管在后来的建设过程中，由于急躁冒进我们党也经历了挫折和困难，但人民至上的执政理念没有动摇，始终相信群众、依靠群众的出发点没有变。正是秉承着这样的价值旨归，我们党与人民群众一起患难与共，共克时艰，克服了重重困难，取得了不可磨灭的建设成就。从这一阶段的发展历程来看，无论是成就还是挫折，党始终与人民群众站在一起，铭记党的生存根基是人民。也正是因为如此，我们才能将群众的力量团结凝聚起来，在实践中取得了更辉煌的成就。

改革开放和社会主义现代化建设新时期，中国共产党大力加强民生建设，推动引领人民向小康道路发展。从党的发展历程来看，坚持人民至上是党的群众组织力建设的根本遵循，也是党的群众组织力建设最基本的经验。在改革开放伟大征程中，邓小平十分重视和改善民生。1979年，邓小平提出“小康”这一概念，将其作为改善民生的重要目标，诠释了人民至上的执政理念。1985年，邓小平结合我国发展实际，首次提出“共同富裕”理念，通过“先富带动后富”，切实满足人民群众的民生需求。同时，在民生建设过程中，邓小平还十分重视党群关系，指出如果“严重脱离群众而不能坚决改正，那就丧失了力量源泉……就会被人民抛弃”[①]。党的十三大从战略高度，提出了“三步走”的战略构想，清晰地勾勒出“温饱—小康—富裕”的战略蓝图。在此之后，邓小平在具体部署中，提出“三个有

① 邓小平文选（第2卷）[M]. 北京：人民出版社，1994：368.

利于”标准，进一步凸显了人民的价值主体地位。依据时势发展，党的十五大提出新“三步走”战略，更加细化了之前的战略目标和计划，使之更具可操作性和实践检验性。同时，为加快实现小康目标，江泽民进一步贯彻执政理念，将人民利益作为执政的本质要求。进入新世纪，为更好把握机遇，加快发展进程，胡锦涛指出，只有“切实把关心群众工作做细、做实、做好，我们就能集聚起强大力量，战胜一切艰难险阻”①。由此可知，这一历史时期的改革发展实践表明，人民至上是贯穿始终的价值原则，只有牢牢坚守并依据实践发展不断创新，我们才能永立于不败之地。

党的发展实践证明，人民群众是党的根基和力量所在，坚持人民至上是我们党应对各种风险挑战、战胜困难的最强定力。在增强党的群众组织力过程中，党只有时刻把人民装在心中，常思民之所想、常解民之所忧、常谋利民之策，才能坚定地与人民群众站在一条线上，汇聚力量共创美好生活。党的实践历程清晰地表明，始终坚持人民至上，这是增强党的群众组织力的价值旨归，是党在前进道路上始终保持战略定力、稳如磐石的坚固支柱，要一以贯之地坚守下去。

（三）坚持以思想引领为内在动力

思想引领在党的群众组织力建设中占据着重要地位，发挥着统一思想、凝聚力量的作用。在各个历史发展时期，中国共产党始终以先进思想感召群众，引领群众披荆斩棘，创造了一个又一个辉煌成就。勇于进行理论创新，注重思想引领，已经成为中国共产党群众组织力建设的内在动力和重要经验。

中国共产党成立之初，就将思想引领作为精神旗帜，注重从思想上来组织和号召广大群众。为反抗压迫和奴役，我们党深入工农群众，不断宣传马克思主义先进思想，唤醒工人阶级的伟大力量来寻求解放。在

① 胡锦涛文选（第2卷）[M]. 北京：人民出版社，2016：59.

具体实践中，通过成立宣传小组、出版印刷刊物、开放工人夜校等对工农群众进行思想教育，促进了他们的觉醒，从而投身革命浪潮中，争取自身解放。在此过程中，我们党意识到不仅要进行工人运动，而且要对农民进行思想宣传，壮大革命力量，为工人阶级建立可靠同盟军。因此，在广州等地相继成立农民讲习所，提高农民的思想觉悟，引领他们进行革命。大革命失败后，工农运动进入低潮，我们党在深刻反思的基础上，得出“共产党……在自己旗帜下动员群众的工作，决不能自己束缚起来”[①]的深刻教训。

土地革命战争时期，为正确引领革命方向，我们党时刻注重思想引领，以确保党和军队团结一心。井冈山革命斗争时期，面对党内出现的思想复杂局面，毛泽东强调思想引领的重要性，指出：“若不给以无产阶级的思想领导，其趋向是会要错误的。”[②]在1929年召开的古田会议上，对党内和军队出现的个人主义、散漫之风和自由主义进行了批判和整顿，提出思想建党和政治建军原则，凝聚了群众的思想意识，为顺利推进民主革命进程打好了坚实基础。

抗日战争时期，为凝聚一切力量进行全民族抗战，我们党更加注重思想的强大感召作用，通过广泛动员和宣传，激发起了人民群众保家卫国的坚定决心。当全面抗战爆发后，如何建立广泛统一战线以抵御外敌，成为这一阶段的重中之重。面对不同的阶级和阶层，中国共产党善于用不同的宣传思想和方式，彰显了思想引领的强大力量。延安时期，党员数量庞大，为提高党员质量，毛泽东特别注重理想信念教育，通过延安整风以及一系列学习教育活动，统一了党内思想，极大地提升了党的思想引领力。无数革命实践证明，没有正确的思想指导，革命注定会走向失败，这是在

① 建党以来重要文献选编（一九二一—一九四九）（第4册）［M］. 北京：中央文献出版社，2011：426.

② 毛泽东选集（第1卷）［M］. 北京：人民出版社，1991：77.

实践中悟出的真理。1945年，毛泽东在《论联合政府》中特别强调，“掌握思想教育，是团结全党进行伟大政治斗争的中心环节”①。无论何时，一旦缺乏思想指引，党的群众工作将会因迷失方向而误入歧途。

解放战争时期，中国人民处在“十字路口”，如何从思想上正确引导人民，凝聚人民力量以打败实力强大的国民党，成为这一时期党的重要任务。由于抗战时期大量吸收党员，导致党员数量急剧增长，但质量下降，部分投机分子和地主富农趁机混入其中。为更好地加强思想引领，消除党内的不正之风，毛泽东开展整党运动，通过改进党的作风，极大提高了党员干部的思想认识。在解放战争中，中国共产党时刻牢记思想引领，通过电台、广播、报纸等媒介宣传党的思想政策，以此来感召和凝聚人心。中国共产党善于从思想上联系群众，向人民群众实事求是地分析战争形势，向人民群众反馈真实的战局状况。正是因为这样的坦诚相待，使得人民群众支援前线的热情只增不减，坚定地与党站在一起。越是在关键时刻，越要重视思想教育，通过广泛宣传让人民群众认识真理，保持思想上的坚定性和先进性，避免思想懈怠和滑坡。实践证明，中国革命的最终胜利不是偶然的，而是与党始终加强思想引领，不断号召、动员和凝聚人民群众密不可分。

中华人民共和国成立后，面对百废待兴局面，如何尽快恢复生产、稳固党的执政基础成为共产党人面临的难题。为了尽快适应角色转变，中国共产党继续从思想入手，通过思想引领来保证党的政权性质不变色。一方面，我们党通过开展理论教育，加强党的思想建设；另一方面，通过移风易俗来引领新的社会风气。为了加快生产，进行社会主义建设，我们党深刻意识到必须“随时随地向人民群众进行宣传，以革命精神不疲倦地去教育人民群众”②，从而凝聚人民伟力。正是因为我们党掌握了先进的思想武器，在中华人民

① 毛泽东选集（第3卷）[M].北京：人民出版社，1991：1094.

② 中共中央文献研究室.建国以来重要文献选编（第二册）[M].北京：中央文献出版社，1992：1.

共和国成立之初面临执政经验不足、物质短缺、西方封锁的情况下，我们党带领人民群众取得了社会主义建设的伟大成就，归根结底，这与我们党强大的思想引领是分不开的。

随着改革开放的不断深入，我们党通过解放思想，不断凝聚群众意志，使党的思想引领在实践中不断得以深化。在市场经济之下，人们的思想意识复杂多变，部分党员干部理想信念淡漠，沉迷于享乐之中，对党的事业丧失了信心。对此，邓小平强调要加强理想信念教育，认为“没有这样的信念，就没有凝聚力”①。进入新世纪后，面对复杂的局势，为抵制错误思潮对民众的侵蚀，我们党提出了“三个代表”重要思想，通过对党员干部进行思想洗礼，使他们树立正确的人民观，坚持了思想引领的正确方向。这一时期，我们党依据发展的新特征和新情况，围绕不同任务增强党的思想引领力，从根本上确保了全党上下团结一心、同频共振，以先进的思想理念引导前进。

纵观党的发展历程，每一次胜利都离不开强大的思想引领，这是我们党增强群众组织力的内在动力，也是我们党保持先进性的显著优势。尤其是当党面临重大转折关头，正确的思想引领可以挽救党于水火之中，对厚植党的群众基础意义重大。新的历史发展阶段，面对日益复杂变幻的发展形势，我们党要准确把握群众的所思所想，就依然需要重视思想引领的重要作用。如此，才能在新的发展征程中组织凝聚群众，保持全党思想上的强大战略定力，把党锻造得更加坚强有力，从而从容应对群众组织力建设中的风险和挑战。

（四）坚持以统一战线为重要法宝

统一战线是中国共产党动员组织群众的重要实现形式，是增强群众组织力的重要法宝。在长期的革命实践中，我们党始终重视统一战线，将其

① 邓小平文选（第3卷）[M].北京：人民出版社，1993：190.

作为保持党的生机和活力的重要源泉。在统一战线中，一切为了人民、依靠人民的核心主旨和根本内容没有变。任何时候，我们党都能依靠统一战线这一重要法宝，凝聚起强大力量，为实现国家从站起来、富起来到强起来的伟大飞跃奠定坚固的基石。

新民主主义革命时期，将人民群众广泛组织起来完成“救国”大业，成为统一战线的重要任务。中国共产党建党之初，为团结一切革命力量，我们党将其作为革命的首要问题加以重视，体现了我们党作为无产阶级政党的理论自觉。在之后的不同历史发展阶段，我们党都及时调整统一战线策略，以此凝聚群众力量。例如，在抗战时期，为抵御外侮，我们党建立抗日民族统一战线，为夺取胜利奠定了基础。抗战胜利后，原以为人民可以过上和平安定的生活，但国民党背信弃义，悍然发动内战，使因战乱带来的民不聊生局面雪上加霜。中国共产党充分调动一切力量，将“工人、农民、城市小资产阶级……少数民族和海外华侨在内”[①]的人民大众团结起来，为实现中国革命的胜利不懈奋斗。在此过程中，统一战线所发挥的重要作用不言而喻，毛泽东也曾谈到，“中国新民主主义革命要胜利，没有一个包括全民族绝大多数人口的最广泛的统一战线，是不可能的”[②]。由此可见，正是因为我们党制定了正确的统一战线战略，才能扭转战争局面，完成了“救国”大业，也为之后的建设大业做了有利的铺垫。

社会主义革命和建设时期，凝聚一切力量来进行社会主义建设，是这一时期统一战线的重心所在。中华人民共和国成立后，重建家园成为人民群众的强烈愿望，对此，党中央强调，“全党都要认真地、谨慎地做好统一战线工作”[③]，为重建美好家园发挥力量。这一方针一经提出，就得到广大人民群众的热切响应。此后，在推动经济恢复、土地改革等一系列实践

① 毛泽东选集（第4卷）[M].北京：人民出版社，1991：1213.
② 毛泽东选集（第4卷）[M].北京：人民出版社，1991：1257.
③ 毛泽东文集（第6卷）[M].北京：人民出版社，1999：75.

中，我们党依然紧握统一战线这一重大法宝，实现了中国社会的伟大变革。经过三大改造，我国的经济面貌逐渐改善。在党的坚强领导下，各阶级、阶层人民群众被广泛调动起来，汇聚成气势如虹的磅礴力量。这一时期，为集中力量搞经济，我们党形成了包括“一切赞成、拥护和参加社会主义建设事业的阶级、阶层和社会集团”[①]在内的社会主义统一战线，号召一切支持我国经济发展的人民群众都参与进来，为开展社会主义建设发挥积极作用。

改革开放和社会主义现代化建设新时期，如何带领广大人民群众发展致富，成为这一时期统一战线的战略要求。1982年，宪法提出建立爱国统一战线，极大地调动了人民群众的建设热情。这一统一战线从本质上讲是为实现“四化”服务的，其目标是尽快使广大群众摆脱贫困。在具体实践中，这一统一战线的作用得以充分彰显，使中国社会各阶层焕发出巨大生机与活力，公有制与非公有制共同促进了中国经济的发展。进入21世纪，为协调处理好复杂的利益关系，2004年3月通过的宪法修正案，凸显了各类新社会阶层的作用，将其以“社会主义事业建设者”的身份写进了宪法，扩大了爱国统一战线的范围。随着形势的发展，中国共产党还将继续扩大群众基础，把更多的爱国者纳入统一战线的范围，从而进一步调动最广泛的人民力量。

统一战线作为增强党的群众组织力的重要法宝，贯穿于党的发展始终，在党的事业中起到了凝聚民心、振奋精神的良好效果。实践也反复证明，统一战线在任何时期都不可或缺，它是我们党团结、组织凝聚群众的重要方式，能够将分散的、无组织的各种政治力量联合起来、团结起来和整合起来，为党的事业发展汇聚起强大的力量。在新时代，改革发展难题日益增多，要动员和组织群众，必须认真总结各个历史阶段的经验，汲取统一战线在党的群众组织力建设中的智慧，不断地巩固和发展最广泛的爱国统一战线，从而在新时代党的群众组织力建设中取得更大成就。

---

① 毛泽东文集（第7卷）[M].北京：人民出版社，1999：205.

（五）坚持以制度建设为坚实保障

任何一个组织和政党要维持正常运行，都离不开制度的规范和制约。党的群众工作需要制度来规范，增强党的群众组织力也需要制度的保障。无规矩不成方圆，从历史维度来看，党的各项工作和任务开展都需要完备的制度体系，以制度维护自身团结是我们党的显著优势。毛泽东多次强调，“我们需要建立一定的制度来保证群众路线和集体领导的贯彻实施”①。只有通过健全的制度体系予以保障，党的群众组织力建设才能行稳致远。

在革命战争年代，我们党通过党内法规制度建设，使组织群众的工作在一系列革命运动中得到落实。这一时期，由于战乱，很难形成规范的制度体系。但作为马克思主义政党，使命感和奉献感使我们党时刻保持纪律性，在密切联系群众方面始终做到了有法可依，有效保障了群众路线的贯彻实施。同时，我们党向来注重思想建党，依据革命形势发展，建立起一系列相关制度措施，以保障党的性质。

中华人民共和国成立后，党的地位发生了转变，由此带来一系列新情况、新问题。尤为突出的是作风问题，严重影响党群关系。面对新情况，我们党在坚持群众路线基础上，不断健全各项群众工作制度，促进群众路线制度化。一方面，从立法层面突出了群众路线的重要地位，使党的各项群众工作制度得到法律的保护，而且有助于将群众路线从思想层面转化为制度层面，形成制度化。另一方面，制度化落实到具体的实际工作中，形成代表群众利益的制度体系。

改革开放以来，我们党通过制度保障来贯彻群众路线，促进党群关系的和谐发展。邓小平指出，“制度问题更带有根本性、全局性、稳定性和长期性”②。只有健全群众工作的制度，才能为党的群众组织力提供坚实保

① 毛泽东文集（第7卷）[M].北京：人民出版社，1999：19.

② 邓小平文选（第2卷）[M].北京：人民出版社，1994：333.

障。在改革进程中，邓小平重视以制度来保障群众利益，通过制度的“硬约束”，在党内营造了民主的氛围，党群关系更加密切了。邓小平强调监督的重要性，指出，“要有群众监督制度，让群众和党员监督干部”[①]。这不仅激发了群众参与政治的积极性，也促进了群众工作的有序开展。为遏制腐败之风，邓小平以制度为抓手，带头废除领导职务终身制，不断健全干部任免制度，通过设置一系列考核指标，对领导干部的任免提出严格要求，改善了党内的家长制风气，使党群干群关系更加和谐。进入新世纪，江泽民充分把握时势，进一步健全群众工作制度，以党的文件形式对密切党群关系做出部署，充分彰显了制度的效力。江泽民强调领导干部要深入基层调研，解决群众困难，落实相关责任制度，对下基层的任务和要求做出规定，以制度来约束党员领导干部的行为。党的十六届三中全会提出“以人为本”科学发展观，制定了一系列事关群众利益的文件[②]，完善了群众工作的法规制度，解决群众难题，不断增强党的群众组织力。在党的发展历程中，制度的力量不可小觑，正是由于制度的保驾护航，党的群众路线才能有章可循，在实施中才能具有权威性和规范性，确保了党联系群众常态化，为新时代增强党的群众组织力提供了坚强保障。

中国共产党在各个时期的发展历程表明，制度建设是“硬约束”。通过严格的制度建设，党与群众紧密地联系在了一起，有利于不断增强党的群众组织力。良好的党群关系需要制度的保障，不断完善联系群众制度，才能增进群众对党的政治认同，从而能够更大限度地调动和壮大人民力量以实现更大发展。

---

① 邓小平文选（第2卷）[M].北京：人民出版社，1994：332.

② 十六大以来，党和国家提出科学发展观的战略构想，先后印发《关于做好党员联系和服务群众的意见》《中共中央关于构建社会主义和谐社会若干重大问题的决定》《关于推进社会主义新农村建设的若干意见》等文件，从制度上保障了以人为本的执政理念。

第五章

新时代中国共产党提升群众组织力的实践探索与主要成效（2012 年至今）

党的十八大以来，面对世情、国情和党情的变化，如何把广大人民群众组织起来实现中国梦，成为治国理政的新考验。以习近平同志为核心的党中央领导集体深刻认识到群众组织力的重大价值，并将其作为提高党的领导力的重要方面加以重视，在一系列实践创新中深入推进党的群众组织力建设，取得了历史性成就，从而连接了党心民心、畅通了党情民意、汇聚了民族伟力。

一、新时代中国共产党提升群众组织力的实践探索

党的十八大以来，群众组织力建设进入科学化、体系化、制度化发展时期，其发展实践在守正的基础上不断得以深化创新。以习近平同志为核心的党中央立足国际国内形势发展的新阶段和新特点，在增强党的群众组织力方面进行了不懈探索，做出了一系列重大决策和部署。主要体现在五方面：不断满足人民对美好生活的需要、深入开展党内专题教育实践活动、以组织力为重点夯实基层党组织、切实开辟互联网群众工作新场域、推动构建新时代大统战工作格局。这一系列重大实践探索，深化了党对群众组织力建设实践样态的认识，使我们党有了更加广泛、深厚和可靠的群众基础，极大地增强了党的凝聚力和群众组织力。

（一）不断满足人民对美好生活的需要

人民是中国共产党长期执政的最大底气。党的十八大以来，中国共产党坚持站稳群众立场，在不断满足“人民对美好生活的向往”[①]中汇聚人心，增强了党的群众组织力。2012年11月15日，习近平在中外记者见面会上首次提出“美好生活”概念，充分彰显了为民谋幸福的坚定决心，是对党的初心和使命的有力诠释。党的十九大进一步明确指出，“带领人民创造美好生活，是我们党始终不渝的奋斗目标”[②]，为新时代增强党的群众组织力指明了方向。从根本上说，人民的美好生活是现实的、生动的，要在鲜活的实践中不断得以实现。

党的十八大以来，中国共产党组织人民群众开展了声势浩大的脱贫攻坚战，全面彰显了党的群众组织力。摆脱贫困是中国人民几千年来梦寐以求的心愿。自成立之日起，中国共产党就将消除贫困作为重要使命，带领组织人民群众自力更生、艰苦奋斗，摆脱贫困的落后面貌。改革开放以来，我们党更加重视扶贫事业，带领人民为实现小康梦不懈奋斗。党的十八大以来，党摆脱贫困的决心更加强烈，在习近平的带领下，全党高度重视扶贫工作，形成了一系列富有特色的扶贫新思路。2012年12月，习近平前往河北阜平县调研脱贫，在与当地干部和群众谈话中指出，“对困难群众，我们要格外关注……把党和政府的温暖送到千家万户”[③]。2015年11月，中共中央正式打响脱贫攻坚战，向全党发出动员总号令，承诺到2020年实现“两不愁、三保障”[④]，并确保贫困县全部摘帽。自脱贫攻坚战

① 习近平谈治国理政（第1卷）[M].北京：外文出版社，2018：4.

② 习近平.决胜全面建成小康社会 夺取新时代中国特色社会主义伟大胜利[M].北京：人民出版社，2017：45.

③ 习近平谈治国理政（第1卷）[M].北京：外文出版社，2018：189.

④ “两不愁、三保障”是指稳定实现农村贫困人口不愁吃、不愁穿；保障义务教育、基本医疗和住房安全。

打响以来，习近平高度重视这场与贫困的斗争，对脱贫任务进行了精心部署，号召全党全国人民万众一心，共同投入摆脱贫困的伟大实践中去。在党中央的统一部署和坚强领导下，各省市党政一把手、各级党员领导干部庄严承诺要全力打赢这场硬仗，履行了以人民为中心的执政理念。为更好地落实扶贫责任，习近平特别强调："贫困县党委和政府对脱贫攻坚负主体责任……对于不能胜任的要及时撤换，对于弄虚作假的要坚决问责。"①据统计，"按现行农村贫困标准，我国贫困人口从2012年年底的9899万人减到2019年年底的551万人，贫困发生率由10.2%降至0.6%，连续7年每年减贫1000万人以上"②。这些减贫数字见证了我们党创造的脱贫奇迹，全面彰显了党的群众组织力。可以说，在我国这样一个人口大国，取得这样的脱贫奇迹是世所罕见的，其成功"奥秘"在于我们党拥有集中力量办大事的显著优势，能够在党中央的集中统一下，实现全国一盘棋，形成党中央总揽全局、协调四方，"五级书记"层层落实的扶贫管理体制。在党中央的坚强领导下，全党全国凝聚起决胜脱贫攻坚的强大合力，解决了绝对贫困问题，脱贫攻坚取得了成功。坚决打赢脱贫攻坚战是满足人民美好生活的具体行动，最大限度地凝聚了民心，是新时代中国共产党做好群众工作、增强群众组织力的鲜活实践。在这一生动的实践中，人民群众的幸福感显著增强，对美好生活的向往变为现实，为增强党的群众组织力提供了支撑。

经典案例：湖北英山是全国重点贫困县，这里以种植茶叶为主。由于人均耕地面积少，贫困率达到30%。自脱贫攻坚战打响后，湖北省举全县之力，精准攻克一个又一个贫困村，坚决消灭绝对贫困。位

① 习近平谈治国理政（第3卷）[M]. 北京：外文出版社，2020：154.

② 习近平 . 在决战决胜脱贫攻坚座谈会上的讲话 [N]. 人民日报，2020-03-07（02）.

于英山县中部的扁石畈村，2015年村集体收入不足6000元。据这里的村民说，该村致贫的主要原因在于收入少、负担重。针对该村实际，湖北省派出驻村工作队，对口帮扶，实施住房改建、外出务工、保障兜底等举措，使该区贫困现状有所好转。在省委、省政府的领导下，英山县各贫困村陆续脱贫，完成了从贫困村到幸福村的华丽转身。[①]

2020年年初，一场突如其来的新冠疫情肆虐全国，严重威胁人民的生命安全。为有效控制疫情，中国共产党举全国之力，“把人民生命安全和身体健康放在第一位”[②]，快速组织和动员全国资源和力量，形成“一呼百应”的强大群众组织力，汇聚起抗击疫情的强大合力。在这场疫情大考中，中国共产党始终秉持“生命至上”的原则，“从出生仅30小时的婴儿至100多岁的老人”[③]都得到了全力救治。同时，将提高治愈率作为中心任务，使“转归为治愈的占比从14%提高到89%，超过一般病毒性肺炎救治平均水平”[④]。在党的组织和号召下，这场抗击疫情的战斗实现了全民参与。“460多万个基层党组织筑起抗疫的坚强堡垒，全国有3900多万党员、干部战斗在抗疫一线，有1300多万名党员参加志愿服务”[⑤]；各医疗团队高效组织协作，对湖北武汉进行支援行动，“自1月24日除夕至3月8日，全国共调集

① 刘永峰、杨卫东．凝聚各方力量 助力脱贫攻坚——湖北发挥统战优势全力投身脱贫攻坚主战场［J］．民族大家庭，2018（06）：21-22.

② 中共中央党史和文献研究院．习近平关于统筹疫情防控和经济社会发展重要论述选编［M］．北京：中央文献出版社，2020：20.

③ 中华人民共和国国务院新闻办公室．抗击新冠肺炎疫情的中国行动［N］．人民日报，2020-06-08（10）.

④ 中华人民共和国国务院新闻办公室．抗击新冠肺炎疫情的中国行动［N］．人民日报，2020-06-08（10）.

⑤ 中华人民共和国国务院新闻办公室．抗击新冠肺炎疫情的中国行动［N］．人民日报，2020-06-08（10）..

346支国家医疗队、4.26万名医务人员、900多名公共卫生人员驰援湖北”[①]；各社会团体、广大人民群众自发组织起来，积极参与到疫情防控中去，织就了一张全民抗击疫情的大网。实践证明，举全国之力进行的这场抗疫行动，有效阻断了疫情蔓延，彰显了中国之治。从一定程度上说，抗击疫情的伟大斗争是一场人民战争，“打赢疫情防控人民战争，就要将全国人民动员、组织、凝聚起来”[②]。中国的战“疫”成果表明，得民心才能聚民心，正是因为中国共产党具有人民情怀，在疫情防控中始终坚持生命至上，才能组织广大群众自觉地投入抗疫行动中，形成坚不可摧的抗疫力量。中国共产党的展现出来的群众组织力是其他国家无可比拟的，事实证明，抗击疫情是我们党不断满足人民美好生活的又一具体实践，全面凸显了我们党集中力量办大事的制度优势，是对新时代增强党的群众组织力的生动诠释。

经典案例：2020年春节前夕，湖北武汉成为疫情暴发的首发地，在党中央的号召下，全国各地驰援武汉，各类物资运往疫区。全国各地医疗队迅速集结赶往武汉，义无反顾地踏上了战“疫”征程。危急时刻，武汉宣布“封城”，在抗疫中，涌现出一批批感人事迹，医护人员逆行出征，党员干部全数出战，志愿者无私奉献，雷神山、火神山快速建成，全国各地提供物资支援……形成群防群控的人民伟力。在党中央的坚强领导下，举全国之力抗击疫情，武汉最终迎来了曙光。2020年4月8日，习近平给武汉东湖新城社区回信，充分肯定了群众在疫情中的作用。也是这一天，武汉解封，这场抗疫的人民战争取得了辉煌胜利。[③]

---

① 宣言．大战大考炼真金［N］．人民日报，2020-09-16（01）．

② 张浩．坚决打赢疫情防控的人民战争［N］．人民日报，2020-02-27（09）．

③ 武汉市委组织部．坚持人民至上生命至上 党旗在防控疫情斗争第一线高高飘扬［J］．党建，2020（07）：17-19.

表 5–1　疫情发生以来调往湖北省医疗物资情况（截至 2020 年 4 月 30 日）

序号	类别	品种	单位	数量
1	医疗设备	全自动测温仪	台	20033
2		负压救护车	辆	1065
3		呼吸机	台	17655
4		心电监护仪	台	15746
5	消杀用品	84 消毒液	吨	1874
6		免洗洗手液	万瓶	71.4
7	防护用品	医用手套	万副	198.7
8		防护服	万套	773
9		医用 N95 口罩	万只	498
10		医用非 N95 口罩	万只	2720
11	防控药品	磷酸氯喹	万片 / 粒	40
12		阿比多尔	万片 / 粒	360

数据来源:《抗击新冠肺炎疫情的中国行动》白皮书①

（二）深入开展党内专题教育实践活动

加强和改进党的作风是关系民心向背、厚植党的群众基础的重要着力点。“四风”问题，成为隔在党和人民群众中间的一道巨大“鸿沟”，严重损害党群关系。党的十八大以来，为清除“四风”问题，党中央持续推

① 中华人民共和国国务院新闻办公室 . 抗击新冠肺炎疫情的中国行动［N］. 人民日报，2020-06-08（10）.

进全面从严治党重大战略，开展系列党内专题教育活动[1]，要坚决铲除对党的形象破坏性最大、杀伤力最强的腐败“毒瘤”，以上率下，激浊扬清，从根本上抓住了改善党群关系的核心问题，增强了党的凝聚力和群众组织力。

党的群众组织力与加强党的作风建设、密切党群干群关系等各项专题教育活动紧密相连。党的十八大以来，为正风肃纪、创造良好的政治生态，中国共产党持续发力，通过组织开展系列专题教育，有效改善了党的作风，密切了党群干群关系。2012年12月4日，“八项规定”出台，充分体现出党中央加强作风建设的信心和决心。以此为开端，党内开启了狠刹“四风”的接力赛。首先，党中央制定了“八项规定”的实施细则和具体办法，大到贪污腐败，小到公车私用，都进行了规范。各级各部门严格将其贯彻落实到实际中，对违反“八项规定”的人和事进行严肃处理，改善了党的作风。2013年6月至2014年10月，全党开展群众路线教育实践活动，“430多万个党组织、8600多万名党员参加”[2]，目的是解决党内存在的“四风”问题，加强党的纯洁性建设。这是历史上首次以群众路线为主题的教育实践活动，被形象地概括为“照镜子、正衣冠、洗洗澡、治治病”[3]，在实践中取得了显著成效（具体见表5–2）。通过这次实践教育活动，狠刹了歪风邪气，党内凝聚力得到极大提升。2015年4月10日，为深化“四风”

---

① 2016年9月29日，习近平在学习《胡锦涛文选》报告会上的讲话中就明确指出，党的十八大以来，从八项规定入手，相继开展党的群众路线教育实践活动、“三严三实”专题教育、“两学一做”学习教育，集中整饬党风。2019年6月开展的“不忘初心、牢记使命”主题教育的重要内容就是力戒形式主义和官僚主义，也是集中整饬党风的重要组成部分，因此，并列而言。

② 中共中央组织部 . 中国共产党组织建设一百年［M］. 北京：党建读物出版社，2021：497.

③ 中共中央文献研究室 . 习近平关于党的群众路线教育实践活动论述摘编［M］. 北京：党建读物出版社，中央文献出版社，2014：28.

整治，党中央继续开展“三严三实”[①]专题教育。这次专题教育是对作风建设的进一步升华，强化了领导干部的责任担当，号召他们要脚踏实地、实干兴邦。2016年2月开始，党中央开展“两学一做”[②]，拓展了党内教育的范围和对象，由“关键少数”向广大党员扩大。与之前相比，此次教育活动覆盖面更广，力度更大，深化了党内教育。“两学一做”重点在学，关键在做，尤其对基层党员而言。这是一次思想洗礼，使基层党员深刻了解了党的大政方针，有针对性地解决了党员的思想问题，而且推动了全面从严治党向基层延伸，使党的作风不断好转。2017年10月18日，党的十九大报告提出，“以县处级以上领导干部为重点，在全党开展‘不忘初心、牢记使命’主题教育”[③]。“2019年5月13日，中共中央召开‘不忘初心、牢记使命’主题教育动员部署大会，会议决定从2019年6月开始，将主题教育自上而下分两批进行。”[④]由此可见，此次主题教育活动也是一次理想信念教育，牢固树立了领导干部的宗旨意识，巩固了党的群众基础。随着实践的不断深入，“不忘初心、牢记使命”被作为一项常态化任务不断推进落实，彰显了党的强大思想引领力，为赢得党心民意、增强党的群众组织力创设了有利条件。

通过以上系列党内专题教育活动，党的作风建设明显好转。“截至2016年12月，党中央和国务院共叫停了663个‘政绩工程’和‘形象工程’，共查处了436个弄虚作假的问题，418人受到不同程度的处分；共查处涉及农民利益、征地拆迁、教育、医疗卫生、安全生产、生态环境等损害群

① “三严三实”以“严以修身、严以用权、严以律己”“谋事要实、创业要实、做人要实”为主要内容。

② “两学一做”以“学党章党规、学系列讲话，做合格党员”为主题。

③ 习近平 . 决胜全面建成小康社会 夺取新时代中国特色社会主义伟大胜利［M］. 北京：人民出版社，2017：63.

④ 本小节中部分内容已发表，参见贺娜，高镜雅 .“不忘初心、牢记使命”研究回眸与前瞻［J］. 理论建设，2021（02）：8–15.

众切身利益问题38.6万多起，其中，问责20万人。”[①] 这一系列措施使党的肌体更加纯洁，群众对党的认同感显著增强。党的系列专题教育活动解决的主要问题就是广大党员干部的群众观念和宗旨意识，以及如何增强服务群众的能力等问题。党员领导干部如何对待群众、如何把握群众的利益诉求、如何把群众观念落实到实践之中，让群众满意，让党群干群关系和谐发展，这些都是增强党的群众组织力的具体内容。当前，改革进入了关键期。中国要发展，人民群众的支持和拥护是决定性因素。中国共产党只有直面新情况、新问题，才能形成上下同心、全民协力的群众组织力新局面，进一步增强党的凝聚力和群众组织力。

① 人民论坛问卷调查中心．党风、民风如何相互作用、相互影响——关于社会风气变革内在逻辑的调查报告［J］. 人民论坛，2016（12）：16–21.

表5–2

<table>
<tr><td colspan="20">全国查处违反中央八项规定精神问题统计表</td></tr>
<tr><td rowspan="3">时间</td><td rowspan="3">项目</td><td rowspan="3">总计</td><td colspan="4" rowspan="2">级别</td><td colspan="13">问题类型</td></tr>
<tr><td colspan="5">形式主义、官僚主义问题</td><td colspan="8">享乐主义、奢靡之风问题</td></tr>
<tr><td>省部级</td><td>地厅级</td><td>县处级</td><td>乡科级及以下</td><td rowspan="2">贯彻党中央重大决策部署有令不行、有禁不止，或者表态多调门高、行动少落实差，脱离实际、脱离群众，造成严重后果</td><td rowspan="2">有履职尽责、服务经济社会发展和生态环境保护方面不担当、不作为、乱作为、假作为、严重影响高质量发展</td><td rowspan="2">在联系服务群众中消极应付、冷硬横撞，效率低下，损害群众利益，群众反应强烈</td><td rowspan="2">文山会海反弹回潮，文风会风不实不正，督查检查考核过多过频、过度留痕，给基层造成严重负担</td><td rowspan="2">其他</td><td colspan="2">违规收送名贵特产和礼品礼金</td><td colspan="2">违规吃喝</td><td>违规操办婚丧喜庆</td><td>违规发放津补贴或福利</td><td>公款旅游以及违规接受管理和服务对象等旅游活动安排</td><td>其他</td></tr>
<tr><td></td><td></td><td></td><td></td><td></td><td></td><td></td><td>违规收送名贵特产类礼品</td><td>违规收送礼金和其他礼品</td><td>违规公款吃喝</td><td>违规接受管理和服务对象等宴请</td><td></td><td></td><td></td><td></td></tr>
</table>

续表

全国查处违反中央八项规定精神问题统计表																			
2022年2月	查处问题数	5834	2	51	513	5268	65	2529	130	9	176	20	1114	321	263	168	534	112	393
	批评教育帮助和处理人数	9100	2	62	616	8420	117	4277	213	17	307	20	1375	506	416	186	918	265	483
	党纪政务处分人数	6046	2	45	418	5581	82	2666	107	7	148	18	1061	396	292	152	641	135	341
2022年以来	查处问题数	15651	5	89	1299	14258	145	6912	344	30	549	65	2831	854	627	365	1507	326	1094
	批评教育帮助和处理人数	23805	5	108	1553	22139	257	11164	545	43	90	77	3487	1348	1014	394	2551	654	1370
	党纪政务处分人数	16255	5	76	1034	15140	187	7257	294	17	478	65	2724	996	711	322	1822	434	948
备注	享乐主义、奢靡之风“其他”问题包括：违规配备和使用公车、楼堂馆所问题、提供或接受超标准接待、组织或参加用公款支付的高消费娱乐健身等活动、接受或提供可能影响公正执行公务的健身娱乐等活动、违规出入私人会所、领导干部住房违规。																		

数据来源：中央纪委国家监委网站.2022年2月全国查处违反中央“八项规定”精神问题5834起［EB/OL］.［2022-03-27］. https://www.ccdi.gov.cn/toutiaon/202203/t20220327_180501.html.

（三）以组织力为重点夯实基层党组织

党的力量凝聚来自科学的组织，组织强党是中国共产党百年奋斗征程中鲜明的逻辑主线。中国共产党始终保持强大的组织力，以组织优势协调各方、凝聚力量。党的十八大以来，为夯实党的群众基础，习近平强调要“以提升组织力为重点”[①]，不断夯实基层党组织，有力增强了党的群众组织力。

政治功能作为基层党组织的首要功能，是新时代基层党组织建设的根本原则。在党的执政生涯中，“旗帜鲜明讲政治”[②]是一条根本原则，决定着党的发展方向。作为党的坚强战斗堡垒，基层党组织对增强党的凝聚力至关重要。党的十八大以来，为激发基层党组织活力，我们党明确“要以提升组织力为重点，突出政治功能”[③]。在具体实践中，首先，提高基层党组织的政治站位。在实际运行过程中，作为党的肌体的“神经末梢”，部分基层党组织功能虚化，无法发挥其应有职能，弱化了党的组织力。因此，必须加强政治引领，提高基层党建的组织效能，使基层党组织向着正确方向发展。其次，增强基层党员干部的政治意识。基层党员干部政治意识淡薄，群众工作将无从谈起。因此，必须发挥政治教育的作用，提高基层党员干部的政治能力，及时有效地应对各种风险挑战。最后，增强组织生活的政治性。从一定意义上说，组织生活的落实与否，决定基层党组织的组织成效。如若基层党组织生活流于形式和表面，那么，其战斗力和凝聚力将会大打折扣。因此，基层党组织要严肃党内生活，通过发挥制度效力，使基层党组织严起来。从性质来看，基层党组织作为组织、凝聚群

---

① 习近平谈治国理政（第3卷）[M].北京：外文出版社，2020：51.

② 习近平.决胜全面建成小康社会 夺取新时代中国特色社会主义伟大胜利[M].北京：人民出版社，2017：62.

③ 习近平.决胜全面建成小康社会 夺取新时代中国特色社会主义伟大胜利[M].北京：人民出版社，2017：65.

众的一线阵地，是党与群众之间的桥梁和纽带。实践证明，只有党的基层组织强起来，才能凝聚起持续前进的组织伟力。因此，全面夯实基层党组织，有利于为新时代增强党的群众组织力提供支撑。

党的群众组织力强不强，基层党组织的组织效能是试金石。党的十八大以来，中国共产党将治理视角不断向基层延伸，通过夯实基层党组织来提升群众组织力。一是严密党的基层组织网络。在新的形势下，社会组织形态呈现出多元化特点，使基层党组织覆盖难度较大。习近平指出，要严密基层组织网络，实现基层党组织和各类社会组织的嵌入融合。一方面，必须“扩大党在新兴领域的号召力和凝聚力”[①]，实现组织全覆盖。从中组部公布的数据看，截至2021年6月5日，“全国共有机关基层党组织74.2万个，事业单位基层党组织93.3万个，企业基层党组织151.3万个，社会组织基层党组织16.2万个，基本实现应建尽建”[②]。另一方面，要最大限度地将基层党员组织起来，激活党员的党性意识，使其积极投入到基层党组织建设中来。据统计，“截至2019年年底，中国共产党党员总数为9191.4万名，比上年净增132.0万名。党的基层组织468.1万个，比上年净增7.1万个”[③]。总体上看，基层党组织覆盖率较好。二是最大限度地将基层群众有效组织起来。作为基层组织的力量源泉，基层群众的作为至关重要。只有广泛动员基层群众，才能获得强大的基层组织力。党的十八大以来，基层党组织建设始终坚持深入群众，一方面，通过加大宣传力度，将党的政策传达给群众。习近平2012年在河北考察时提出，基层党员干部“要把党和政府的扶贫开发政策……原原本本传递给乡亲们，让乡亲们了解党和政府

① 习近平 . 在全国组织工作会议上的讲话［M］. 北京：人民出版社，2018：14.

② 中共中央组织部 .2021年中国共产党党内统计公报［N］. 人民日报，2021-07-01（05）.

③ 中国共产党党员队伍继续发展壮大［N］. 人民日报，2020-07-01（07）.

的政策……一起来落实好政策”[①]。另一方面，切实维护群众利益，增强基层群众的凝聚力。2014年，习近平前往福建调研社区工作，希望当地基层党员干部“要多想想如何让群众表达诉求的渠道更畅通一些……使党和政府的温暖传递到千家万户”[②]。三是构建“一元主导多方联动”的共商服务型基层组织。党的十八大以来，党中央着眼于提高社会基层治理水平，一方面，加强了以城乡社区为重点的基层基础建设；另一方面，形成了多个层面的社会治理主体，既防止了高度集中的“大包大揽”，又解决了基层党组织动力不足问题。总之，通过这一系列实践，党的基层组织体系更加完备，有利于将群众力量组织起来，为增强党的群众组织力、实现党的伟大奋斗目标奠定坚实的基础。

经典案例：走进重庆市大渡口区，一派安居景象清晰可见。几年前，这里的房屋布局错乱复杂，社区环境脏乱差，很多居民都纷纷搬走，治理难度可见一斑。如今，再次走进大渡口区，映入眼帘的是布局有序的居民楼宇，社区内道路洁净，车辆有序，“居民议事亭”内热闹非凡，展现出前所未有的活力……这一切变化都得益于大渡口区探索出了区域化党建新格局。在这一新格局之下，基层组织形式实现“九个全覆盖”，包括组织设置、阵地建设、电子党务、党建考核、党内关怀、党员培训、党员义工、党员管理和公推直选九方面的全覆盖，使基层组织更为严密、成员更为广泛，大家齐聚共治力量，让大渡口区的基层党组织高效运转，为组织动员群众发挥了巨大作用。[③]

① 中共中央党史和文献研究院．习近平扶贫论述摘编［M］．北京：中央文献出版社，2018：32.

② 习近平在福建调研时强调 全面深化改革全面推进依法治国 为全面建成小康社会提供动力和保障［N］．人民日报，2014-11-03（01）．

③ 治理更精准 服务更高效——重庆大渡口以区域化党建激发基层治理活力［N］．人民日报，2020-12-22（19）．

重庆市大渡口只是千万个基层党组织之一。全国各地的基层党组织都在结合当地实际发展需求，不断创新，发挥着应有的组织活力和作用。党的十八大以来，中国共产党紧跟大势，以提升组织力为重点，实现了基层党组织的有效覆盖，解决了基层党组织缺位弱化、组织群众能力欠缺和规范化管理不足等现实难题。提升组织力不仅是当前基层党组织建设的主要任务，也是增强党的群众组织力的关键所在。只有基层党组织的组织力被全面激发出来，才能将群众组织动员起来，党的执政根基才能在基层扎稳。也只有不断提升基层党组织的组织力，党才能同人民群众保持血肉联系，为提高党的凝聚力和战斗力、增强党的群众组织力注入新动能。

（四）切实开辟互联网群众工作新场域

互联网作为党和人民群众联系的重要桥梁和纽带，是增强群众组织力、汇聚人心的重要阵地。在互联网时代，群众不仅仅是实体空间中的“个体”，而且是虚拟空间中的“个体”，在网络空间建构了第二活动空间。因此，走好网络群众路线势必成为新时代增强党的群众组织力的重要环节。“随着媒体技术的进步……人人都处于舆论场中，舆论的力量也与日俱增，守好舆论阵地的重要性更加凸显。”[①] 若仅依靠传统的群众工作思维和方式来动员组织群众，不免有些落后。2016年4月19日，习近平在网络安全和信息化工作座谈会上首次提出“网络群众路线”，对利用互联网做好群众工作，增强群众组织力做了战略性部署。开辟互联网群众工作新场域，已然成为新时代增强党的群众组织力的重要任务。

树立互联网群众观念是做好网络群众工作的前提。党的十八大以来，互联网发展势不可当，利用网络新媒体做好群众工作成为大势所趋。面对群众网民化趋势日益凸显，各级党员领导干部要“学会通过网络走群众路

① 杨振武．把握好政治家办报的时代要求——深入学习贯彻习近平同志在党的新闻舆论工作座谈会上的重要讲话精神［N］．人民日报，2016-03-21（07）．

线，经常上网看看……积极回应网民关切、解疑释惑”[①]。科技的迅猛发展，网络活动空间成为重要的社会存在，打造了丰富多元的网络文化，为新时代网络群众工作赋予了丰富内涵。为了适应互联网发展潮流，我们党注重通过网络群众工作增强党的群众组织力，并做了有效探索。首先，高度重视网民和网络民意。与传统群众工作模式不同，互联网时代的多数人热衷于通过网络表达诉求，正所谓“网民来自老百姓，老百姓上了网，民意也就上了网”[②]。如果党员领导干部不能正确看待网络民意，忽视网民的智慧和力量，就很难做好新时代的群众工作。习近平强调指出，“善于运用网络了解民意、开展工作，是新形势下领导干部做好工作的基本功”[③]。只有掌握这项本领，才能将网络群众工作落到实处，增强党的群众组织力。其次，对网络群众的特征有了较为深刻的认识。在网络虚拟世界，没有时间和地域的限制，网络群众的结构参差不齐。简言之，在互联网这个舆论场，网民的利益诉求会被放大，舆论的影响力和冲击力更加复杂。因此，要深刻认识到网络群众工作的复杂性，有针对性地做好不同网民群体的工作。一方面，网络为群众提供了便捷的信息收集途径，网络群众获得了前所未有的话语权，使党和政府能够更直观地感受到网民的参政热情。另一方面，在“人人都有麦克风”的时代，也极易造成网络群体性事件发生，对党的网络群众工作提出了严峻挑战。在网络舆论场，网络群众的个体声音很容易被淹没，更多时候是“众声喧哗”，稍有不慎便会引发网络效应，影响党的群众组织力建设。因此，正确认识网络媒体的弊端，增强网络价值取向的辨别能力，显得尤为重要。只有积极传播正能量的网络话语和网络文化，才能不断增强党的群众组织力。

坚持以人民为中心是做好网络群众工作的价值遵循。习近平指出，走

---

① 习近平 . 在网络安全和信息化工作座谈会上的讲话［N］. 人民日报，2016-04-26（02）.

② 周家和 . 走好网上群众路线［N］. 人民日报，2020-12-08（05）.

③ 习近平 . 在网络安全和信息化工作座谈会上的讲话［N］. 人民日报，2016-04-26（02）.

好网络群众路线必须从人民福祉出发，将互联网这个“最大变量”变成造福人民的“最大增量”。首先，从网民中汲取智慧。只有始终坚持以为人民谋福利为宗旨，坚持以人民为中心的发展思想，正视网民智慧，相信网民能力，才能实现“一切为了人民”的根本要求，永葆网络群众工作充满生机与活力。为更好地走好网络群众路线，习近平提出对待网民要做到“六个及时”[①]，充分体现了察民情、聚民意的群众情怀。党的十八大以来，中国共产党注重通过网络了解民意民情，不断汲取网民的智慧和力量做好群众工作。面对网络上的民意声音，习近平强调不能“听喜不听忧”，要客观看待和认识网络声音，无论是“和风细雨”还是“忠言逆耳”，我们都要认真吸取并接纳，将群众的声音听进去。除此之外，党员领导干部还要克服“谈网色变”的障碍，勇于接受网民的监督，实实在在为群众办好事。其次，疏解网民的非理性心理感受。我们处于社会转型期，一些网民由于不理性，容易产生负面情绪，处理不当便会对党的群众工作产生极大干扰。党的十八大以来，我们党更加重视群众的精神需求。延伸到网络空间，则表现为时刻关注网络民意的趋势，注重网民的心理感受。自“网络群众路线”提出以来，广大网民通过五花八门的社交平台给予舆论关注（如图5-3），引发热议。据抽样统计发现（如图5-4），98%的网民认为，网络群众路线顺应时代、与时俱进，成为汇集民意的重要载体，值得肯定；89%的网民表示，走好网络群众路线是顺民心、解民忧的应有之义；78%的网民期待群众路线网络化带来更多实惠；65%的网民认为党员干部应主动走进网络；46%的网民认为党员干部应及时回应网民关切；有17%的网民表达了其他看法。总体来看，通过抽样调查统计可知，人民群众对网络群众路线有极高的关注度和认同感，也更加期待

① “六个及时”是习近平对领导干部走好网络群众路线提出的新要求，主要包括对建设性意见要及时吸纳，对困难要及时帮助，对不了解情况的要及时释惑，对模糊认识要及时廓清，对怨气怨言要及时化解，对错误看法要及时引导和纠正。

网络群众路线带来的便利性。这将有利于我们党通过网络平台与群众建立密切联系，顺利开展网络群众工作，增强我们党的凝聚力和群众组织力。

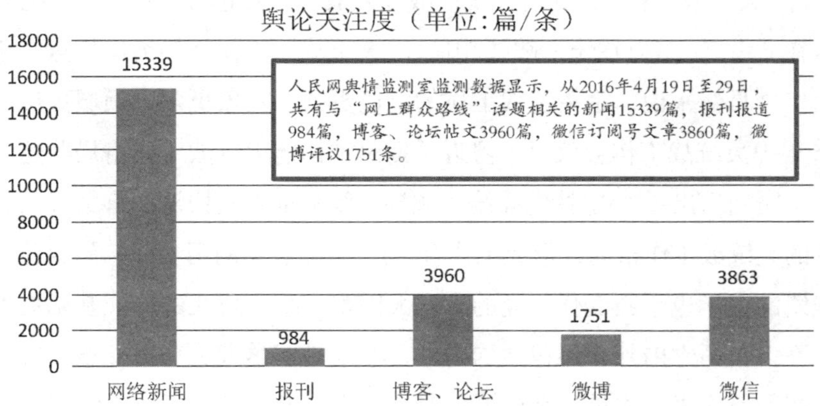

图5–3　数据来源：中国纪检监察报[①]

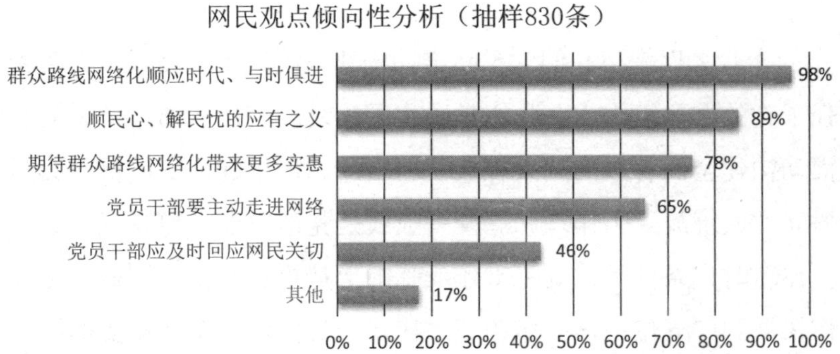

图5–4　数据来源：中国纪检监察报[②]

① 人民网舆情监测室 . 领导干部要学会通过网络走群众路线［N］. 中国纪检监察报，2016-04-30（04）.

② 人民网舆情监测室 . 领导干部要学会通过网络走群众路线［N］. 中国纪检监察报，2016-04-30（04）.

（五）推动构建新时代大统战工作格局

“统一战线是中国共产党凝聚人心、汇聚力量的政治优势和战略方针”①，“大统战”格局是新时代统一战线发展的必然选择。所谓“大统战”，重点在“大”，与以往统一战线相比，“大统战”工作格局突出特点在于点多面广。具体来说，是指统战工作的定位更高、对象更多、领域更广。在2015年中央统战工作会议上，习近平提出“构建大统战工作格局”这一新论断，明确指出：“要坚持党委统一领导、统战部牵头协调、有关方面各负其责的大统战工作格局，形成工作合力。”②随着党的历史任务的变化，统一战线的内涵也不断变化。党的十八大以来，统一战线的群众基础更加广泛，不仅包括党内外，还包括国内外，尤其是留学人员和海外华侨等。要将这些数量庞大、人员复杂的群体凝聚起来并非易事，仅依靠统战部门的力量是不够的。因此，必须构建大统战格局，在党的领导下，形成党政、群团、社会组织等群策群力的局面，最大限度地凝聚人心，画出最大的同心圆。

党的十八大以来，我们党不断推动构建大统战工作格局，在凝聚人心中增强了党的群众组织力。我们党高度重视统战工作，通过一系列实践探索，推动构建全面有效的“大统战”新格局，汇聚起广泛的群众力量。首先，树立“大统战”工作理念。统一战线是党的事业，更是全社会的共同理想。在新时代条件下，统战工作面临的形势更加复杂，因此，必须将统战工作拓展到“五位一体”多领域，构建全员协作、全面覆盖的统战新格局。同时，要借鉴优秀传统文化，树立“大文化”意识，引领统战工作走向国际，形成包容互鉴、先进开放的“大统战”命运共同体，汇聚更多力量。其次，推进“大统战”工作方略。在新的时代背景下，习近平高瞻

---

① 中共中央文献研究室．十八大以来重要文献选编（中）［M］．北京：中央文献出版社，2016：539.

② 中国共产党统一战线工作条例［N］．人民日报，2015-09-23（05）.

远瞩，站在全局战略高度，统筹国内外两个大局，不断推进“大统战”方略，最大限度地汇聚民心。当前，中国处于变革转型时期，在世界大变局之下，如何巩固和发展统一战线，成为党的重要工作。习近平强调要增强大局意识，使统战工作“不断掌握新知识、熟悉新领域、开拓新视野”[①]，更好掌握党的执政资源，不断巩固党的群众基础，服务于治国理政的全过程。除此之外，要坚持人民立场，设定“大统战”目标，使统战工作服务于群众，成为凝心聚力、保持党长期执政的重要法宝。最后，完善“大统战”工作机制。在统战理念和统战方略基础上，要瞄准统战靶心，不断健全相关机制，促进统战工作的有效落实。“大统战”格局的构建，得益于优化的工作设置机制。通过党委领导、统战部门协作、全体人员参与的模式，确保统战工作各环节高效运转。既种好“责任田”，又管好统战“分内事”。同时，结合新的时代发展需求，完善和补充统战工作制度的漏缺，以制度为保障，加快推进统战工作制度化、规范化和科学化水平。除此之外，还要细化统战工作部门的职能，调整统战机构内部的工作关系，细化任务分工，使“大统战”格局内部运行规范有序，成为凝聚智慧、共识和力量的最大阵地。总而言之，大统战工作格局日渐形成，全面彰显了我们党强大的群众组织力和凝聚力。

大统战工作格局的构建，为广泛凝聚群众提供力量支持。党的十八大以来，我们党在统战认识上有了新提升。面对社会主要矛盾的转化，各种社会思潮碰撞，群众思想意识更为复杂，这便使党的群众工作受到挑战。为解决这些问题，必须坚持大团结大联合，推动构建大统战工作格局。习近平明确指出，统战工作“是我们党治国理政必须花大心思、下大气力解决好的重大战略问题”[②]。统战工作是一项长期的任务，须绵绵用力、久久

① 习近平谈治国理政（第3卷）[M]. 北京：外文出版社，2020：72.

② 中共中央文献研究室. 十八大以来重要文献选编（中）[M]. 北京：中央文献出版社，2016：556.

为功。要掌握正确的策略和方法，持之以恒。新时代的统战工作面临新的形势和难题，必须不断改进方式方法。首先，坚持党对统战工作的领导。党的十八大以来，习近平就统一战线工作发表了一系列重要讲话，彰显了统战工作的重要性。在各个历史时期，统一战线始终是我们党的重要法宝。领导权问题是统战工作的首要问题，无论何时，只有坚持党的领导，统战工作才有“主心骨”，才能取得显著成效。进入新时代，习近平更加强调党的领导的重要性，将其作为统战工作的根本原则，强调要加强政治领导，形成党总揽全局、协调四方的大统战工作格局。同时，对党员干部提出更高要求，要求在群众中发挥带头作用，宣传党在统一战线方面的方针政策，增进人民群众对党的认同。其次，坚持“求同存异”原则。新时代的统一战线主体更加广泛，面对国内和国外两条战线，处理好一致和多样的关系，成为新时代统战工作的重要任务。对此，一方面，必须坚守党的奋斗目标，无论统战工作如何发展，全党的理想不会变。另一方面，在坚持一致性基础上，树立开放思维，借鉴和包容不同群体。只要是有利于凝聚人心、实现共同目标的，都要鼓励和支持，多尊重差异，减少矛盾冲突，在达成共识的基础上找出最大公约数，不断开拓统战工作新局面。最后，善于联谊交友。在新的统一战线工作条例中，我们党明确将统一战线联盟扩大为“致力于中华民族伟大复兴爱国者”①，拓展了其广泛性。在新的形势下，凝聚人心的任务更加繁重，联结广大爱国者的工作更加迫切。习近平指出，“做好新形势下统战工作，必须善于联谊交友”②。具体而言，统战工作的目的是凝聚人心，壮大共同奋斗的力量。只有不断扩大统一战线联盟，联谊交友，才能汇聚广泛的力量。在联谊交友中，要端正心态，

① 中共中央文献研究室．十八大以来重要文献选编（中）［M］．北京：中央文献出版社，2016：539.

② 中共中央文献研究室．十八大以来重要文献选编（中）［M］．北京：中央文献出版社，2016：562.

放低姿态，时刻谨记是为党而交友；要扩大交友圈，放眼五湖四海；讲究交友艺术，坦诚相待、互相尊重。只要久久为功，不断坚持，就一定能汇聚起强大力量，为实现中国梦而奋斗。

二、新时代中国共产党提升群众组织力的主要成效

求力之强者，必固其组织。党的十八大以来，中国共产党坚定不移地推动全面从严治党，党风廉政建设与反腐败斗争满意度、信心度、重视度、遏制度再创历史新高[①]，使“党心军心民心空前凝聚振奋”[②]，为增强党的群众组织力营造了良好的党内政治生态。与此同时，在民生、作风、组织和制度等方面发力、多管齐下，使党执政的群众基础更加坚实、党群干群关系明显改善、人民群众获得感显著增强、群众工作制度化水平大幅度提升。

（一）党执政的群众基础更加坚实

人民群众是党执政的力量源泉，只有不断扩大党的群众基础，才能团结汇聚起磅礴力量，提高党的执政能力和领导水平。中国共产党致力于做好群众工作，通过满足人民的美好生活、夯实基层党组织等有效探索，在群众中引起了极大反响，使党执政的群众基础更加坚实。

党的十八大以来，我们党顺应时代发展，不断满足人民的美好生活需要，将其作为群众组织力的目标，并详细阐述了美好生活的内涵，使党对人民群众的需求有了更深刻的认识，有利于巩固党执政的群众基础。首

① 国家统计局于2016年10月底至11月底在21个省（区、市）开展了全国党风廉政建设民意调查。本次调查采取随机抽样、入户调查的方式，共调查样本25200户，其中有8945名受访群众留言，占比35.5%。调查结果显示，2016年有92.9%的群众对党风廉政建设和反腐败工作成效表示满意，93.1%的群众对遏制腐败现象表示有信心。参见：党心民心极大提振——2016年全国党风廉政建设民意调查报告［J］. 中国纪检监察，2017（1）：10–11.

② 中国共产党第十九届中央委员会第六次全体会议文件汇编［M］. 北京：人民出版社，2021：90.

先，美好生活需要具有高层次性。在物资匮乏年代，吃饱穿暖是人民群众最大的奢求。随着生活水平的极大提高，人民的需求呈现高层次性，渴望有更丰富的文化生活、更高水平的服务、更全面的社会保障等。其次，美好生活需要具有全面性。随着生产和社会的发展，人民的需求不再单一化，而是呈现全方位、多元化的特点。具体而言，群众需求不再局限于经济层面，还涉及政治、文化、社会、生态等多领域，渴望得到全方位的满足。最后，美好生活需要具有动态性。人民群众的需求不是一成不变的，对美好生活的需要呈现动态性。中国共产党始终关心群众，不断改善和保障民生，"让人民群众有更多获得感"[①]。为此，在利益分配上，我们党致力于缩小收入分配差距，努力做大"蛋糕"，分好"蛋糕"，促进社会公平正义。"党的十八大以来，习近平把脱贫攻坚摆在治国理政的突出位置，实施精准扶贫战略。从党的十八大之后，习近平第二次外出考察就到河北阜平县调研脱贫、到四川大凉山连片深度贫困地区调研以及再到其他贫困地区调研，就是要'看真贫、扶真贫、真扶贫'；从'六个精准'[②]的扶贫策略、到'五级书记抓扶贫'的扶贫主体责任，就是要做细压实扶贫工作，取得禁得起历史和人民检验的脱贫成效。"[③]在党中央的坚强领导下，我国解决了绝对贫困问题。坚决打赢脱贫攻坚战是坚持以人民为中心的具体行动，最大限度地凝聚了民心，是新时代中国共产党做好群众工作、增强群众组织力的鲜活例证。

通过不断加强基层党组织建设，进一步夯实了党执政的组织根基。基

① 习近平主持召开中央全面深化改革领导小组第十次会议强调 科学统筹突出重点对准焦距 让人民对改革有更多获得感［N］. 人民日报，2015-02-28（01）.

② 2015年6月，习近平在贵州考察时提出了"六个精准"的扶贫策略，即扶贫对象精准、项目安排精准、资金使用精准、措施到户精准、因村派人精准、脱贫成效精准，"六个精准"的提出为精准扶贫指明了努力方向。

③ 本小节中部分内容已发表，参见陈建兵，贺娜．习近平关于战略定力重要论述的生成逻辑、核心要义及价值旨趣［J］. 思想教育研究，2021（04）：9-13.

层党组织是党的组织之基，是巩固党的执政基础的重要阵地。截至2021年6月，“中国共产党党员总数为9514.8万名，中国共产党现有基层党组织486.4万个”①，分布在社会的各行各业、各条战线。通过党的基层组织把全体党员组织起来，党就有了坚实的基础。一批力度大、接地气的基层党组织建设措施落地生根，全党上下“抓基层、强基础”的氛围日益浓厚，党的组织根基更加坚实。基层党组织处于党的组织体系的“末梢”，却是党执政的基础，缺少了基层党组织，党的领导就无从谈起，也无法实现对群众的组织和动员。基层党组织作为组织系统的重要一环，发挥着重要作用。只有夯实基层党组织，党的组织系统才能发挥效能。基层党组织是倾听群众心声的前沿阵地，是巩固党的执政基础的重要依托。基层党组织起着桥梁纽带作用，发挥着不可替代的作用。习近平特别强调，“只要每个基层党组织都能发挥战斗堡垒作用……党的执政基础就能坚如磐石”②。由此可见，只有壮大基层党组织力量，充分发挥其组织优势，才能将广大群众动员起来，从而使党执政的群众基础更加坚实。

（二）党群干群关系明显改善

党的十八大以来，中国共产党进行了全面从严治党、加强党的作风建设，使群众对党的满意度显著增强。国家统计局的入户调查数据显示：“人民群众对党风廉政建设和反腐败工作的满意度，从十八大之前2012年的75%，逐年增长至2017年的93.9%。”③在初心和使命的滋养下，党员干部的宗旨意识不断增强，深入实际切实为群众办实事，群众对党的认同和支持与日俱增，党群干群关系有了明显改善。

---

① 中国共产党党内统计公报［N］. 人民日报，2021-07-01（05）.

② 鞠鹏 . 习近平在调研指导河北省党的群众路线教育实践活动时强调 充分调动干部和群众的积极性 保证教育实践活动善做善成［N］. 人民日报，2013-07-13（01）.

③ 中共中央组织部党建研究所编 . 全面从严治党这五年［M］. 北京：党建读物出版社，2018：264.

首先，不断加强和改善党的作风，使群众对党的满意度显著增强。我们党站在战略全局高度，将作风建设摆在突出位置，以前所未有之胆魄全面从严治党，极大化地改善了党的作风，使党的群众组织力有了明显增强。一方面，通过群众路线教育实践活动，人民群众深切感觉到领导干部的为民办事效率提高了，群众对党的满意度得到提升。人民论坛问卷调查中心发布的一项关于社会风气变革的调研报告显示，“41.3%的人民群众认为作风建设改善‘非常明显’，42%的人民群众认为作风建设改善‘比较明显’”①。另一方面，通过深层次、全方面的系列党内教育活动，“四风”问题得到了改善。一是形式主义问题得以扭转。对党的建设和发展而言，形式主义的危害不言而喻，如果任其发展，将会对党和国家事业造成毁灭性的影响。我们党对形式主义深恶痛绝，进行了系列专题教育活动，对党员干部进行理想信念教育，使其坚守初心使命，深入群众解决群众困难，尤其是群众诉求强烈的民生问题，保障群众利益，做群众的“勤务兵”。二是官僚主义作风得到遏制。官僚主义是影响党的肌体的“毒瘤”，如果任由其蔓延，终将影响党的纯洁性，因此，反对官僚主义是党一直以来的政治任务。在具体实践中，我们党通过加强思想引领，克服党内存在的官僚习气；面对官僚问题突出的现象，有针对性地进行整治；抓住关键少数，着力解决领导干部中的官僚主义问题。三是享乐主义与奢靡之风得到有效控制。通过“八项规定”等具体措施，整治公款吃喝、享乐奢靡之风，提高了党和政府的公信力，党的凝聚力、战斗力进一步得到提升。

其次，党员干部的宗旨意识不断增强。在理想信念的教育下，党员干部始终牢记初心使命，不断“增强宗旨意识……始终把人民放在心中最

---

① 人民论坛问卷调查中心．党风、民风如何相互作用、相互影响——关于社会风气变革内在逻辑的调查报告［J］．人民论坛，2016（12）：16-21.

高位置”[①]。党员干部自觉地站在群众立场，最大限度地为人民群众谋利益、谋福祉，群众观念得到进一步加强。随着各项专题教育的深入推进，党员领导干部服务意识增强，进一步拉近了同群众的距离。与此同时，广大人民群众也深刻地感受到党的政策能落地生根，与党员领导干部的沟通更近了一步。在全面从严治党的持续推动下，党的先进性与纯洁性建设不断增强，党员干部能够深入“查摆”和整改问题、深挖问题根源、自我剖析问题。通过党内批评与自我批评、专题民主生活会和组织生活会，民主氛围空前浓厚，广大党员干部的政治觉悟进一步提升。

再次，党员领导干部更加注重调查研究、深入实际解决群众难题。中国共产党之所以能历经风雨而屹立不倒，离不开有战斗力的党员队伍。党的十八大以来，我们党不断改善和保障民生，通过全面从严治党等手段，严格规范和打击了一系列违纪违规行为，密切了党群干群联系。“中国共产党人的初心和使命，就是为中国人民谋幸福”[②]，深刻体现了党为群众服务的决心。要坚守初心、践行使命，就必须站在群众立场，通过深入的调查研究，切实帮群众解决实际难题。只有时刻怀揣敬畏群众之心，自觉为群众谋利益，才能获得群众支持。正如邓小平所指出的，“中国共产党员的含义或任务……只有两句话：全心全意为人民服务，一切以人民利益作为每一个党员的最高准绳”[③]。在新时代背景下，党员领导干部必须深入基层，用心倾听群众心声，通过调查研究和深入走访，详细掌握人民群众所思所想，满足群众的利益诉求。在中国共产党的努力下，为人民办实事成为党员领导干部的坚定信念，最大限度地坚守了党的根本宗旨，凝聚了党

① 中共中央文献研究室．十八大以来重要文献选编（上）［M］．北京：中央文献出版社，2014：44.

② 习近平．决胜全面建成小康社会 夺取新时代中国特色社会主义伟大胜利［M］．北京：人民出版社，2017：1.

③ 邓小平文选（第1卷）［M］．北京：人民出版社，1994：257.

心和民心。

最后，党员领导干部对坚持走好群众路线的信念更加坚定。作为党的生命线，群众路线是党在长期的实践探索中形成的，与党的宗旨意识相辅相成。我们党一切工作的出发点都着眼于满足人民群众的利益诉求，为实现党的长期执政提供支撑。在宣传各项决策方针时，党员干部能够深入群众中去，及时准确地了解群众的诉求，掌握群众的思想脉搏，提高了决策的科学化水平。在群众路线的实践中，党员领导干部能够倾听群众心声，宣传党的宗旨理念，使群众感受到党的关怀，自觉凝聚团结在党的周围。

（三）人民群众获得感显著增强

习近平将"群众获得感"置于治国理政的宏大叙事框架，折射出"以人民为中心"的执政理念。在2015年的全面深化改革小组会议上，习近平首次提出要"把改革方案的含金量充分展示出来，让人民群众有更多获得感"[①]。2016年，在全面深化改革的关键时期，习近平进一步强调，要"把……是否给人民群众带来实实在在的获得感，作为改革成效的评价标准"[②]。自首次提出以来，"获得感"就以其暖心的话语体系、接地气的生活气息，不断深入群众"心坎"，引起群众的强烈共鸣。在党的十九大报告中，习近平进一步指出，要"使人民获得感……更加充实、更有保障、更可持续"[③]。由此可见，"获得感"的重要地位日益凸显，对党的执政提出更高要求。"获得感"的主体是群众，强调的是全体人民的获得感，要求改革政策惠及每个群众，彰显"人民至上"的价值情怀。"获得感"是指全方位的获得，包含物质和精神层面在内的获得。"获得感"不是主观臆想，而是切实感受，需要通过具体的实惠来体现。

① 科学统筹突出重点对准焦距让人民对改革有更多获得感［N］. 光明日报，2015-02-28（01）.

② 深入扎实抓好改革落实工作 盯着抓反复抓直到抓出成效［N］. 人民日报，2016-02-24（01）.

③ 习近平 . 决胜全面建成小康社会 夺取新时代中国特色社会主义伟大胜利［M］. 北京：人民出版社，2017：45.

首先，人民群众从实处有所“获”。“获得感”重在“获得”，具体而言，就是使人民享受到改革的实惠，从实处有所“获”。一是保障和解决群众的就业问题。党的十八大以来，我们党在民生领域取得了重大突破，通过各种优惠政策、提供公共保障服务，为失业群众提供就业保障，满足了群众的就业诉求。二是促进教育公平。教育是国之根本，是人民群众关切的重大问题。对此，我们党不断完善教育体系，注重教育资源的公平分配，致力于办好人民满意的教育。三是不断完善社会保障体系。我们党十分重视民生保障，在医疗、住房等重大领域加大改革力度，“全面建成覆盖全民……可持续的多层次社会保障体系”①，为人民群众筑起一道保护屏障。四是打赢脱贫攻坚战。党的十八大以来，摆脱贫困成为党的重心任务，也是增强群众“获得感”的伟大事业。在党的带领下，贫困人口逐渐减少，困难群众的生活有了可靠保障，从而能够信心百倍地加入全面小康的队伍中来。在脱贫过程中，我们党始终坚持人民利益至上，使群众享受到脱贫福利，于“实”处有获，于“真”处有得。

其次，人民群众自心底有所“感”。从字面来看，“获得感”由“获得”和“感”组成。前者是看得见的、于“实处”的获得；后者是主观感受和体验。只有群众有所“获得”，才能从内心深处有所“感”。党的十八大以来，“人民对美好生活的向往呈不断提升的历史趋势”②，“获得感”成为衡量民生水平的重要标尺，只有当人民群众享受到改革的实惠，才能产生获得感。“获得感”不是一蹴而就的，需要经过实践检验。改革是一项长期的系统工程，其成效不能立竿见影地被群众所感知。因此，除了看得见的利益之外，还要不断通过思想宣传，积极引导群众增强获得感意识。一是

① 习近平．决胜全面建成小康社会 夺取新时代中国特色社会主义伟大胜利［M］．北京：人民出版社，2017：47.

② 齐卫平．以获得感、幸福感、安全感满足人民向往美好生活的新时代需要［J］．国家治理，2017（44）：37–40.

对改革的认识。改革的长期性和复杂性，使群众不能在短时期感受到改革红利，因此，要向群众宣传改革成效和宣传改革过程，增强群众对改革的信心。二是加强核心价值观引领。面对改革的复杂性，加强对群众的正确价值观的引导至关重要。

最后，人民群众对未来有所“盼”。“民之所盼，政之所向。”[①] 只有不断满足群众的获得感，群众才能对未来有所期盼。随着改革取得的巨大成效，人民群众的获得感显著增强，对未来的憧憬更加热切。如何使这份获得感保持下去，成为影响群众未来所“盼”的重要因素。党的十八大以来，我们党致力于消除贫困、缩小贫富差距；全面从严治党，惩治贪污腐败；加强生态绿化、改善环境质量……这一系列实践，不断消除了群众的后顾之忧，使群众对未来的期盼更加热切。

（四）群众工作制度化水平大幅提升

党的十八大以来，中国共产党更加注重以制度建设推进群众工作的贯彻落实，把制度建设摆在突出的位置。通过“健全为人民执政、靠人民执政各项制度”[②]，群众工作制度化水平得到大幅提升。群众工作制度化是将群众路线的内涵外在化的过程，即把党的群众路线的宗旨、精神和要求集中起来，外化为指导群众工作的规范。同时，也是一个规范和制约广大党员干部的群众工作行为，提升群众组织力实效的举措。在新时代条件下，党的群众工作在制度化方面取得明显进展，主要包括干部联系群众走向制度化、干部问责制度走向规范化、群众检举制度走向健全化。这些制度化的要求，为增强党的群众组织力提供了明确方向和根本遵循。

首先，党员干部联系群众制度化水平明显提高。在党的群众工作中，

① 本书编写组．中共中央关于党的百年奋斗重大成就和历史经验的决议（辅导读本）[M]．北京：人民出版社，2021：129.

② 中共中央关于坚持和完善中国特色社会主义制度 推进国家治理体系和治理能力现代化若干重大问题的决定 [M]．北京：人民出版社，2019：8.

党员干部联系群众制度，是指党员干部通过与群众深入互动，达到情感共鸣，从而深入了解群众需求，并形成措施并提升的制度。一是干群联系沟通逐步制度化。通过实行调查研究，党员干部能够深入基层群众，广泛征集民意，不断了解社情民意，极大地提高了解决群众困难的本领；群众诉求回应机制有效完善，坚持干部接访、约访和回访相结合，真切对待群众的每一个意见，将群众所忧所难解决好、落实好；干群互动机制逐渐健全，坚持干部走出门、群众请进门，干群共商发展振兴大计，要充分利用网络平台，"走好走实"网络群众路线，增进干群网上即时互动，掌握网络民意发展走向。干部结对帮扶制度、志愿服务制度，"双向服务承诺"等创新机制不断落实，让群众得到贴心、暖心的立体式服务。二是密切联系群众逐步制度化。通过落实选派干部到基层挂职、任职制度，选派年轻干部和后备人才，深入基层，与群众实现"零距离"接触，做到服务群众在基层。党的十八大以来，在中央部署、各地落实基础上，出台了一系列密切联系群众的制度，包括推进"三深入"①、实行"四联户"②，开展"三同"体验③，定期接待群众来访、党政干部联系服务企业、健全为民服务体系，等等。这些措施在一定程度上使党的群众工作走上了制度化、规范化、常态化和实效化的路子。

其次，干部问责制度水平有力提升。在党群关系中，干部问责制度不可或缺，为规范和约束干部行为提供了基础和支撑。目前，对干部的问责工作由纪检监察机关负责。具体来说，通过定责、督责和问责这一套完整的程序，建立起完善有效的干部问责制度。这一制度的建立，对杜绝庸政、懒政行为，行政不作为、乱作为以及以权谋私等消极腐败现象起到了

① "三深入"指各级领导干部深入实际、深入基层、深入群众。

② "四联户"指通过领导蹲点联户、部门挂钩联户、干部结对联户、建卡经常联户直接联系和服务群众。

③ "三同"体验指领导干部驻村入户，与人民群众同吃、同住、同劳动。

极大的震慑作用。这一制度明确了责任追究的范围，主要包括因决策失误造成重大影响的；因渎职、玩忽职守造成重大损失的；因滥用职权造成违法行为的；因忘记初心使命致使国家造成巨大损失；等等。同时，对从严追责和减轻追责的行为也做了规定，并在实践中不折不扣加以实施。据中纪委网站报道，党中央十分重视问责制度，不断完善和落实主体责任制度。中纪委2014—2016年通报的238起典型问题中，总共问责397人次：2014年83人次，2015年85人次，2016年229人次。（不含党组织）被问责的397人次当中，一把手249人次，占总人次的62.7%。①

最后，群众检举制度体系不断健全。群众检举制度是有效预防和打击腐败问题的手段。党的十八大以来，为进一步从严管党治党，密切党群关系，各级纪委不断健全群众检举制度，在检举、控告和监督方面取得了明显成效。一是设立"举报监督专区"，引导群众积极参与反腐。为更好地接受群众监督和检举，各级纪委通过完善规范的检举流程和程序，对群众举报工作做了详尽部署。中央纪委、监察部公布信访流程，以便实时接受群众检举和监督。二是健全完善评价反馈制度。通过建立"下评上""民评官""基层评机关"等民主评价机制，领导干部能够自觉接受群众的民主评议。在此基础上，以座谈会、调查问卷、网上调查等形式对干部考核情况进行群众意见反馈。三是构建全方位监督制约机制。面对群众的检举和控告，能够严格依照程序受理，并有针对性地进行分工处理。在处理群众检举工作时，坚决纠正形式主义、拖延积压等问题，以刀刃向内的勇气实现监督全覆盖。这些有力举措，对规范领导干部决策、用权发挥了有效的制约作用。

① 中央纪委监察部网站．问责：全面从严治党的重要抓手 至2016年5月底全国共问责4.5万余名党员领导干部［EB/OL］.［2016-11-06］. https://www.ccdi.gov.cn/toutiaon/201611/t20161105_91833.html.

第六章

新时代中国共产党提升群众组织力面临的机遇与挑战

党的十八大以来，中国共产党在群众组织力建设方面取得历史性成就。但我们也要清醒意识到，党的群众组织力建设永远在路上，在全面建成社会主义现代化强国新征程上，要将党的群众组织力建设不断向纵深推进。本章从新时代党的群众组织力提升存在的多重机遇和面临的现实挑战出发，回答新时代中国共产党增强群众组织力何以必要的问题。一方面，必须看到，党的群众组织力在提升过程中面临历史性机遇，为其持续发展创造了诸多有利条件；另一方面，现阶段党的群众组织力建设面临严峻挑战，影响和阻碍党的群众组织力发展。因此，有效把握机遇、勇于应对挑战是中国共产党群众组织力得以增强和提升的应然要求。

一、新时代中国共产党提升群众组织力面临的机遇

在新的时代背景下，中国共产党提升群众组织力面临多重历史性机遇，国家治理效能彰显为党的群众组织力提升营造了有利环境，社会公平正义为党的群众组织力提升创设了良好条件，网络信息技术发展为党的群众组织力提升提供了重要渠道，群众政治参与扩大为党的群众组织力提升注入了强大动力。

（一）国家治理效能彰显为群众组织力提升营造新环境

党的十八大以来，为应对国内外发展大势，我们党不断提高国家治理水平，“为国家治理效能生成提供了巨大推力与深厚土壤”[①]。新时代条件下，我们党在国家治理方面取得了阶段性跃升。主要包括社会主义民主政治不断发展、国家行政体系更加完善、基层治理水平明显提高等，为中国共产党增强群众组织力营造了有利环境。

首先，社会主义民主政治不断发展，为增强党的群众组织力创造了政治环境。习近平指出，“发展社会主义民主政治就是要体现人民意志、保障人民权益、激发人民创造活力”[②]。在我国，社会主义民主政治离不开群众参与，只有提高群众的积极性和主动性，充分发挥群众的主体作用，才能促进民主政治的发展。同时，增强群众组织力需要民主政治的保障。完善规范的民主政治制度，不仅有利于贯彻党的群众路线，也为扩大群众政治参与提供了条件。制度优势的彰显是民主政治发展的有力证明，将党的各项政治制度贯彻到治国理政的各环节，有利于扩大群众政治参与和民主管理。更为重要的是，随着民主政治的发展，制度的重要性日益凸显，成为社会主义民主政治发展的关键。因此，只有不断完善政治制度，才能为民主政治的发展提供保障，才能将群众的政治参与制度化，从而使群众有序参与国家管理，形成团结一心的局面，不断增强党的群众组织力。

其次，深化党和国家机构改革，为增强党的群众组织力提供有力保障。进入新时代以来，随着世情、国情和党情的深刻变化，治国理政的任务更加艰巨。要提高国家治理效能，增强群众组织力，首先必须完成执政党自身的治理，通过不断自我革新，解决党和国家机构中存在的弊端。党的十八大以来，机构改革稳妥推进，在一些重大领域取得突破进展，为国

① 丁志刚，李天云．国家治理效能得到新提升：内在逻辑、战略意蕴与实现路径［J］．学习论坛，2021（05）：63-72.

② 习近平谈治国理政（第3卷）［M］．北京：外文出版社，2020：28.

家治理效能提升创造了有利条件。然而，党和国家机构设置还有待完善，与治国理政的要求还有一定距离。习近平指出，要始终坚持“执政水平和执政成效必须而且只能由人民来评判”[①]，不断深化党和国家机构改革，为增强党的群众组织力提供有力保障。机构改革是一项系统工程，更是一场自我革命，只有坚定改革决心，在党的统领下整体把握、系统谋划，才能形成强大合力，不断完善国家机构职能体系。随着时势的发展，机构改革必然面临更多问题。对此，必须以国家治理为导向，以服务群众为着力点，在群众关心的民生领域实现机构设置和调整，不断推进便民利民的政府公共服务，使党的执政发挥更大效能。

最后，基层治理水平的明显提高，为增强党的群众组织力注入动力。从国家治理现代化进程来看，社会治理特别是基层治理成为未来一段时间国家治理效能实现新提升、取得新突破的关键领域。因此，要不断提高基层治理水平，实现高效能基层治理与人民美好生活需要的有机统一。高效能的基层治理是动力保障，高品质的生活是目标指向，不断提高基层治理水平的过程，就是实现人民美好生活的过程。以人民为中心是我国国家治理现代化的鲜明底色，在社会主要矛盾转化的形势下，社会生活“新陈代谢”加速演化。人民对美好生活的需要，只有在高效基层治理的保驾护航中才能逐步加以解决。但从国家治理的实际情况来看，创造高品质生活的治理效能基础还有待夯实。因此，国家治理效能的提升离不开党的坚强领导，更离不开人民群众的参与。党在国家治理现代化中发挥着领导作用，人民群众在国家治理体系中当家作主的主体地位决定了其在实现高效能治理、高质量发展与高品质生活中的关键性作用。在党的主导下，人民积极参与国家治理是实现高品质生活的内在要求，有利于发挥我国治理体系的

① 中共中央文献研究室．十八大以来重要文献选编（上）[M]．北京：中央文献出版社，2014：698.

优势，实现与治理型政党的理论性优势和执政性优势相结合，在把制度优势转化为治理效能中形成合力，为美好社会的创建和人民美好生活需要的实现夯实基础。

（二）社会公平正义促进为群众组织力提升创设新条件

公平正义是中国共产党的价值追求，更是增进民生福祉的重要保障。可以说，社会公平正义连着千家万户，是党和政府吸引人民群众向心力的重要保障。改革开放以来，群众主体多元化，如何促进社会公平正义就显得尤为重要。为保障和改善民生，我们党“不断促进社会公平正义……使人民获得感、幸福感、安全感更加充实、更有保障、更可持续”[①]，为增强党的群众组织力创设了良好条件。

社会公平正义的实现不是一蹴而就的，有一个逐步完善的过程。中华人民共和国的成立，改变了广大劳动人民的社会地位，奠定了公平正义的基础。改革开放之初，随着社会的转型，面临着许多新情况。一方面，违背公平正义现象突出；另一方面，随着时代的发展，群众的自主意识明显增强，渴望得到公平的对待。因此，改变和完善分配制度，激发社会活力以提高经济效率，成为当时促进公平正义的有效途径。在改革开放的深入推进下，我国经济持续发展，由此带来的贫富差距也逐渐加大，公平正义成为缩小贫富差距的重要手段。我国围绕保障和改善民生，以公平正义为准则，全面调整利益分配格局。同时，为促进共同富裕，不断深化社会体制改革，优化分配制度，不断促进社会公平正义。党的十八大以来，通过对相关制度、保障体系的完善，人民群众获得了平等参与的权利。党的十八大报告提出，“公平正义是中国特色社会主义的内在要求”[②]，凸显了公

① 习近平．决胜全面建成小康社会 夺取新时代中国特色社会主义伟大胜利［M］．北京：人民出版社，2017：45.

② 中共中央文献研究室．十八大以来重要文献选编（上）［M］．北京：中央文献出版社，2014：11.

平正义的重要地位。中共十八届三中全会进一步强调“让发展成果更多更公平惠及全体人民”①，贯彻了共享发展理念，进一步彰显了公平正义的时代价值。

国家发展的目的是实现社会安定、增进民生福祉，这是促进社会公平正义的根本出发点和落脚点。新的时代条件下，我们党牢固树立公平正义的理念，时刻把人民的满意度放在第一位，集中力量解决矛盾和问题。首先，在经济上，完善分配制度。利益是影响社会公平的关键因素，因此，要破除城乡二元结构，保障全体人民的经济参与权。通过以城带乡、城乡一体的发展模式，给予农民更多的经济保障，实现公共资源均衡配置，以解决利益分配不均带来的问题。其次，在政治上，充分发挥制度的优越性，调动广大群众政治参与的积极性。推动各项政治制度创新发展，为公平正义的实现奠定制度根基。同时，不断推进法治建设，通过完善司法体制，建立一套公正权威的法治体系，以法来保障和维护人民群众的权益，让权力在阳光下运行。再次，在文化上，坚持为人民服务的创作导向。公平正义不仅体现在物质层面，更体现在精神层面。文化发展的最终目的是服务群众，只有坚持贴近群众的原则，才能创作出代表群众心声的成果。尤其对于落后地区，必须加快推进文化惠民工程，完善文化服务设施，保障广大群众的文化权益。最后，不断完善社会保障体系，使广大群众切实享受社会保障服务。以上这些领域的新变化都得益于公平正义的彰显。

新时代增强党的群众组织力，要进一步坚持公平正义的原则。作为人民群众最关切的问题，民生保障是实现公平正义的重要环节。正如习近平所指出的，“我们要牢记人民对美好生活的向往……努力抓好保障和改

① 中共中央文献研究室．十八大以来重要文献选编（上）[M]．北京：中央文献出版社，2014：512.

善民生各项工作。”[①] 唯有如此，才能营造公平正义的社会环境，激发群众的创造活力。具体而言，一方面，要依托制度来保障民生建设。目前，我国民生保障制度还有待健全，习近平指出，“加紧建设对保障社会公平正义具有重大作用的制度……努力营造公平的社会环境”[②]。另一方面，必须遵循共享原则加强民生建设。在实现公平正义的过程中，共享原则十分重要。民生保障的范围是全体人民，必须“使全体人民朝着共同富裕方向稳步前进，绝不能出现‘富者累巨万，而贫者食糟糠’的现象”[③]。只有这样，才能实现真正意义上的公平。

（三）网络信息技术发展为群众组织力提升拓宽新渠道

当前，网络信息技术迅猛发展，利用网络开展群众工作已成为不可逆转的时代潮流。在信息化条件下，网络媒体通过清晰的文字、直观的影像和生动的声音，弥补了传播时空限制的缺陷。习近平指出：“信息化为中华民族带来了千载难逢的机遇，我们必须敏锐抓住信息化发展的历史机遇，加强网上正面宣传。”[④] 显而易见，网络媒体的时代已经到来，成为党和政府开展群众工作、提供公共服务、提升社会管理水平的重要平台和载体。随着网络技术的迅猛发展，网民队伍不断壮大，如何利用网络民意增强群众组织力，成为新时代群众工作的重要内容。网络不仅是群众获取信息、表达民意的重要渠道，更是党和政府联系群众的纽带，在党的群众工作中发挥着重要作用。根据中国互联网络信息中心（CNNIC）2020年2月发布的《第49次中国互联网络发展状况统计报告》显示：“截至2021年12月，

---

① 新时代要有新气象更要有新作为 中国人民生活一定会一年更比一年好［N］. 人民日报，2017-10-26（02）.

② 习近平谈治国理政（第1卷）［M］. 北京：外文出版社，2018：96.

③ 习近平谈治国理政（第2卷）［M］. 北京：外文出版社，2017：200.

④ 习近平在全国网络安全和信息化工作会议上强调 敏锐抓住信息化发展历史机遇 自主创新推进网络强国建设［N］. 人民日报，2018-04-22（01）.

我国网民规模达10.32亿，较2020年12月增长4296万，互联网普及率达73.0%，较2020年12月提升2.6个百分点。”[①] 在增强党的群众组织力方面，网络新媒体不仅方便了党群沟通，也为党做好宣传工作提供了新平台，有利于党加强意识形态引领，更为群众监督提供了新模式，推动了党和群众之间双向互动关系的建立，有效增强了党的群众组织力。

网络新媒体使党群沟通方式更加便捷。受时代背景和网络技术限制，在传统的群众工作中，党与群众之间存在一定的空间壁垒，沟通力度不足。依托网络新媒体开展群众工作，可以打破时空和层级限制，使党群沟通更加便捷。首先，群众参与更加直接。在传统模式中，人民群众要表达民意，与党展开“对话”，要通过党政机关、信访部门等渠道，不仅耗费人力和时间，而且有一定的滞后性，无法实时表达自身诉求。网络新媒体具有传播速度快、时效性强的特点，可以不受时间、地域等限制，在网上发表看法，对党和政府进行监督。因此，网络新媒体以其显著优势，成为新时代党群沟通的重要平台，为促进党群互动提供了良好契机。其次，群众表达更为畅通。网络新媒体具有平等性和开放性，任何人都可以通过网络表达观点。在网络环境中，网民可以释放自我，展示自我，表达自我。再次，群众表达的积极性提高。在网络虚拟空间中，匿名性特征显著，在一定程度激发了群众的参政热情。在实体场域中，由于受各种因素的影响和限制，群众无法实现真实的意愿表达，党群沟通存在隔阂。而在网络空间，网民表达意见的安全感增强，可以在网络平台畅所欲言，表达内心真实想法，这在很大程度上调动了群众的积极性，有利于民意表达得更加畅通。最后，群众表达更为有效。在开放的网络环境中，每个网民都是平等的个体，他们可以实时表达自身诉求。在网络平台，网民既是信息接收者，也是信息发布者，可以自主浏览网络信息，并发表自己的想法，行使

① CNNIC 第49次中国互联网络发展状况统计报告［R］.2022-02-25.

自主表达诉求的权利。

网络新媒体为党占领思想舆论阵地提供了新手段。在互联网时代，舆论阵地是凝聚人心、增强党群沟通的重要阵地。作为宣传工具，网络新媒体是党极为重要的资源。只有占领舆论阵地，才能向群众传播正确的思想，增强党的群众组织力。在信息化的背景下，我们党顺应时代潮流，不断革新和掌握新媒体话语权，通过加强对网络媒体的引导，充分发挥对群众的宣传教育作用，牢牢掌握思想舆论阵地。在利用网络新媒体方面，我们党及时掌握网络发展动向，增强与新媒体的联系和互动，以拓宽党的宣传渠道，加强同群众的密切联系。我们党不仅利用网络发布政策，更借助其中介功能掌握民意，倾听不同群体的心声，及时了解网民诉求。对网络上的负面声音及时疏导，建立与群众之间的有效沟通，形成良性互动。我们党善于利用网络的优势，打造网络主流媒体阵地，使网民接受正确的意识形态引导，不受错误思潮的影响。在宣传党的大政方针方面，我们党充分利用网络阵地，使群众能够更加深入了解党的动态，确保人民群众和党始终站在一起、想在一起，共同为党的事业不懈奋斗。

网络为群众监督提供了新渠道。在网络时代，人民群众表达意见的方式有了新变化，能够通过网络平台表达自身的诉求，并通过党务公开、政务公开渠道对权力运行进行监督。这不仅有利于各种社会矛盾的化解，而且为群众提供了强化权力制约与监督的新渠道。从表面上看，新媒体对党和政府开展群众工作可能带来一些压力，但从长远来看，这不仅是时代发展的潮流，也会产生良性影响，无疑是利大于弊。新媒体的开放性和互动性，使信息透明化，为群众实施监督提供了新的渠道。法律赋予群众表达意见、行使监督的权利，在新媒体时代，群众的监督渠道更加广泛便捷，能够通过网络平台实时监督政府，使政府的管理更加科学透明。除此之外，网络不仅促进了群众的监督，而且也深刻地改变了党内的政治生态，消除了党内的形式主义，使服务群众工作落到实地。习近平强调指出："要运用信息化手段推进政务公开、党务公开……更好解决企业和群众反映强烈的办事难、办事慢、办事繁的问题。”[①] 在信息公开透明的情况下，政府更加注重为群众办事的效率，极大地改善了拖拉作风。对人民群众而言，网络的发展使群众参政议政更加方便，使权力更好地在阳光下运行。

（四）群众政治参与扩大为群众组织力提升注入新动力

群众的政治参与程度决定了党的群众工作成效，是衡量民主化程度、人民当家作主的重要体现。所谓政治参与，是指人民群众在合法范围内参与政治活动，通过自身力量影响国家决策的行为。新时代背景下，群众参与治国理政的意识不断增强，主要体现在参与人数的增多、参与途径和参与领域的拓展。群众政治参与度的提高有利于发扬民主，为增强党的群众组织力注入新的动力。

群众的政治参与度不仅依赖于经济和政治文化的发展，同时也依赖于社会发展的要求。群众政治参与经历了一个不断改革与完善的过程。在我国这样的后发展中国家，既需要民主集中制，也需要群众的有效参与。社会主义制度的建立为群众的政治参与提供了政治上的保证，表明我们党对民主、特别是对人民群众政治参与的重要性的认识有了进一步的提高。改革开放以来，群众的民主意识增强。在市场经济的转型阶段，我国经济结构发生了重大调整，利益关系也日渐复杂，群众只有通过政治参与，才能维护正当利益。在改革开放的推进下，各项制度不断完善，有力地保障了群众政治参与的规范性和有序性。在信息化、市场化、国际化深入发展的大背景下，群众的参与意识日益增强，对政治参与有着更高的预期和要求，这为我国民主的发展提供了动力，同时也为党的群众组织力奠定了良好的群众基础。

---

① 习近平在全国网络安全和信息化工作会议上强调 敏锐抓住信息化发展历史机遇 自主创新推进网络强国建设［N］. 人民日报，2018-04-22（01）.

进入新时代，由于社会转型，产生了“新群众”。与过去相比，群众已不再仅仅是“追随者”的角色，自主意识、权利意识和创造意识凸显，在政治参与中逐渐发挥着主体作用。一是在国家治理体系中发挥着重要参与作用。随着全面改革的深入，“各利益群体对分享改革红利的期盼愈加强烈，各种利益关系交织在一起且博弈之态愈发明显”①，构成了国家治理的复杂性，使治理体系不断完善和推进面临挑战。为更好地提高国家治理水平，构建起一个政府、社会和群众共同参加的互动网络就显得尤为重要。其中，群众的政治参与为国家治理体系形成发挥了重要作用，而国家治理体系也为群众的政治参与开辟了广阔的空间。在现代治理结构中，群众参与国家治理的途径增多，这样不仅可以培养群众政治参与的积极性，而且能够提高国家治理效能，充分发挥治理在党的各项工作中的重要作用。二是在协商民主中发挥着政治参与作用。由于渠道不畅，造成群众的利益诉求无法实现，从而逐渐丧失参政热情和积极性。因此，建立畅通的表达渠道十分重要，这是扩大群众政治参与的首要前提，也是完善协商民主体系的必然要求。三是在基层自治中逐渐发挥参与作用。基层是群众工作的主阵地，只有激发基层群众的参与活力，才能将群众组织起来。党的十八大提出：“要健全基层党组织领导的充满活力的基层群众自治机制，以扩大有序参与……保障人民享有更多更切实的民主权利。”②作为党的群众工作的战斗堡垒，基层群众自治是我国民主的广泛实践，也是实现群众参与的重要形式。基层与群众的生活紧密相关，在基层这个阵地，群众能够直接参与管理公共事务。在基层选举中，群众掌握着对基层干部的选举权，能够充分发挥群众主体性，对发扬民主、促进群众参与意义重大。总而言之，扩大群众政治参与不仅是民主发展的需要，更是新时代群众工作的

---

① 洪向华．群众工作力［M］．北京：国家行政学院出版社，2013：55.

② 中共中央文献研究室．十八大以来重要文献选编（上）［M］．北京：中央文献出版社，2014：21.

必然要求。

二、新时代中国共产党提升群众组织力面临的现实挑战

增强党的群众组织力是我们党战胜困难、继续前行的动力源泉。党的群众组织力发展必须不断与时俱进，充分利用和把握时代机遇以更好地适应新的实践要求。但新时代党的群众组织力发展尚未满足实践发展需求，主要包括党内脱离群众的问题依然存在，社会主要矛盾转化引发新问题，网络群众工作水平亟待提高，部分基层党组织功能虚化弱化，群众工作体制、机制有待创新。这些现实难题成为新时代增强党的群众组织力的主要挑战，亟须高度重视并加以解决。

（一）党内脱离群众的问题依然存在

中国共产党执政的最大优势是密切联系群众，最大危险是脱离群众。在革命战争年代，由于生存环境恶劣，党要实现革命任务，必须密切联系群众，做好群众工作。在取得执政地位后，党的生存环境发生了巨大转变。在经济利益的驱动下，部分党员干部理想信念淡漠，丢失了初心和使命，官僚主义、贪图享乐、消极腐败等思想滋长，使党面临脱离群众的危险。随着改革开放的推进，市场经济迅速发展，其负面影响催生了官僚主义风气，割裂了党群之间的密切联系。党的十八大以来，全面从严治党取得一定成效，但脱离群众现象依然存在。对此，习近平强调指出："党内脱离群众的现象大量存在，一些问题还相当严重，集中表现在形式主义、官僚主义、享乐主义和奢靡之风这'四风'上。"[①]"四风"问题如果不清除，中国共产党便很难将人民群众组织动员起来，党长期执政的底气和根基也会随之动摇。

---

① 中共中央党史和文献研究院．习近平关于力戒形式主义官僚主义重要论述选编［M］．北京：中央文献出版社，2020：20.

形式主义是党和群众之间的“隔离墙”，是密切党群关系的天敌。党的十八大以来，党中央推进全面从严治党，坚决狠刹“四风”，取得显著成效。当前，随着形势的发展变化，形式主义之风依然存在，表现在思想、工作、作风等各方面，对增强党的群众组织力极为不利。从根本上来说，“形式主义实质是主观主义、功利主义，根源是政绩观错位、责任心缺失”[①]。当前，形式主义主要有以下几种表现。一是思想层面的形式主义。部分党员干部说话办事“假大空”，表里不一；不遵循客观发展规律，违背实事求是原则；喜欢高调张扬，空话假话连篇，理论与实践相脱离。二是工作层面的形式主义。一些领导干部高高在上，脱离群众，不深入群众了解情况、解决问题，而只是热衷于“为官一任，轰动一方”，工作图形式、摆样子，凭手上的权力来捞取政治资本；有的领导干部满足于在办公室靠现代通信“搞调研”、听汇报，凭经验想点子，想当然做决策，提一些过头的口号；有的领导干部热衷于搞节庆活动、评比表彰，投入大量人力财力，一味地追求“面子工程”，群众急需解决的问题被搁置一边。三是会议中的形式主义。一些领导干部深陷文山会海，会上各种空话、套话、废话层出不穷，会议简报空洞无味。在落实工作的过程中，一些领导干部习惯于开会议、发文件，结果就是文件越发越滥、会议越开越多，实际工作仍旧原地踏步。四是调查研究中的形式主义。一些领导干部下基层时间少，开会和听汇报的时间远多于走访群众的时间，吃饭应酬的时间远多于调研的时间。结果调研变成了应酬，只听到基层官员的好话，没听到群众的真话，导致对基层情况了解不深、研究不透，调研效果大打折扣。以至于做出的决策和工作实际脱节，小则影响工作推进，重则激发干群矛盾。五是学习中的形式主义。一些领导干部爱做表面文章，布置学习任务

---

① 中共中央文献研究室．习近平关于党风廉政建设和反腐败斗争论述摘编［M］．北京：中央文献出版社，2015：75.

不从实际出发，组织考试弄虚作假；学习成果不在联系思想实际上下功夫，不在指导工作实际上花心思；学而不信、学而不用，空对空、走过场，一些领导干部甚至为了一纸文凭弄虚作假；等等。上述种种形式主义表现充分说明，部分党员干部在思想上、感情上、工作上脱离了群众，破坏了党在群众心目中的形象，如果不加以重视和解决，必将造成党群关系割裂，影响和动摇党的执政根基。

官僚主义背离党的宗旨使命，是党和人民群众的大敌。“官僚主义……根源是官本位思想严重、权力观扭曲，做官当老爷，高高在上，脱离群众，脱离实际。”[①]部分党员干部习惯以自我为中心，热衷于玩弄权力，漠视群众，唯我独尊，严重破坏党内政治生态。党内的官僚主义具体表现为以下几方面：一是高高在上、脱离群众。部分领导干部对群众疾苦和诉求敷衍，不愿深入基层同群众“面对面”，将群众工作视为负担，甚至为了一己私利，不惜损害和牺牲群众利益；有的对上曲意逢迎，对下颐指气使，在开展工作时习惯于发号施令，独断专行，官气十足，丝毫没有为民服务的仁心。二是拉帮结派、任人唯亲。党的十八大以来，通过全面从严治党，党内官僚主义有所收敛，但仍有部分领导干部一意孤行，热衷于“跑关系”“拉圈子”，企图为自身找“政治靠山”；有的以官谋利，利用职务和权力任人唯亲，大兴“裙带之风”，破坏选人用人规则；等等。三是急功近利、不顾大局。作为领导干部，最重要的就是要有大局意识。凡事顾全大局，以群众利益为重。但在现实中，依然有部分领导干部只重眼前利益，急于干出政绩，从而忽视了民生工作，损害了群众的合法利益；有的脱离实际和群众意愿，大搞“面子工程”，不仅劳民伤财，而且造成了干群关系的疏离。四是不敢担当、不敢作为。在全面从严治党之下，有的

① 中共中央文献研究室．习近平关于全面从严治党论述摘编［M］．北京：中央文献出版社，2016：153–154.

领导干部“懒政”“怠政”，抱着不犯错、得过且过的心态开展工作；有的对上级的部署和安排照本宣科，不顾实际加以生搬硬套，敷衍了事，一旦出问题则推诿扯皮、不敢担当；有的奉行“好人主义”，不敢做批评与自我批评，回避矛盾，对违反纪律和原则的姑息迁就，导致干群矛盾愈积愈深。五是表里不一、与民争利。作为人民公仆，有的领导干部表面以群众利益为重，实则阳奉阴违，利用职务之便为个人谋私利；还有部分领导干部无视规章制度，奉行“实用主义”，于自己有利的就执行，不利的就忽略，人前人后两种面目，严重损害了党在群众中的形象。由此可见，官僚主义作风在党内没有得到根本遏制，表现形式五花八门。因此，反对官僚主义必须驰而不息，久久为功，将其作为一项长期性、经常性的工作加以重视，不断净化党内政治生态，建立党与人民群众之间的“鱼水关系”。

享乐主义是麻痹党员领导干部身心的精神鸦片。在市场经济中，部分党员干部将艰苦奋斗的优良传统抛诸脑后，在工作中不思进取，贪图享乐。从大的方面看，一是在我们党长期执政的背景下，淡忘了党的宗旨，产生了精神懈怠，贪图享乐；二是在社会主义市场经济条件下，禁不住种种诱惑，在工作中走过场、走形式，将大量空闲时间放在享乐上。思想空虚，精神颓废，只追求物质享受，认为及时行乐才是王道，迷恋于灯红酒绿，缺乏高尚的情操和充实的精神生活。有的安于现状，满足于现有成绩，不愿吃苦受累，甘于平庸和碌碌无为。还有一些领导干部贪图名利，迷恋特权，小到衣食、大到住行都要搞特殊化，将“职位”等同于“地位”，凡事讲究排场和面子，造成不必要的资源浪费……以上享乐主义的要害都是“精神懈怠、不思进取，追名逐利、贪图享受，讲究排场、玩风盛行”[①]。如果不加以遏制，不仅会使追逐物欲之风盛行，而且久而久之会导致党员干部理念信念全无，目中无群众，心中无国家，最终动摇党的执政根基和

---

① 中共中央文献研究室．十八大以来重要文献选编（上）［M］．北京：中央文献出版社，2014：312.

群众基础。

奢靡之风破坏了党的先进性和纯洁性，人民群众深恶痛绝。中国共产党得民心，靠的是与群众同甘共苦，而如今，部分党员干部已然忘记了共患难的人民群众，在生活中铺张浪费、挥霍无度，与党的宗旨和群众要求背道而驰。有的领导干部享受着职务带来的优厚待遇，出行前呼后拥，接待超标依然安之若素，沉迷其中无法自拔；有部分领导干部大兴土木，耗巨资修建豪华办公场所，讲究排场和体面，腐化堕落；还有一些领导干部热衷于造节办节，节庆活动泛滥成灾，不仅对开展工作没有实质性帮助，而且劳民伤财，造成极大浪费；等等。社会风气愈来愈浮躁，物质享受形式五花八门，物欲横流，更容易助长奢靡之风。尽管追求高质量生活合乎情理，但若严重超出标准和要求，不仅造成极大浪费，而且助长奢靡之风，败坏社会风气，久而久之使干群之间隔了“墙”、离了“心”，弱化党对群众的凝聚力和号召力。

（二）社会主要矛盾转化引发新问题

在新时代，我国发展既处于重要战略机遇期，又处于社会矛盾凸显期，对党的群众工作提出新的更高要求。党的十九大报告提出，“我国社会主要矛盾已经转化为人民日益增长的美好生活需要和不平衡不充分的发展之间的矛盾”[①]，准确把握了矛盾发展的新动态。发展中的不平衡、不充分问题依然突出，导致供需之间不对等，矛盾和冲突频发。这些无疑为新时代增强党的群众组织力带来严峻挑战。

随着改革的深化，人民群众的需求逐渐多元复杂。具体而言，美好生活包括民主、公平、安全和环境等，具有高层次性。随着经济发展水平的提高，人民生活水平极大改善，社会保障体系逐渐健全，使群众在得到物

① 习近平 . 决胜全面建成小康社会 夺取新时代中国特色社会主义伟大胜利［M］. 北京：人民出版社，2017：11.

质保障的前提下，有更多时间和精力追求高层次需要。我国经济发展进入“新常态”，社会结构也发生了深刻变化，阶层分化和流动加快。不同群体往往从各自利益需求出发，“物质诉求和精神需求相互交织，公共服务供给等民生问题与个人具体诉求相互叠加”①。群众需求多元使党组织群众的工作难度加大。在新的形势下，党的群众工作重心也发生变化，由传统的宣传、说教和纠纷处理，转变为协调利益矛盾、促进资源分配等复杂的治理。这种新变化无疑考验着党的执政能力和水平。当下中国正处于改革发展的阵痛期，发展中的不平衡、不充分成为最大“瓶颈”。从“不平衡”来看，城乡、区域、行业之间发展差距大，发展速度和层次差异明显，行业之间收入差距明显。科技发展、创新能力、环境治理、制度完善等方面有待提高。尤其是随着改革的深化，使深层次矛盾显化，使党的群众组织力面临的挑战和难度进一步增强。因此，只有正确认识社会的主要矛盾，深刻把握矛盾的动态变化，准确把握群众的多元诉求，及时调整矛盾解决策略，才能将党的群众工作落到实处，不断增强党的群众组织力。

群众诉求的复杂加剧了社会矛盾和冲突。一般而言，人的行为与所处社会环境与自身状况有着直接关联，不合理的社会利益格局及其固化带给人民群众的影响是广泛、深刻和长期的。社会分化为不同的阶层以后，对社会资源的占有、分配必然是不平等的，因为社会分层就是根据其对社会上各种资源占有的能力与实际状况来界定的。这些资源不仅包括物质层面，也包括精神层面。利益冲突也就主要表现为以下几方面：一是经济利益冲突。利益冲突是一切社会冲突的根源，而经济利益冲突是其中最常见的一种，它关系到人们的衣食住用行等维持生存和发展的最基本的生产和生活资料。按照马斯洛的需求层次理论，“解决人们生理上的需要是维持人类自身生存的最基本要求，只有人们的基本需求得到满足，才有时间和精

① 高新民 . 今天我们怎样走群众路线［M］. 长沙：湖南人民出版社，2014：69.

力去追求更高层次需求”[①]。二是政治利益冲突。政治利益是满足群众政治生活需要的，一方面，政治利益的满足以获得经济利益为前提，因为政治权力的获得和政治地位的提升，能为获取经济利益创造条件，为经济利益服务；另一方面，这种利益关系到一个人的尊严问题。按照马斯洛的需求层次理论，“政治利益是满足其中的第二个层次和第四个层次的需要，即安全需求和尊重需求的必要条件”[②]。韦伯也认为，政治地位和权力不一定仅仅是为了追求经济上的利益，政治权力有其自身不可替代的价值。三是文化利益冲突。文化利益是满足主体精神需求的利益，在五大利益中处于最高层面。正如布尔迪厄论证的“文化区隔”[③]现象，上流社会用各种文化实践和文化符号来显示身份和品位，把自己与其他阶层区隔开来。这些行为虽然没有直接侵犯其他阶层的利益，但其奢侈的花费加上高高在上、目中无人的行为，不时地刺激着其他阶层敏感的神经，导致不同阶层在心理上和情绪上的对立，是激化阶层矛盾与冲突的潜在因素。四是社会利益冲突。在各个阶层中，拥有较多社会利益的是管理者。陆学艺在当代中国社会阶层的研究报告中，将国家与社会管理者排在十大社会阶层之首，认为“他们属于社会的上层和中上层”[④]。他们通过公权力把社会利益转为个人或集团利益，从而对其他阶层的利益和公共利益造成了直接损害，普通群众由此产生抱怨不满也在所难免。这些利益冲突如果不加以重视和解决，会转化为矛盾冲突，对增强党的群众组织力造成严重影响。

（三）网络群众工作水平亟待提高

利用网络新媒体凝聚群众思想，已经成为做好群众工作、增强群众组

---

① 马斯洛 . 存在心理学探索［M］. 李文湉译 . 昆明：云南人民出版社，1987：137.

② 马斯洛 . 存在心理学探索［M］. 李文湉译 . 昆明：云南人民出版社，1987：71.

③ “文化区隔”不是基于简单的社会地位和拥有财富的数量来衡量，而是一个复杂的社会学和文化构成因素衡量的结果。

④ 陆学艺 . 当代中国社会阶层研究报告［M］. 北京：社会科学文献出版社，2002：9.

织力的便捷方式。党的十八大以来，中国共产党高度重视网络新媒体的作用，并进行了大量实践。作为一种新生媒介，网络是把“双刃剑”。由于网络的虚拟性和隐匿性，使网络舆论走向容易被反动势力“带偏”，严重威胁党的意识形态宣传。在网络便捷的情况下，广大群众参政的积极性比以往更加强烈，在网络平台畅所欲言，表达自身诉求。但部分党员领导干部对网络还未完全适应，不能及时引导网络舆情，导致网络群众工作陷于“被动”状态。因此，如何有效提高网络群众工作水平，这是新时代党的群众组织力提升面临的挑战。

网络媒体作为新兴媒体形态，凭借其巨大优势不断冲击着传统媒体，改变信息传播渠道。“新媒体正在全面渗透到社会生活的方方面面，并成为社会舆论最重要的传播载体。”① 在党的积极引导下，党员领导干部积极拓展群众工作方法，致力于走好网络群众路线。然而，在现实中依然有部分党员干部抵触网络，“身体已进入21世纪，而脑袋还停留在过去”②，没有意识到网络群众工作的重要性。主要表现在以下几方面。一是认为网络只是娱乐消遣工具，与群众工作关系不大。部分党员干部缺乏重视，认为没有建设网络群众工作平台的必要。面对新情况、新问题，视野狭窄，看不到网络为动员群众带来的便利，也对网络群众工作缺乏信心，对网络平台的利用不够。二是存在网络群众工作乏力现象。网络新媒体具有强烈的开放性和互动性，群众能够及时表达心声，与党和政府进行互动。然而，面对网络上的发声，部分党员干部出现失语、雷语现象，顾左右而言他，不能切中要害地回应群众呼声。另外，在与群众进行网络互动时，部分党员干部缺乏耐心和热情，不重视利用网络平台展开互动。三是部分网络政务

① 范以锦，邬茜．从跟随者回归到引领者——论新媒体时代传统主流媒体的舆论监督地位［J］．传媒，2009（09）：71-72.

② 习近平在莫斯科国际关系学院发表重要演讲时强调 建立以合作共赢为核心的新型国际关系［N］．人民日报，2013-03-24（01）．

系统效率低下。尽管目前网络群众工作的平台建设较为完善，但在实际工作中，网络平台沦为形式，无人监管，部分新媒体平台成为“空壳”，长期处于不更新状态。部分党员干部依然保持传统思想，认为网络群众工作“不靠谱”，对网络平台不加使用，依然用传统媒体来解决问题，处理政务效率低下。因此，在互联网时代，党员干部必须提高网络群众工作水平，利用网络媒体把群众组织起来。

对网络媒体的监督力度有待加强。网络群众工作的开展离不开监督。在网络媒体透明化的情况下，党员干部暴露在媒体监督之下，若作风不正、散漫懈怠，便会引发群众不满。主要存在以下三方面问题。一是网络群众工作滞后，与新媒体监督不相适应。在实际工作中，部分党员干部的群众观念淡薄，不重视利用新媒体技术，工作方式滞后，与群众脱节，无法及时掌握群众动态。二是作风有待改善。新媒体的隐匿性特点，为群众“发泄”提供了便捷平台。群众的眼球更多集中在对党员干部的监督上，一旦党员干部违法乱纪，便会受到广大群众的谴责。因此，党员干部必须加强自身作风建设，得到群众的信任。三是党员干部对监督的态度有待转变。党对新媒体的监督极为重视，但在现实生活中，部分党员干部缺乏包容态度，一旦受到群众监督，便如临大敌，认为是在“挑刺儿”。有的对待批评不够理性，调动各种关系向媒体施压，或目中无人，不接受批评和监督。

运用网络媒体做好群众工作的机制不健全。互联网以其快速、便捷的优势，为网民提供了信息获取的平台。大多数党员干部能以积极的心态迎接信息时代的到来。然而，网络信息包罗万象、真假难辨，一旦利用不好，便会成为负面舆论的“发酵池”，严重影响网络群众工作开展。自网络群众路线提出以来，依然没有形成健全的机制。具体来说，主要存在以下问题。一是传统媒体向现代媒体过渡缺乏有效衔接。在当前的舆论宣传中，网络媒体对传统主流媒体造成极大冲击。一直以来，报纸、期刊、广播、电视等传统媒体是党进行舆论宣传的主阵地。随着互联网时代的到来，群众可以通过网络与党进行互动沟通，传统媒介的作用日渐减弱。由于传统与新兴媒体之间缺乏有效衔接，导致二者的传播方式和手段对立，不仅影响舆论阵地的坚守，而且导致党对群众的组织力弱化。二是对网络媒体的监管力度不足。网络是一个平等的交流池，每个人都有发言权，可以自主地发布信息、拓宽交流渠道。但在同时，网民借助网络泄愤的现象屡禁不止。因此，如何从立法层面强化网络监管，营造良好的网络舆论风气尤为重要。在互联网发展初期，我国就将网络纳入法制管理之中，但随着新兴媒体的发展，网络立法出现主体多元、监管滞后、执法不严等问题，导致网络信任难以形成。三是网络实名制举步维艰。我国在互联网治理中引入实名制，但由于网络的复杂性，实名制的落实尚需时日。四是党政机关信息处理能力不足。面对庞杂的网络信息，党政机关的信息处理效率低下。据统计数字显示，“当今中国80%的信息资源集中在政府部门，但其信息处理能力大约只相当于世界平均水平的2%”①。由此可见，在信息处理能力方面，我国依然处于落后状态，这也导致党政部门无法承担网络引导任务，在面对突发性网络事件时，不能及时提出对策。

（四）部分基层党组织功能虚化弱化

基层党组织是凝聚群众的重要阵地，基层组织软弱涣散，群众工作基本白干。党的十八大以来，党中央坚持大抓基层导向，“持续整顿软弱涣散基层党组织，推动基层党组织全面进步、全面过硬”②。各地党政部门为深入贯彻中央精神，积极安排驻村干部，增强基层党组织覆盖率，截至2021年6月5日，“全国29693个乡镇、113268个社区（居委会）、491748

① 祝春明，余文霞．网络媒体视域下党的群众工作创新研究［J］．求实，2014（12）：26-29.

② 习近平．在全国组织工作会议上的讲话［M］．北京：人民出版社，2018：6.

个行政村已建立党组织，覆盖率均超过99.9%”[①]，改变了基层党组织弱化虚化现象。但随着社会的发展，基层党组织也发生了新变化，仍有部分基层党组织的组织功能虚化弱化，战斗力减弱。主要表现在基层党组织设置、基层党组织资源运用和基层党组织运行机制等方面。

部分基层党组织设置存在“短板”，组织功能弱化。在很大程度上，党的组织力量得益于基层党组织，基层强则组织力强。从总体来看，基层党组织较以往有了明显改善，但是，依然有部分基层党组织存在“短板”存在弱化、虚化和边缘化问题。首先，基层党组织弱化严重。由于党员离开原来的党组织，使部分基层党组织长期处于“空心”状态，主要表现在以下三方面。一是政治领导功能弱化。部分基层党组织由于地处偏远，对党的方针政策一知半解，在实际工作中敷衍搪塞；有的基层党组织脱离群众，开展工作以自我喜好为主，制定规章制度也是“自娱自乐”，与群众之间的隔阂加深；有的基层党员干部政治觉悟低下，核心意识弱化，与党的宗旨相背离，削弱了党的纯洁性和战斗力。二是坚守舆论阵地功能弱化。长期以来，部分基层党组织缺乏战略定力，面对复杂的舆论场，无法保持平常心，对舆论导向的把握不精准；部分基层党组织易受错误思潮侵蚀，对待大是大非态度不坚决，不能很好地向群众传播主流意识形态，缺乏斗争意识；个别基层党员干部漠视理想信念、崇洋媚外，抛弃主流价值观，以西方价值观为行动准则，导致组织内部自由主义泛滥。三是团结群众功能弱化。部分基层党组织领导班子之间不团结，常因琐事“内讧”，导致组织一盘散沙，在群众中缺乏威信；有的基层党员干部推卸责任，不愿做群众工作，对群众缺乏热心和耐心，导致党群关系紧张；部分基层干部不深入基层，使基层党组织成为可有可无的“鸡肋”。其次，基层党组织虚化。长期以来，一些基层党组织“形同虚设”。尤其是农村地区，大

① 中共中央组织部．中国共产党党内统计公报［N］．人民日报，2021-07-01（05）．

批年轻人外出务工，留守老人和儿童占大多数，基层党组织未能发挥其组织功能。最后，基层党组织边缘化。主要表现为以下三方面。一是不重视做群众工作。对农村基层干部来说，在做好本职工作的同时，还要投入精力在农作上面，因而忽视群众工作，只关注“小家”发展，服务群众意识淡化，对于上级安排的任务敷衍了事，大多“走形式”。二是群众工作方式僵化。部分基层干部缺乏创新意识，拘泥于传统方式，简单粗暴。三是不能带动群众发家致富。对群众而言，摆脱贫困、发家致富是他们的心愿，有的基层干部在脱贫工作中大搞形式主义，挖空心思“做材料”，因而也调动不起群众的积极性。

“任何一个组织发挥作用都离不开一定的物质支持，强大的物力和财力支持是一个组织发挥作用的前提。”[①]强大的组织资源是凝聚人心、汇聚力量的重要基础，决定着组织成效。一段时期以来，由于人口流动，很多基层党组织的组织资源短缺，严重影响组织功能的发挥。首先，可供支配的人力资源不足。随着城镇化的发展，众多农村青年去往大城市，农村中留下的大多是老人和儿童，无法组织起来开展活动。具体而言，一是基层党员干部思路死板，大局意识不强，不能引领群众发家致富。在开展活动时，由于人员有限，组织效能大大减弱，无法将政策落地生根。二是基层党员难发展的问题。一方面，基层组织发展党员指标有限，无法吸收更多新鲜血液加强基层党组织建设；另一方面，基层组织的感召力不强，群众入党意愿不强，认为入党无用，或由于长期不在当地生活，不符合党员发展条件，造成基层党员队伍不足。党的十九大报告指出，必须“注重从产业工人、青年农民、高知识群体中和非公有制经济组织、社会组织中发展

① 田改伟．如何有效防止基层党的领导虚化弱化［J］．中国党政干部论坛，2020（07）：56-59.

党员”①。三是组织动员群众难度大。由于基层的生产、生活都以家户为单位，群众通过劳动，就能实现自给自足，在生活上不用依靠党组织，因而参与组织活动的热情不高。其次，可供支配的物力、财力资源不足，因而无法正常开展组织活动。

部分基层党组织机制有待完善。目前，基层党组织的机制尚不健全，影响组织功能的发挥。首先，民主集中制作用发挥不足，决策缺乏民主化。具体来讲，一是部分基层干部大搞“一言堂”。由于部分基层党组织（尤其是农村）地处偏远，长期处于组织“盲区”，“一言堂”现象突出，部分基层干部独揽大权，凭自己的喜恶做决定，不征求班子其他成员的意见，导致基层党组织活力不足。二是个别基层干部素质有待提高。个别基层组织干部修养欠缺，个人主义严重。当别人提出反对意见或自身利益受损时，处理方式往往过于极端。要发挥基层党组织的核心作用，必须从党员干部入手。因此，发挥党员的先锋模范作用，是增强基层党组织动力的关键。

（五）群众工作体制机制有待创新

当前，群众工作面临许多新情况和新问题，如何适应新的发展需求，探索行之有效的群众工作体制机制，成为新时代增强群众组织力的必然要求。在市场经济的作用下，群众的主体意识和价值观念均发生了巨大变化，而部分党员干部对群众心理知之不深、对群众工作现状把握不够，既没有找到组织群众的规律，也没有探索到符合群众需求的方式方法，在群众工作方面存在思维僵化、手段单一、方式陈旧等问题，不符合当前群众工作的发展要求。习近平强调，党员干部要“增强群众工作本领，创新群

① 习近平．决胜全面建成小康社会 夺取新时代中国特色社会主义伟大胜利［M］．北京：人民出版社，2017：66.

众工作体制机制和方式方法”[①]。在组织群众方面，党员干部除了提高自身能力和水平之外，重要的是群众工作方式方法。只有把握时代特征、遵循时代规律、顺应时代潮流，不断创新群众工作机制，才能有针对性地做好群众工作，增强组织群众的实效性。

民生诉求表达机制有待进一步创新。“畅通有序的民生诉求表达机制是群众工作的核心内容。”[②]在革命年代，为掌握民情，中国共产党大搞调查研究，解决了千百年来农民关注的土地问题，而且对群众疾苦感同身受，设身处地为群众着想．“有事找组织”是群众反映诉求的重要途径，党与群众之间建立起了良好的沟通渠道。而在经济市场化的今天，群众工作面临的问题层出不穷。党内部分领导干部脱离群众，官僚主义盛行，群众求告无门，导致党群关系一度紧张。当前，依然有部分党员干部群众工作不得要领，与群众沟通的方式方法死板老套，不懂创新和变通；有些党员干部只注重群众的物质诉求，只管吃饱穿暖，对群众的精神诉求视而不见；有的党员干部不重视心理疏导，工作方法简单粗暴，打压群众，引发群众抵触情绪……在习近平看来，群众工作不能强制。党员干部一定要摆正位置，时刻谨记为民服务的宗旨。在民生诉求表达方面，“门难进、脸难看、事难办”是群众深刻的感受，也是群众最痛恨的问题，长此以往，必将阻碍党群之间的有效沟通，造成“信息闭环”，因此，党员干部必须转变工作思路，不断创新民意诉求表达机制，要从根本上满足新时代群众工作的要求。

密切联系群众的制度机制有待进一步创新。作为联系群众的承担者，党员干部在群众工作中扮演着重要角色。当前，由于缺乏具体实施的配套

---

① 习近平．决胜全面建成小康社会 夺取新时代中国特色社会主义伟大胜利［M］．北京：人民出版社，2017：69.

② 郭华，文学禹．新时代党的群众组织力提升的现实困境与制度创新［J］．江西社会科学，2018（7）：219-227.

制度，党密切联系群众在某种程度上成为摆设，无法发挥群众工作实效。部分群团组织作为联系群众的纽带，不能及时发挥作用，存在联系群众弱化现象。人大、政协等机关，由于机制不健全、紧跟时代动力不足等问题，联系群众不能实现常态化。除此之外，群众政治参与渠道不畅、单一化等问题，抑制了群众参政的积极性。尤其是对于弱势群体，缺乏保障制度和措施，影响社会的和谐安定。

联系群众长效机制有待进一步完善。经过长期的制度探索，党的一系列群众工作制度逐步建立健全，为增强党的群众组织力提供了制度保障。但也应清醒意识到，在党的群众工作中，联系群众长效机制经常出现“一阵风”现象。纵观党的发展史，走群众路线历来是优良传统。具体而言，在联系群众机制方面还存在以下问题。一是可操作性制度有待完善。在一些地方或部门，一味地大而化之强调联系群众的重要性，但在具体如何规范党群联系上十分笼统，可操作的措施少，很多仅限于宣传口号层面，缺乏具体落实和刚性约束力，最终使制度的实施流于表面和形式。二是规章制度的制定缺少群众参与。规章制度的最终目的是服务群众，脱离群众制定的规章制度，往往是华而不实，不接地气。尤其是在制定事关群众切身利益的规章制度时，如果不能使群众参与进来，就无法制定出符合群众意愿的制度，在实践中也很难贯彻实施，发挥不了应有的作用。三是制度的执行力不够。尽管某些规章制度已经比较健全，但在实践中的执行力较弱，缺乏实效性。不仅执行力不够，而且监督也不到位。从目前情况来看，有的本身就存在漏洞，有的因为缺乏群众监督，严重影响了联系群众长效机制形成，对党组织动员群众造成了极大的影响。

第七章

新时代中国共产党群众组织力全面提升的路径选择

增强党的群众组织力是新时代做好群众工作的重要内容，是我们党披荆斩棘、战胜艰难险阻的一大重要法宝。在深入剖析中国共产党群众组织力基本理论、系统考察十八大之前中国共产党提升群众组织力的历史演进、全面探讨党的十八大以来提升群众组织力的实践探索基础之上，本章针对现阶段增强群众组织力面临的主要挑战，探索性地提出新时代中国共产党群众组织力全面提升的路径。具体而言，从坚定理想信念、满足人民美好生活需要、利用网络媒体、发挥组织优势、完善体制机制五个维度入手，形成一个各维度之间通力合作的系统性工程，以强化群众组织力的政治引领、落实群众组织力的民生保障、提高群众组织力的宣传效能、夯实群众组织力的组织根基、激发群众组织力的创新动力，进而从整体上全面增强党的群众组织力。

一、坚定理想信念以强化群众组织力的政治引领

理想信念是凝聚人心、促进全党团结统一的思想基础，为增强党的群众组织力提供方向指引。作为使命型政党，中国共产党因理想而生、为信念而立，如果理想信念缺失，党组织群众的任务就难以完成。理想信念就好比人骨骼中的“钙”，作为一种生命元素发挥重要作用。习近平指出，“坚定理想信念……是共产党人的政治灵魂，是共产党人经受住任何考验

的精神支柱”[①]。作为群众的“领头雁”，党员领导干部如果没有坚定的理想和信念，就不可能将群众组织和凝聚起来。在现实生活中，一些党员领导干部在作风上出了问题，归根结底是因为理想信念缺失、群众观念淡漠。对此，习近平强调，“理想信念坚定，是好干部第一位的标准……如果理想信念不坚定……政治上不合格……不是我们党需要的好干部”[②]。因此，新时代增强党的群众组织力，必须坚定理想信念，以党的作风建设为重要抓手，以强化党员干部党性修养为重要纽带，以提高党员干部政治能力为重要任务，如此，才能强化党的政治引领，不断增强党的群众组织力。

（一）以不断加强党的作风建设为重要抓手

理想信念作为一种精神指引，在党员干部组织群众中发挥着重要作用。从一定程度上说，党员干部的理想信念是否坚定，必然反映在作风方面。习近平强调指出：“党的作风就是党的形象，关系人心向背，关系党的生死存亡。”[③]党员干部的作风不良，就严重影响到党内政治生态平衡。因此，坚定党员干部的理想信念，要以作风建设为抓手，以此来强化对群众组织力的政治引领。

优良的作风对坚定理想信念至关重要。“加强和改进党的作风建设，核心问题是保持同人民群众的血肉联系。”[④]党的十八大以来，为净化党内政治生态，我们党以前所未有的决心全面从严治党，“打虎”“拍蝇”“猎狐”毫不懈怠，使党内作风问题得以很大改善。但与此同时，“四风”问

① 中共中央文献研究室．十八大以来重要文献选编（上）［M］．北京：中央文献出版社，2014：80.

② 中共中央文献研究室．十八大以来重要文献选编（上）［M］．北京：中央文献出版社，2014：338.

③ 中共中央宣传部．习近平新时代中国特色社会主义思想学习纲要［M］．北京：人民出版社，2019：232–233.

④ 习近平谈治国理政（第1卷）［M］．北京：外文出版社，2018：366.

题依然存在，以新的形式和样态蔓延，“腐败存量不少，增量仍在发生”[①]，动摇着党员干部的理想信念。因此，加强党的作风建设、密切党群关系，永远在路上。首先，牢固树立群众观点，增强宗旨意识。执政党的兴衰与人民群众息息相关，得民心者得天下，作风问题不根除，人民群众就无法真正相信党、依靠党。因此，在执政过程中，党员干部要树立良好的工作作风，真正为群众办好事、办实事，以强烈的使命意识打通党群关系“最后一公里”，取得让群众满意的工作成效。其次，对作风问题抓早抓小、常抓不懈。作风问题无关大小，要从早从小抓起，否则小问题将会变成大问题，积重难返，无从下手。除此之外，抓作风要持之以恒，切忌“一阵风”，习近平明确指出，“广大干部群众最担心的是问题反弹……最盼望的是形成常态化、常抓不懈、保持长效”[②]。只有将作风建设落实到每一项具体工作中，才能形成以上带下的示范效应，从源头上防微杜渐，将作风问题扼杀在萌芽状态。最后，坚持反腐“零容忍”。腐败问题是党和人民的大敌，任何时候都要加以严厉打击。在反腐败斗争中，要坚持“全覆盖、无禁区”的战略原则，继续保持高压反腐之态势，真抓实干、有贪必追，将反腐败问题牢牢印在共产党人的心里，防止反腐流于表面和形式。

作风建设永远在路上。从根本上来说，所有的作风问题归结为一点，都是由于脱离群众、官本位思想占据主位而产生。因此，要彻底解决党内存在的作风问题，就必须始终坚持人民立场，尤其是党员领导干部，要时刻以与群众的密切联系为工作的出发点，以群众问题的切实解决为工作的落脚点，从思想上重视自身作风问题，不断坚定理想信念，在实际行动中践行党的宗旨使命，将人民群众放在最高位置。与此同时，要采取多种教

---

① 中共中央宣传部．习近平新时代中国特色社会主义思想学习纲要［M］．北京：人民出版社，2019：239.

② 中共中央文献研究室．十八大以来重要文献选编（中）［M］．北京：中央文献出版社，2016：91.

育方式，让党员干部牢记党的宗旨、初心和使命，通过坚持走群众路线、坚持实事求是的思想路线，纠正错误的群众观、政绩观和权力观，以脚踏实地、真抓实干、壮士断腕的勇气净化党内不良之风，实现党群关系的良好互动。

（二）以强化党员干部党性修养为重要纽带

在坚定理想信念中，党性起着关键性作用。正如习近平所说的，“要以思想教育……为抓手，督促党员干部……增强党性修养”[①]。作为党员领导干部，只有持续不断加强党性修养，才能增强政治上的坚定性，以饱满的热情投入群众工作中去，担负起为民服务的使命要求。只有以党性为根本方向，以党性修养的提升带动人民群众积极向党凝聚和靠拢，才能不断增强党的群众组织力。

党性教育是共产党人的“心学”，党性修养是关系到党的事业的重大问题。中国共产党自成立之日起，就将党性修养作为共产党人的“必修课”，以提高党性修养来坚定党员干部理想信念，恪守为民谋幸福的初心。随着党的不断发展壮大，人民群众对党有了更好的期待，对党员干部的综合素养提出了更高要求。因此，党员干部必须驰而不息地加强党性修养，通过过硬的素质和能力服务群众，达到人民群众的要求。首先，必须树立问题意识，提高问题解决能力。所谓问题意识，就是要有敏锐的群众体察力，能够及时了解群众生活，积极回应并解决群众难题。可以说，党性修养是在为群众解决问题中锻造和提升的，党员干部的素养和能力如何，人民群众通过其做事态度和行为表现就能深刻感知。因此，树立问题意识，找到问题源头并解决问题的过程，就是党员干部提升党性修养的过程。其次，必须满足人民群众诉求。在做群众工作的过程中，党员领导干部要将

① 中共中央文献研究室．十八大以来重要文献选编（上）[M]．北京：中央文献出版社，2014：80.

解决群众诉求作为出发点，发扬愚公移山精神，不达目的绝不罢休，切实为群众解决正当诉求。如果党员干部只顾贪图享受，为一己私利而置群众于不顾，就谈不上是群众的好干部，更谈不上党性修养。最后，要永葆政治上的坚定性。在物欲泛滥的背景下，守住初心对部分党员干部来说显然不是易事。物质享受麻痹了党员干部的心灵，使其政治信仰不坚定，为民服务的动力不足。因此，任何时候党员干部都要警惕这些“糖衣炮弹”，以坚定的信念带领人民群众实现党的奋斗目标。

强化党员干部的党性修养，要在坚定政治信念、坚守政治立场、增强政治敏锐上下功夫。讲政治是对领导干部提出的一条根本要求，是避免其犯颠覆性错误的根本保证。强化党员干部的党性修养，必须从讲政治着手。首先，增强政治信念的坚定性。理论上清醒，才能政治上坚定，党员干部要加强自身理论学习，从思想和行动上与党保持一致，将坚定的政治信念贯彻到群众工作中，内化为服务群众的坚定力量，使党员干部的政治信念在实践中得到磨砺。其次，坚守政治立场的原则性。人民立场是党员干部党性修养的核心，习近平多次强调，“我们党来自人民、根植人民、服务人民”[①]，只有通过紧紧依靠群众，才能坚守政治立场。同时，要加强作风建设，抵制不良风气的影响，坚持人民至上原则，从人民中汲取智慧和力量。最后，强化政治鉴别的敏锐性。新形势条件下，面对形形色色的错误思潮，党员干部要具备鉴别是非的能力，不断增强政治敏锐度。面对大是大非，要时刻保持清醒头脑，坚决防止不明是非、不辨方向的现象发生；要敢于亮剑，勇于同错误思潮和言论做斗争；要坚持战略定力，一以贯之坚持党的领导，在波云诡谲的国内外大势中始终稳中有进；要树立底线思维，增强忧患意识，对损害国家利益的行为坚决“零容忍”。只

① 习近平．决胜全面建成小康社会 夺取新时代中国特色社会主义伟大胜利［M］．北京：人民出版社，2017：66.

有增强政治敏锐性，具备驾驭问题的能力，才能从容应对发展建设中的一切阻碍，不为金钱权力所诱惑，切实做好党的群众工作，增强群众组织力。

（三）以提高党员干部政治能力为重要任务

为坚定理想信念、增强党的群众组织力，党员领导干部要不断提高自身政治能力。习近平曾反复提醒党员干部“要善于从政治上看问题”①，并指出“在领导干部的所有能力中，政治能力是第一位的”②。提高党员干部的政治能力，就是要“不断提高政治判断力、政治领悟力、政治执行力”③。

首先，要坚定正确的政治方向，提高自身政治判断力。一方面，要坚持中国共产党的领导不动摇。回顾中国共产党的百年风雨历程，可以得出一条经验，那就是坚持党的全面领导不动摇，这是保障党的各项事业顺利发展的根本前提。因此，基于对必须坚持党的领导不动摇的正确判断，才能保持中国社会的稳定和欣欣向荣，才能保障人民生活更加幸福美好，才能不断接近实现党的奋斗目标。另一方面，坚持人民立场不动摇。要确保党沿着正确方向前进，必须牢牢守住人民立场，始终坚持以民为本的价值原则，将为民服务的宗旨落实到各个环节和过程之中。习近平在2019年3月会见意大利众议长菲科时说，“我将无我，不负人民”④，这是我们党根本立场的高度凝练。党员领导干部只有时刻以人民利益为出发点，才能直击本质问题、看清真相、坚定立场，由此提高政治判断力。可以说，牢牢坚持人民立场不动摇，是新时代增强党的群众组织力

① 习近平．在第十八届中央纪律检查委员会第六次全体会议上的讲话［M］．北京：人民出版社，2016：20.

② 习近平关于“不忘初心、牢记使命”论述摘编［M］．北京：中央文献出版社，2019：115.

③ 习近平．在党史学习教育动员大会上的讲话［M］．北京：人民出版社，2012：23.

④ 习近平关于“不忘初心、牢记使命”论述摘编［M］．北京：中央文献出版社，2019：17.

的根本价值遵循。

其次，要增强党性意识和政治鉴别力，提高自身政治领悟力。一方面，强化马克思主义的党性意识，增强政治上的鉴别力。要坚决服从党的领导，从方向上和意志上时刻与党中央保持高度统一，使党员干部的党性意识不断增强、政治领悟力不断提升，为新时代增强党的群众组织力提供思想意识保障。另一方面，增强政治鉴别力。政治领悟和政治清醒从根本上都源自在理论上的坚定，因此，党员领导干部要活学活用马克思主义的方法和理论，坚持以辩证的眼光分析和解决问题，坚定前进方向，认清事物的内核和本质，坚持在实践中发展马克思主义，吸收各种学科的知识进一步武装自身。由此才能在政治上明辨是非、保持定力，政治领悟力才能得以提升，方能在复杂的政治局势中应对挑战。

最后，要坚决贯彻执行党的政治路线，提高自身政治执行力。政治路线是坚持党的政治领导的主要途径。回顾党的近百年奋斗历程，政治路线始终影响着党的事业的兴衰成败。进入新时代以来，我们党坚定不移地走正确的政治路线，在坚持“一个中心，两个基本点”基础上，结合时代发展形势和特征，深入推进“五位一体”和“四个全面”布局，为实现党的第二个百年奋斗目标指明了政治方向。这条政治路线闪烁着马克思主义政治信仰的思想光辉，成为党和国家的生命线，从政治上领导着我国社会主义现代化建设的各方面工作。党的政治领导是需要贯彻执行的，因此，在执行政治路线的实践过程中，我们党以全面部署、认真对标、自觉校准的科学方式方法，使党员领导干部的政治执行力不断得以增强。

二、满足人民美好生活需要以落实群众组织力的民生保障

在新时代背景下，人民群众需求愈加广泛，逐渐由“生存型”转向“发展型”，呈现出高层次性特征，对增强党的群众组织力提出更高要求。而要满足人民美好生活需要，必须从破解民生难题入手。习近平明确强

调，“加强保障和改善民生工作，从源头上预防和减少社会矛盾的产生”[①]。具体来说，在实践中要把握人民美好生活需要和民生的关系，既要在满足人民美好需要中为保障民生创造条件，又要以改善民生为基础为人民美好生活需要奠定基础。只有如此，才能实现人民群众对美好生活的期待，不断落实群众组织力的民生保障。

（一）满足人民群众的全方位利益诉求

一切矛盾的根源都来自利益，在利益冲突之下，矛盾才会产生。新时代背景下，社会矛盾引发的冲突和问题成为制约民生的最大因素。因此，如何保障民生、维护群众的利益，成为解决社会矛盾冲突的首要目标。在百年发展历程中，党为人民谋幸福的初心始终未变，改善和保障民生的决心未减。民生连着民心，保障民生是群众幸福之基，也是化解社会矛盾之本。在党的十九大报告中，党提出“坚持以人民为中心的发展思想”[②]，牢牢抓住了民生之根本。具体而言，人民是党执政的力量之源，保障民生要坚持人民至上原则，不断在满足群众诉求中增强党的群众组织力。

以人民为中心是满足群众全方位利益诉求的价值旨归。人民群众的利益诉求不断升级，由物质层面逐渐转向精神层面，要全力满足群众的利益诉求，首先必须坚持以人民为中心。习近平指出，“以人民为中心的发展思想……不能只停留在口头上……而要体现在经济社会发展各个环节”[③]。在满足群众利益诉求的过程中，必须从以下几方面入手。一是坚持和发挥人民的主体作用。满足群众的利益诉求，归根结底还是要坚持人民的主体地位，制定符合群众需求的惠民政策，让群众成为利益的受益者，最大限度地顺应和满足群众的利益诉求。二是要增强以人民为中心的实效性。

---

① 习近平．习近平谈治国理政（第1卷）[M]．北京：外文出版社，2018：204.

② 习近平．决胜全面建成小康社会 夺取新时代中国特色社会主义伟大胜利 [M]．北京：人民出版社，2017：19.

③ 中共中央文献研究室．习近平重要讲话文章选编 [M]．北京：中央文献出版社，2016：401.

要将以人民为中心落实到具体政策中，在我们党的理念中，人民中心论从来都不是口号，而是要在一件件具体政策中得到体现，使群众增强对党执政的思想认同和情感认同。三是要制定规范有效的利民政策。满足群众的利益诉求，仅依靠群众的争取是远远不够的，还要有政策的积极引导。通过落实发展理念，不断增进民生福祉；通过深化改革，为群众利益诉求的实现提供支撑；通过加强法治建设，使群众利益实现有章可循；更要全面从严治党，为坚持人民至上，满足群众利益诉求提供政治保障。

补齐民生短板是满足群众全方位利益诉求的主攻方向。党的十八大以来，党和政府着力补齐民生短板，改善和保障民生，为满足群众全方位利益诉求提供了遵循。习近平多次强调，“不断改善民生是发展的根本目的”①。首先，积极完善就业政策，开拓就业门路。就业问题是关系民之生计的大问题，社会动乱多半是由于失业引起的。党和政府要利用新兴产业发展的机遇，不断开拓就业门路，提供更多就业机会。通过技能培训，培养群众的就业能力；鼓励创业带动就业。其次，实现教育事业的均衡发展。中西部、沿海与内陆、城市与农村的发展速度不同，导致教育资源配置不均衡。因此，要实现教育的高质量发展，必须加快资源流动，使各级各类教育均衡发展。同时，要“通过5G、互联网+、大数据等使优质教育惠及范围更广”②，实现教育资源的全覆盖，让所有孩子都能受到良好的教育。最后，推动医疗体制改革。当前，民生领域的突出问题之一就是看病难。近年来，党和国家不断完善医疗保障体系，通过医疗保险、合作医疗等渠道，使群众都能看得起病。但在部分地区，依然存在群众看病难问题。对

① 中共中央文献研究室．习近平关于社会主义社会建设论述摘编［M］．北京：中央文献出版社，2017：6.

② 李伟．互联网生活的异化与重构：从互联网时代人的生存状态谈起［J］．重庆邮电大学学报（社会科学版），2019（04）：101-107.

此，要进一步深化医疗改革，实现医疗资源分配均衡，加大对中西部和基层的医疗支持力度，促进医疗资源下沉，缓解广大基层群众看病难问题。

（二）坚持和贯彻新发展理念引领发展

发展是满足人民美好生活需要的基础和关键。在改革开放之初，我国社会的主要矛盾是“供给”与“需要”的矛盾。进入新时代以来，社会主要矛盾发生转化，物质供需矛盾已经得到解决，“发展”与“需要”的矛盾成为制约民生的最大因素。因此，依据现阶段的国情，新发展理念应运而生，成为解决发展中不平衡、不充分问题的重要依托。

贯彻落实协调、绿色和共享发展理念，解决发展中的不平衡问题。新发展理念作为新时代的发展观，符合社会主义发展规律。在新发展理念中，协调、绿色和共享发挥着“平衡杠杆”作用，为解决发展不平衡提供指导。首先，坚持协调发展，解决城乡、区域之间的发展不平衡。协调是持续健康发展的内在要求，一方面，要统筹城乡发展，将“三农”问题作为城乡协调发展的重点。在党的发展奋斗史中，“三农”是党和国家牵肠挂肚的大问题，“小康不小康，关键看老乡”[①]，要实现城乡一体化，促进城乡均衡发展，必须振兴乡村。随着改革的不断深化，“三农”问题得到很大改善。但在社会主义现代化进程中，农村依然是“短板”，成为城乡协调发展的阻碍。因此，我们要大力扶持乡村产业，实施“乡村振兴”战略，将解决“三农”问题作为改善民生的重点工程，补齐农村发展“短板”，实现城乡协调、共同发展。另一方面，要统筹区域发展，加大对中西部的支持力度。协调发展的另一重点是区域。从区域发展布局来看，“沿海的工业基地必须充分利用，但是，为了平衡工业发展的布局，内地工业必须大力发展”[②]。只

① 中共中央文献研究室．十八大以来重要文献选编（上）[M]．北京：中央文献出版社，2014：658.

② 毛泽东．毛泽东文集（第7卷）[M]．北京：人民出版社，1999：25.

有平衡沿海与内陆、东部与中西部发展，才能解决发展的不平衡问题。其次，坚持绿色发展，促进经济发展与环境保护之间的平衡。在粗放型发展阶段，我国发展经济以环境污染为代价，破坏了生态平衡。现阶段，我国经济发展以高质量为目标，提倡绿色发展，“既要金山银山，又要绿水青山”①。换言之，即通过人与自然和谐相处的模式，实现经济发展与环境保护“双赢”。最后，坚持共享发展理念，实现全民发展。在共享发展理念中，需要着力解决的是发展中的不公平问题，实现资源的共享配置。具体而言，各个领域都要坚持共享发展，使人民群众实有所获，促进社会公平正义。

贯彻落实创新和开放理念，解决发展中的不充分发展问题。当前，我国发展已不再是“单项发展”，而是全面的和高质量的发展。因此，必须落实创新和开放理念，解决发展的不充分问题。首先，创新是发展的第一动力。其中最为重要的是科技创新，只有发挥科技引领作用，才能转变发展方式、优化发展结构，使发展朝着高质量迈进。同时，通过不断创新，可以实现发展的追赶超越，补齐发展领域短板，为解决发展的不充分提供科技支撑。其次，必须坚持开放的发展理念。发展离不开开放。改革开放打开了国门，使我国的发展有了质的飞跃。如今，人类命运共同体已经形成，开放程度前所未有。我们要抓住开放发展的机遇，进一步深化，形成引进来与走出去并重的发展格局，形成面向全球、资源共享、信息互通的全方位发展格局。通过发展开放型经济，改善发展不充分问题。

（三）坚定不移发展全过程人民民主

发展全过程人民民主是满足人民美好生活需要的主要着力点。党的十八大以来，我国民主进程不断加快，在深刻认识民主发展规律的基础上，鲜明提出“全过程人民民主”的理念。2021年7月，在建党百年大会

① 习近平．习近平谈治国理政（第1卷）[M]．北京：外文出版社，2018：434.

上，习近平明确提出，“必须坚持以人民为中心的发展思想，发展全过程人民民主”[①]。从实践指向看，全过程人民民主是最真实、最管用的民主。“民主不是装饰品，不是用来做摆设的，而是要用来解决人民要解决的问题的。”[②] 满足人民美好生活要以全过程人民民主为着力点，在保持同人民群众密切联系的基础上，确保广大人民群众全员参与、全程参与和全方位参与国家建设，带领广大群众走上共同富裕的道路。

坚持人民当家作主是发展全过程人民民主的核心要义。在实现民主的过程中，人民群众占主导地位，是民主最坚实的力量和基础。全过程人民民主，从根本上说是人民的民主。社会主义基本制度确立后，人民当家作主的权利获得了制度保障。为了更好地落实人民当家作主的要求，全方位确保人民作为国家主人的地位和权利，让人民群众参与国家事务和社会事务，需要从以下几方面着手。一是夯实“以人民为中心”的党群关系。群众路线是党的生命线，是构建和谐党群关系的基础。在发扬民主的过程中，必须将群众路线融入国家治理、社会治理的各领域和各环节，通过践行群众路线来确保人民的主体地位。二是坚持“以人民为中心”推进党和国家机构改革。人民当家作主、行使各项民主权利，必须通过职能分工、机构整合、完善制度等程序，确保人民享受各项权利，在国家政治生活中扮演主体角色。三是“以人民为中心”确立重大决策议题。在党和国家决策过程中，群众的参与是衡量民主程度的重要参考。为了更好地发扬民主，要通过多种形式广泛征求群众意见，汇聚民智，形成决策的最大公约数，促进决策的民主化和科学化。四是解决人民群众“急难愁盼”问题。民主的落实要从群众的实际利益入手，通过建立健全群众利益机制，使民

① 中国共产党第十九届中央委员会第六次全体会议文件汇编［M］. 北京：人民出版社，2021：46.

② 中共中央文献研究室. 十八大以来重要文献选编（中）［M］. 北京：中央文献出版社，2016：76.

主成为管用的、有效的民主，如此，才能使全过程人民民主落地生根，切实发挥其应有的作用。

共同富裕是全过程人民民主的重要实现方式。党的十八大以来，全体人民实现共同富裕，成为党的重要任务。我们党通过脱贫攻坚、全面小康，不断改善民生，为共同富裕的实现创造了良好条件。党的十九大报告进一步明确强调，“必须……让改革发展成果更多更公平惠及全体人民，朝着实现全体人民共同富裕不断迈进”[①]。中国共产党“扎实推动共同富裕”[②]，使共同富裕事业“取得更为明显的实质性进展”[③]。作为全过程人民民主的重要实现方式，共同富裕有着深刻的思想内涵，“是全体人民共同富裕……不是少数人的富裕，也不是整齐划一的平均主义”[④]。因此，我们要深刻把握发展机遇，把共同富裕作为主要着力点，不断发展全过程人民民主，推动共同富裕不断取得新成就。

三、利用网络媒体以提高群众组织力的宣传效能

网络媒体是指依托于互联网、移动通信、数字技术等信息技术而兴起的媒介形式，包括电子阅读、微博、微信、IPTV、触摸媒体等。随着信息技术领域的深刻变革，网络媒体以其“即时性、交互性、虚拟性、共享性、小众性”[⑤]等特点脱颖而出，使其影响力不断增强。与传统媒体相比，网络媒体能够将文字、图片、声音、视频等多种载体融于一身，以其显著优势冲击传统媒体。当前，我国正处于变革调整期，社会变化深刻而广泛，不

---

① 习近平．决胜全面建成小康社会 夺取新时代中国特色社会主义伟大胜利［M］．北京：人民出版社，2017：45.

② 习近平．关于《中共中央关于制定国民经济和社会发展第十四个五年规划和二〇三五年远景目标的建议》的说明［N］．人民日报，2020-11-04（02）.

③ 习近平．在庆祝中国共产党成立100周年大会上的讲话［J］．求是，2021（14）：4-9.

④ 习近平．扎实推动共同富裕［J］．求是，2021（20）：4-8.

⑤ 尹韵公．中国新媒体发展报告（2010）［M］．北京：社会科学文献出版社，2010：2-3.

稳定因素增多，而网络媒体正是社会变化发展的催化剂。作为一柄“双刃剑”，一方面，网络媒体有利于实现信息共享，成为做好群众宣传工作的重要中介，为广聚民智、凝聚民力提供有效渠道；另一方面，网络媒体具有传播快等特点，也会为错误信息的传播扩散提供便捷的途径。面对新媒体发展带来的新情况和新问题，越早占领这个主阵地，党的群众工作越能够取得积极的实效，从而不断增强党的群众组织力。

（一）准确把握网络媒体的规律特点

网络新媒体是强化党群密切互动，倾听群众呼声、塑造良好政党形象的重要平台。网络新媒体技术的发展加快了群众获取信息的速度，打通了党与群众之间的信息屏障，使党群沟通更加便捷。习近平指出，“过不了互联网这一关就过不了长期执政这一关”[①]。因此，党员干部要努力把握新媒体规律，“提高新闻舆论传播力、引导力、影响力、公信力”[②]，构建和谐的党群关系。随着“互联网 +”模式的运用，新媒体的公开、交互、透明、即时等特点使得人民需求的发声更加快捷化。只有准确把握新媒体的规律特点，才能有效把握和运用新媒体来做好新时代群众工作，增强党的群众组织力。

面对信息技术的日新月异，要想做好群众工作，党员干部必须转变工作思路，准确把握网络媒体的规律特点，增强网络媒体的运用本领。长期以来，由于传统思维和惯性的束缚，部分党员干部方法落后，不能及时有效解决群众诉求。因此，利用网络媒体优势，使党的群众工作紧跟时代至关重要。由于网络媒体传播高效，为党的群众工作带来很大优势，能增进党群的互动。在互联网时代，网络媒体已然成为提高党的执政水平的工

① 中国共产党第十九届中央委员会第六次全体会议文件汇编［M］. 北京：人民出版社，2021：70–71.

② 中国共产党第十九届中央委员会第六次全体会议文件汇编［M］. 北京：人民出版社，2021：70.

具。利用网络媒体做好群众工作，首先要把握好网络媒体的规律特点，从以下几点入手：一是进行理论创新。在理论概念、理论内涵、理论运用、理论主体等方面进行创新。要坚持群众路线理论与新媒体环境下群众工作实践相结合，丰富和发展群众工作理论；要丰富群众工作理论内涵，把包括信息技术理论、公共管理理论、传播科学理论、公共选择理论等前沿理论成果融合进群众工作理论之中；要深入利用新媒体，解决群众诉求与困难，在破解难题和解决需求中创新理论；提高党和政府的理论自觉，发掘理论创新因素，探索新媒体环境下的有效方式方法。二是掌握规律特点。传统媒体的主导者是党，受众是群众。较之传统媒体，在网络媒体中，群众具有发言权。比如，在传统媒体中，只有新闻机构才能发布新闻，官方垄断了信息的发布权。在新媒体中，人人手中都有“麦克风”，既可以发布网络信息，又可以对信息展开评论，从而形成舆论。因此，党员干部要及时洞察和了解新兴媒体的走向，探索利用新传播载体来促进党群的有效沟通与互动。要通过多样化的途径，充分应用新媒体建立群众工作机制，将其打造成党和人民联系的重要桥梁；要探索建立网络道德规范和伦理准则，在保护群众自由和平等的舆论权利的同时，坚决打击网络谣言和网络诈骗等不法行为。三是树立信息权威。由于信息渠道的多元化和多维度，官方信息的发布显得尤为重要。政府要学会掌握信息传播的主动权，通过新媒体发布信息，引导微博“大V”等影响力量，遏制谣言的产生。要抓好信息传播源头，增强信息的信誉度，主动进行议题设置，突出正面宣传功能，尽量做到真实全面、客观公正地发布信息，以事实来引导民意，营造良好的媒体环境。

（二）着力提高网络媒体的运用能力

在信息技术日益发达的今天，熟练运用网络媒体，既是群众工作的要求，也是领导干部的一项必备技能。在服务群众的过程中，党员干部要修炼网络基本功，使群众工作切合时代特点需要。

首先，提高运用网络媒体把握社情民意的能力。随着网络技术的普及，网络民意在群众工作中的作用日益突出，成为党员干部了解社情民意的重要“窗口”。习近平多次强调，“领导干部要增强同媒体打交道的能力，善于运用媒体……了解社情民意……动员人民群众”[①]。在信息化的时代，网络已经发展为民意集散地，是群众进行民意表达、思想交流和情感互动的重要渠道。党员领导干部只有提高网络媒体运用能力，才能更多地了解民意，实现决策的科学化和民主化。了解社情民意的过程，也是科学决策的过程。倾听民声、回应民需、收集民意，才能制定符合人民的政策。网络是个开放平台，在这里群众可以畅所欲言，发表意见。因此，通过网络媒体可以听到群众的真心话，了解到真实的民意。习近平充分重视网络媒体的作用，多次强调“各级党政机关和领导干部要……经常上网看看……积极回应网民关切、解疑释惑”[②]。运用网络媒体是党员干部的一项基本功，不具备这个能力，就不是现代型的领导干部。作为密切党群沟通的纽带，网络媒体的作用愈加重要，成为掌握社情民意、密切联系群众的重要途径。

其次，提高运用网络媒体教育疏导群众的能力。网络为党的群众工作带来极大便捷，为提高工作效率、提高服务质量创造了有利条件。与此同时，由于网络信息的鱼龙混杂，稍有不慎便会误导群众，带来负面效应。对此，要从以下几方面入手：一是强化正面宣传，正确教育和引导群众。要善于利用网络媒体的优势，加强对群众的教育和引导。通过强化正面宣传，让群众树立正确的网络观念，提高辨别错误信息的能力，引导群众自觉抵制不良信息的影响。二是加强媒体监管，营造风清气正的媒体环境。良好的网络环境离不开有力的媒体监管。随着网络技术的迅猛发

① 习近平谈治国理政（第2卷）[M]. 北京：外文出版社，2017：334.

② 习近平谈治国理政（第2卷）[M]. 北京：外文出版社，2017：336.

展，网络监管与新媒体发展还不相适应，管理手段相对滞后，对网络事件的应急机制欠缺，导致很多问题处理得不及时、不规范。对此，相关部门要加强监管力度，对违反网络规定、污染网络环境等问题加强处罚力度，净化网络媒体环境。三是加大网络媒体疏导群众的力度。面对海量的网络信息，群众难免会被带偏方向，产生过激言论或行为，对某些敏感问题产生疑问和困惑。对此，党员干部要正确把握群众心理，加强对群众的疏导。

最后，提高运用网络媒体组织协调群众的能力。当前，不仅要提高党员干部的网络舆情引导能力、网络危机处理能力、网络教育管理能力，更要提高组织协调群众的能力。在传统媒体模式下，我们党更多的是通过走访等方式做群众工作。这样的方式存在着效率低、范围小等不足。在新媒体环境下，利用网络宣传党的方针政策法律有着非常明显的优势，并易于互动和交流，易于群众接受，利于深化党群关系。但与此同时，新媒体环境的复杂性也为群众工作增加了难度。因此，要增强党员领导干部的组织协调能力，畅通群众表达机制、扩大政治参与机制、打造便捷高效的互动交流平台，通过完善党政网站等渠道来纾解群众工作面临的难题。

（三）善于引导网络媒体舆论监督方向

在传统媒体环境中，政府通过对媒介信息的控制和引导，“使群众达到共鸣效果和累积效果”①。而进入互联网时代，网络媒体的“孔雀效应（吸引关注）、蝙蝠效应（彼此互动）、蝴蝶效应（连续传播）、蜜蜂效应（自我归属）表现显著”②。网络信息技术凭借开放性、跨时空性、便利性

① 徐小兰、毛浓华 . 新闻媒体对重大事件的舆论引导［J］. 今传媒，2010（06）：6–12.

② 尹韵公 . 新媒体蓝皮书：中国新媒体发展报告［M］. 北京：社会科学文献出版社，2012：30.

等独特优势，在党的群众工作中获得了一席之地，与群众的联系日益紧密。作为新时代组织群众的重要手段，能否利用好网络媒体，事关群众组织力成效。网络媒体打破了传统信息传播模式，在扩大话语权格局的同时，也带来了“舆论引导”新难题。在做好网络群众工作中，如何正确引导舆论方向、做好媒体监督工作，成为新时代网络群众工作的重要内容。

面对复杂的新媒体环境，要掌握媒体舆论的话语权，正确引导舆论监督方向，必须从以下几点着手：一是要注重主流意识形态引导。在网络时代，错误思潮层出不穷，容易带偏舆论方向，使群众工作误入歧途。对此，要做到以下几点。首先，要加强舆论引导力度，使网络媒体成为宣传主流意识形态的主阵地。可以依托政府网站平台，开展主流意识形态宣传活动，使群众增强舆论的辨别力。还要鼓励党员干部加强网络宣传，使用新媒体平台传播正能量，使群众能够得到正面的意识形态熏陶。其次，要扩大新媒体的普及率与使用率。加大网络公开力度，让权力积极主动地在阳光下运用。党和政府要做政务公开的表率。要加快落后边远地区的新媒体普及率，完善基础设施，提升群众运用新媒体的能力。二是学会化解网络媒体上的负面舆论。网络是一把“双刃剑”，如果运用得当，将成为群众工作的助推器；如果对舆论方向的把握不精准，将会引发重大网络事件。在网络阵地，必然有负面舆论，如遭受不公对待的群体，往往会在网络上发泄不满，甚至有人会制造网络混乱，对做好群众工作造成严重阻碍。面对负面舆论，要给予正确引导，及时疏通群众情绪，控制局面，使负面影响降至最低，同时，要加强网络治理，提高网络监督水平，采取技术和法律等手段，加强对新媒体的监管，制定网络文明公约，打击造谣等网络犯罪行为，为人民群众提供健康有序的网络环境。要支持党风廉政监察等网络平台的监督，充分发挥网络反腐中群众广泛参与的积极性，发挥群众利用新媒体监督党和政府的便捷性，提高新媒体监督的有效性与正规性。政府要加强与各媒体的关系，占领新阵地、唱响主旋律。三是掌握新媒体舆论引导技巧。首先，通过正面舆论、榜样引导群众。在网络中，信息庞杂多元，党员干部要学会过滤信息，传播和弘扬正能量，激发和引导群众接受正面舆论宣传。其次，通过官方新闻评论引导群众。在重大网络事件面前，面对杂乱的信息，群众无法及时辨别真伪，会影响正确判断。此时，官方媒体的引导就显得十分关键。最后，通过网络“意见领袖”进行舆论引导。要建立网络发言人制度和官方媒体发布制度，通过“意见领袖”在博客、微博、微信、论坛上发文、发帖等传播主流观点和正面言论。此外，还要充分发挥网络中介和自组织的积极作用，利用网络名人和“大V”等，倡导网络道德与网络文明。

四、发挥组织优势以夯实群众组织力的组织根基

“党的力量来自组织。”①中国共产党由小变大、由弱变强的重要“秘诀”，就是强大的组织优势，能够将党员、群众和各级党组织充分组织和调动起来，实现党的目标。进入新时代，增强党的群众组织力依然需要发挥党的组织优势，通过加强基层党组织的战斗堡垒作用、扩大党组织的覆盖面，发挥群团组织的桥梁纽带作用，使我们党以强大的组织优势凝聚起气势磅礴之力量。

（一）发挥基层党组织的战斗堡垒作用

“欲筑室者，先治其基。”②基层党组织是开展群众工作的堡垒，也是党动员组织群众的重要阵地。在增强党的群众组织力方面，基层党组织是党联系群众的重要纽带。基层党组织的强弱，直接关系到群众对党的认可度

① 中共中央党史和文献研究院．党的十九大以来重要文献选编（上）[M]．北京：中央文献出版社，2019：560.

② 中共中央党史和文献研究院．党的十九大以来重要文献选编（上）[M]．北京：中央文献出版社，2019：561.

和信任度，更关系到党组织群众的成效。进入新时代以来，群众工作的重要性日渐凸显。我们党必须从基层抓起，发挥基层党组织的凝聚功能，健全基层党组织的组织体系，加强基层党组织队伍建设，全面激发基层党组织活力。

发挥基层党组织的政治凝聚功能。“基层党组织是贯彻落实党中央决策部署的‘最后一公里’”[①]，担负着凝聚群众的重要使命。在新时代，群众对美好生活有了更高期待，群众工作的对象和环境发生了深刻变化。要提升群众凝聚力，就必须将基层党组织作为群众工作的重中之重，发挥其政治凝聚功能。首先，在基层党建中，作为“领头雁”的书记，是凝聚群众的核心，在政治凝聚中发挥着重要作用。因此，必须重视基层党组织书记的选拔，一方面，要将政治意识强、综合素养高、群众基础好的优秀党员，选拔到基层组织的重要岗位；另一方面，形成一套规范的考核监督体系，依据不同的任务要求，设置不同的考核标准，使基层干部成为为民服务的好干部。其次，充分发扬民主。民主有利于提高基层组织的工作效能。最后，增强基层党组织的亲和力。与群众关系密不密切，关键要看基层党员干部的亲和力。要通过驻村、帮扶、共建等方式增进干部与群众的沟通，提升基层党组织的亲和力，使群众全力支持基层党组织的工作。

健全基层党组织的组织体系。面对组织群众的重大任务，健全的组织体系是实现组织力的先决条件。只有健全组织体系，才能充分发挥组织功能。首先，严格的组织纪律是保障基层党组织运行的前提，严肃整顿组织纪律，排查和清退不合格党员，为基层党组织营造良好的环境。其次，健全和创新组织设置方式。随着时代的发展，基层党组织设置要不断创新，采取符合形势的活动方式。凡是符合条件的基层区域，都必须建立党支

① 习近平．贯彻落实好新时代党的组织路线 不断把党建设得更加坚强有力［N］．人民日报，2020-07-01（01）．

部，通过丰富多彩的活动，基层党组织能够不断焕发活力。除此之外，还要坚持共享共建原则，使群众积极参与到基层党建中，提高团结协作的能力。最后，建立完备的组织阵地。组织群众要依靠坚强的组织阵地来实现。在农村、社区和街道等党员较多的区域，依照政策标准建立组织阵地，使群众工作有固定的场所。

加强基层党组织的队伍建设。坚强的组织队伍是决定组织成效的重要保障。加强基层党组织建设，不断增强党的群众组织力，“建设忠诚干净担当的高素质干部队伍是关键，重点是要做好干部培育、选拔、管理、使用工作”①。凡是坚强有力的基层党组织，都离不开优秀的干部队伍，队伍强则基层组织强。因此，在基层队伍建设方面，要重视干部的选拔、管理和培养。在基层干部的选拔上，要坚持优选重用原则。扩大人才选拔渠道，将综合素质高的优秀党员、勤劳致富典型、复员军人等群体纳入基层组织队伍。坚持民主、公开和择优原则选拔基层干部，让群众选举心目中的合格干部。要加强后备干部的培养，吸收优秀人物入党，鼓励大学毕业生到基层。通过开展干部培训等活动，提高基层干部服务群众的能力。加强对基层干部的管理监督。在作风方面，加大对腐败行为的查处力度，保持基层队伍的纯洁性；在绩效管理方面，坚持公开透明原则，强化对基层干部的绩效管理；在服务群众方面，要整顿基层干部“不作为”问题，强化服务群众责任制，对不深入群众、大搞形式主义的行为“零容忍”。最后，正视并解决基层组织内部的问题。随着社会的发展，基层党组织面临的问题将会愈加复杂，要以正确的心态正视问题、解决问题。要以制度为重要抓手，利用“三会一课”等及时发现问题。通过开展集中教育活动，加强党员干部的理想信念教育。唯有如此，才能不断地提升基层党组织的

---

① 中共中央党史和文献研究院．党的十九大以来重要文献选编（上）[M]．北京：中央文献出版社，2019：562.

组织效能，使之成为群众信得过、能依靠的重要阵地。

（二）扩大组织设置方式和组织覆盖面

进入新时代以来，我们党在组织设置模式和组织覆盖等方面做了大量探索，取得了一定成效，但总体上仍然滞后于时代发展要求。尤其是一些流动性较强的行业，尚未形成成熟可行的群众组织模式，“党在群众中的影响力和覆盖面有较多的空白点”①，群众组织力推进难度较大。因此，党组织要根据实际情况，不断扩大组织设置方式和组织覆盖面，确保党对社会各阶层群众的全覆盖。

在扩大党组织设置方式上，要坚持正确的思路和基本原则。科学设置党的组织方式是增强党的群众组织力的基础。中国共产党的强大组织力，得益于拥有数量庞大的各级党组织，并在组织设置上相对完善和成熟。随着多种非公有制形式的出现，社会成员的流动性增强、从业样态多样化，出现了众多“单位人”转变为“社会人”，以及大量农民工为主体的“流动人”，给党组织的设置和覆盖带来极大挑战。在农村，“既有从事农业生产的，也有的成了产业工人和个体工商户，还有的成了私营企业主，人口流动频繁，活跃在城乡之间的农民工已达2.7亿”②。在城市，“无上级主管的组织、无固定单位的个人，有的社会影响力很大，党组织不去引领，其他势力就会乘虚而入”③。面对这一系列问题，必须从组织设置和组织覆盖面入手，“纵向到底、横向到边”。纵向到底指的是在设置党组织时不能“蜻蜓点水，一点即过”，而要将党的组织扎根于群众，使之发挥服务群众的功能。横向到边是指必须扩大设置范围，确保党的组织覆盖到每一个有群众的地方，实现组织设置的广泛性。除了遵循正确的设置思路外，党

① 郑春牧．提高党的群众工作科学化水平研究［M］．杭州：浙江大学出版社，2014：188.

② 刘云山．在全国农村基层党建工作座谈会上的讲话［J］．党建研究，2015（08）．

③ 赵乐际．在全国城市基层党建工作经验交流座谈会上的讲话［J］．党建研究，2017（08）．

的组织设置还必须适应社会的发展变化，遵循以下基本原则：一是各级党组织要将覆盖范围延伸到各个领域，扩大影响力和组织力，将更多群众凝聚在党的周围。在党的组织内部，组织设置和覆盖要以群众为中心，形成便于教育、宣传、凝聚群众的组织模式，以便更好开展组织活动。除此之外，还要充分考虑组织成员的流动状况，依据各类群体的不同特征，有针对性地进行组织设置，更好地发挥党组织的组织优势。二是坚持服务群众的原则。党的组织是为群众服务的，其设置要以有利于群众生产、生活为目的，通过完善党组织设置方式，不断促进民生。

不断扩大组织覆盖面和影响力。党的各级组织承载着组织动员群众的使命，也是增强党的群众组织力的有效依托。只有不断扩大组织覆盖面，才能夯实党的组织基础，发挥党的组织优势。因此，在新时代背景下，具体应从以下几方面入手。一是扩大党组织的覆盖范围。要充分发挥党组织群众的功能，必须扩大组织覆盖范围。对于符合条件的社区、单位、村落等区域，采取“应建尽建”原则，使党的组织全面覆盖，保障组织网络的扩大延伸。二是注重党组织队伍建设。在组织覆盖方面，组织队伍至关重要。应加强队伍的遴选和培养，使一批能担大任、有思想的人加入党组织，提高组织队伍的素养，切实发挥“领头羊”的先锋模范作用。三是充分利用地区优势，积极探索新的组织覆盖模式。随着时代的发展，组织覆盖模式也要不断创新完善，使组织覆盖紧跟时代发展大势。同时，鼓励行业、区域、城乡实现组织全覆盖，探索城乡一体、行业统建的组织覆盖模式，使党的组织工作覆盖到各行业，从而提高党组织的组织能力和水平。

（三）增强群团组织的党群桥梁纽带功能

党的群团组织“承担着组织动员广大人民群众为完成党的中心任务而共同奋斗的重大责任”①。党在发展历程中，始终重视发挥群团组织的作用，

① 习近平谈治国理政（第2卷）[M].北京：外文出版社，2017：308.

为做好党的群众工作提供了有力保障。党的十八大以来，中央充分发挥群团组织的桥梁作用，通过推动群团工作改革，为党组织群众创造有利条件。面对新的群众工作发展要求，要继续发挥群团组织的桥梁纽带功能，为新时代增强党的群众组织力贡献力量。

切实增强群团组织的政治性、先进性和群众性。首先，增强群团组织的政治引领作用。政治性是群团组织的首要属性，更是群团工作的核心和灵魂。要发挥群团组织的政治动员功能，首先必须接受党的领导，其工作要与党中央步调一致。群团组织担负着凝聚群众的任务，因此，要引导成员听党话、跟党走，贯彻落实党的主张和意志。除此之外，群团组织还应发挥政治整合作用，对特定社会群体进行力量整合，紧密团结在党的周围。其次，保持和增强群团组织的先进性。随着时代的发展，群团工作有了新的目标和任务，因此要紧跟时代，增强群团组织的先进性。党的十八大以来，国家治理能力和水平不断提高，对各类群团组织提出更高要求。在此背景下，个体自主意识增强，群团组织的工作难度增大。因此，必须改变传统的模式，探索现代群团工作模式。最后，增强群团组织联系群众的功能。在革命战争年代，群团组织为党组织群众发挥了重要作用。当前，我国社会呈现了多元化态势，对群团工作提出更多要求。要充分发挥群团组织的群众性，使之成为为群众排忧解难的组织。同时，广大党员干部要积极深入群众，与不同阶层群众建立密切联系。

不断健全和完善群团工作体系。作为联系群众的桥梁，群团组织在增强群众组织力方面发挥着重要作用。进入新时代，健全和完善群团工作体系，促进群团组织改革创新，成为做好群众工作的重要内容。党的十九届四中全会提出，“健全联系广泛、服务群众的群团工作体系”[①]。在具体实践

① 中共中央关于坚持和完善中国特色社会主义制度 推进国家治理体系和治理能力现代化若干重大问题的决定［M］. 北京：人民出版社，2019：8.

中，应从以下两方面入手。一方面，完善健全群团组织的制度体系。作为联系党群的重要纽带，群团组织形成了与治理主体（包括政党、国家、社会等）之间的连接机制。但在实际中，这些机制没有得到充分的实施。因此，随着治理体系的不断完善，需要进一步开发原有制度的功能，在此基础上建立新的制度。另一方面，强化群团组织形态，除了需要相应的制度支持外，还需要有完备的组织网络。进入新时代以来，群众的思想观念、生活方式、价值取向等日益多元化，人口流动加快，群团组织要将结合各个群体的特点，做好组织工作。在实际操作过程中，一是由于既有组织网络不能适应新时代社会结构，导致组织效果无法得到保证；二是在许多新兴领域，群团组织网络还存在盲点和空白，导致无法与群众建立组织联系。因此，必须拓展组织范围，结合广泛的社会力量，不断创新和发展组织形态。从根本上说，群团组织就是要“多做组织群众……凝聚人心……激发动力的工作”[①]。只有充分发挥其组织功能，才能推动群团组织更好地扎根群众，凝聚力量，进而增强党的群众组织力。

五、完善体制机制以激发群众组织力的创新动力

机制关乎群众工作成效。只有不断健全和完善群众工作机制，才能紧紧牵住群众工作全局的“牛鼻子”，激发群众组织的创新力。党的十八大以来，面对社会转型期的各种矛盾冲突，党的群众工作面临“新办法不会用、老办法不管用、硬办法不敢用、软办法不顶用”[②]的尴尬处境。对此，习近平提出了一系列群众工作的新要求。要求各级党员干部认真总结群众工作的成功经验，同时不断探索完善新的机制，以提高群众工作的针对性、实效性和科学化水平。

---

① 习近平谈治国理政（第2卷）[M].北京：外文出版社，2017：309.

② 习近平谈治国理政（第1卷）[M].北京：外文出版社，2018：403.

（一）不断健全完善信访工作体制机制

做好信访工作，是新时代增强党的群众组织力的重要环节。“信访工作是党的群众工作的重要组成部分，是了解社情民意的重要窗口。”[①]党的十八大以来，我们党将信访工作作为倾听群众呼声的重要途径予以重视，习近平强调指出，“信访是送上门来的群众工作，要通过信访渠道摸清群众愿望和诉求……更好为群众服务”[②]。做好信访工作，持续创新和完善信访工作机制，对于发展社会主义民主政治、维护人民群众的合法权益、密切党群关系，均有重要的意义。

不断丰富和畅通信访渠道，切实发挥信访工作服务群众的功能。畅通的信访渠道能够使群众工作更“接地气”，加深对群众诉求的了解。为使人民群众能够更好地反映“急难愁盼”问题，必须不断拓宽和创新信访渠道。不仅要完善线下信访途径，更要打通线上信访渠道。通过热线电话、视频通话、网络问政等方式，使群众诉求能有地方反映。同时，要重视群众来信，及时关注他们的问题和困难，做好疏导和解决工作。为提高信访工作的效率，要积极引导群众通过“线上”表达诉求，以便能够分门别类，高效解决群众的反映和诉求。通过“市长信箱栏目”“信访办网站”等手段，正面回应群众诉求，接受群众监督，使信访工作在阳光下运行。在“互联网+”背景下，网上信访成为主渠道，实现了让“数据多跑路、群众少跑路”，提高了信访工作的质量和效率。

健全科学合理的信访工作考评体系，深入推进信访工作改革创新。信访考核评价是风向标，是推进信访工作的指挥棒。构建一套体系完整、科学合理的考评体系，是推进信访工作改革创新的关键。作为各级党政机关

① 新时代信访工作的基本遵循［N］. 人民日报，2022-04-08（01）.

② 习近平在中央党校（国家行政学院）中青年干部培训班开班式上发表重要讲话强调 筑牢理想信念根基树立践行正确政绩观 在新时代新征程上留下无悔的奋斗足迹［N］. 人民日报，2022-03-02（01）.

的一项重要工作，信访工作绩效既包括对中央和地方决策部署的贯彻落实的检测，也包括对具体工作人员做信访工作的综合能力测评，还包括对解决信访问题实际效果的检验。这种考核是综合性的、整体性的考核。在新时代，要完善和健全信访考评体系，必须从以下几点入手。其一，因地制宜、有针对性地完善考核评价。由于各地域、各地区的经济发展、人口规模和实际情况有所差别，因此对信访考评体系的设置不能一概而论，要具体情况具体分析，全面综合考虑各地区的情况，设置合理有效的考核项目和指标，使信访工作成为为民服务的“窗口”。其二，要提高考核的科学性、客观性和可信度。在考核和评价过程中，不仅要坚持量化考核和综合评议，还要听取群众意见，接受群众监督，更要注重过程和阶段考核。只有突出考核重点，才能完善信访工作考评体系，提高信访工作的整体水平。

完善信访制度的目的是使人民群众的问题得到解决。解决群众反映的突出问题，是信访工作的根本任务。其一，及时回应群众诉求。对每一件信访问题，无论大小，都应认真对待，分类施策；对每一项群众诉求，无论合理与否，都要耐心解释，按政策给予答复，做到“件件有着落，事事有回音”，这是做好信访工作的起码要求。其二，要依规办事，维护公平正义。每一项群众工作的落实，都要严格按照政策执行，不能突破法律和政策规定。同时，要注重维护公平正义，避免引发矛盾和冲突。一方面，严格落实信访责任制度，推行阳光信访和责任信访，将每一项工作落实到个人，使信访工作有章可循，提高信访工作的质量和水平。另一方面，提升信访工作的使命感，敢于直面问题，敢于一查到底，明确是非，让群众感受到社会的公平正义和政府执政为民的立场与态度。其三，健全矛盾纠纷化解机制。为有效化解矛盾纠纷，必须有效整合资源，“完善信访制度，健全社会矛盾多元预防调处化解综合机制”[①]。在具体实践中，综合运用法

① 中国共产党第十九届中央委员会第六次全体会议文件汇编［M］. 北京：人民出版社，2021：77.

律、教育引导、民事调解等多种手段化解矛盾。其四，加强对信访工作的督查和落实。严格督查信访事项的办理，推动信访工作落到实处。对群众反映强烈的突出问题，要反复审查评议，在查找问题的基础上提出对策。同时，要落实回访工作，对已经办结的事项，通过回访当事人，了解问题处理是否到位、疏导是否到位、帮助是否到位，以实际行动赢得群众的理解和信任。

（二）健全完善密切联系群众长效机制

密切联系群众是增强党的群众组织力的前提。作为党的血脉和力量源泉，人民群众是党的执政根基，“只有始终与人民心连心……才能做到坚如磐石”[①]。密切联系群众不能停留在口号上，而要在制度中予以落实，以长效机制来保障。习近平明确强调，“保持党同人民群众的血肉联系是一个永恒课题……要着眼长远、建立健全为民务实清廉的长效机制”[②]。健全完善密切联系群众长效机制，既是党的群众工作的重要之举，更是增强党的群众组织力的重要保障。据此，要从培训机制、沟通机制和监督机制三方面入手，不断创新密切联系群众的长效机制。

健全党员干部的培训机制。密切联系群众长效机制的落实，一个基本前提就是党员干部心中有群众，对群众有真切的情感。要做到这一点，必须对党员干部加强培训教育，树立群众观念。首先，完善落实党员干部学习制度。学习党的基本理论政策，还要学习党史和传统文化，加深对党的认识；加强党组织的生活学习，落实“三会一课”任务，使党员干部经常性地接受教育；增强党员干部的学习意识，通过党课、专题讲座和红色基地参观等，加强党员干部的党性修养。其次，开展经常性专题教育活动。掌握党员干部的思想动向，加强作风建设，开展经常性的专题教育活动，营造团结活泼的

① 李章军，刘建生．深入扎实开展党的群众路线教育实践活动 为实现党的十八大目标任务提供坚强保证［N］．人民日报，2013-6-19（01）．

② 习近平谈治国理政（第1卷）［M］．北京：外文出版社，2018：378-379.

党内风气。最后，以社会主义核心价值观教育党员干部，引导他们树立正确的价值观，从思想上认识联系群众的重要性。同时加强对党员干部的思想引领，以先进的思想理论武装头脑，坚定为民服务的崇高信念。

完善和谐互动的沟通机制。在党的群众工作中，沟通是党员干部与群众的双向互动。完善和谐互动的沟通机制，不仅是干群之间建立情感的有效途径，而且也是密切联系群众长效机制的有效手段。首先，创设良好的沟通氛围。调动党员干部和群众的沟通积极性，是创设良好沟通氛围的首要条件。在沟通过程中，平等沟通至关重要，要让群众充分感受到平等和尊重，而不是将群众当作“背景板”，任由党员干部发表意见，置群众心声于不顾。只有让群众参与沟通，吸纳群众好的意见和想法，才有可能创建良好的沟通氛围。其次，完善沟通的渠道和方式。要改进党群干群的沟通方式，将传统沟通方式与现代媒介相结合，利用网络媒体等建立沟通平台，为群众提供高效、便捷的服务，更好地密切党群关系。最后，增强沟通的实效性。在与群众的沟通过程中，要做到心贴心，建立与群众的密切联系。党员干部要深入基层、深入群众，做群众的贴心人，增强沟通的有效性。

建立监督责任追究机制。“任何形式的监督，只有与责任追究结合起来，才能取得实效。”[①] 建立监督责任追究机制是保持党群关系和谐的重要手段。群众之所以愿意监督党和政府，是因为知道这样的监督有利于国家发展。如果群众发现自己的监督流于形式，反映的问题得不到解决，便会失去监督的积极性。因此，应建立监督责任追究机制，对那些无视群众监督、想方设法逃避监督的单位和个人进行责任追究。在新时代，网络信息技术的发展为监督带来了更多便利，群众足不出户就可以利用网络行使监督权，党员干部可以在网络平台倾听群众心声，接受群众的监督和意见。

---

① 中央文献研究室．十七大以来重要文献选编（中）［M］．北京：中央文献出版社，2011：923–924.

但网络的隐匿性使监督责任制难以落实，对此，要强化网络监督责任制度，用科学有效的方式将监督责任落实到人。只有加大对违法行为的监督力度，才能增强监督的震慑力。

（三）健全完善科学民主决策机制

决策是否科学、民主，取决于是否保障了群众权益。随着群众自主意识的增强，他们对决策的科学化、民主化要求也越来越高。具体而言，在制定决策过程中，必须遵循科学和民主的原则，实现二者的高度统一。所谓科学，即准确把握新时代群众工作的规律，在决策过程、决策内容、决策实施和决策反馈中均要体现科学性。所谓民主，即在广泛听取群众意见的基础上决策。

建立科学民主的决策咨询机制。要形成民主的决策导向，在具体实践中必须建立决策咨询机制，使党的各项工作充分反映民意。在决策过程中，各级党组织要深入群众，了解民之所盼、感悟民之所忧，充分听取群众的意见和心声。正如习近平所指出，“充分听取群众的意见和建议……把决策的过程变成……取得群众支持和拥护的过程”[①]。在涉及民生问题时，通过专门开会讨论、实地调研、广征民意等途径，并进行公示、听证。涉及有争议的问题，至少要提供两个方案，还要请专家论证、广泛评议。通过对不同方案的比较，科学决策，保障决策的合理性。

健全决策问责和纠错机制。一直以来，党和国家高度重视决策失误后的补救机制。党的十八大报告强调，要“健全决策机制和程序……建立决策问责和纠错制度”[②]。敢于问责和纠错是推进决策科学化的重要举措。在群众工作的具体实践中，有的决策科学合理，有的决策错误。错误的决策都是因为脱离群众、主观臆想造成的。部分党员干部对群众的需求把握不

① 中共中央文献研究室．十七大以来重要文献选编（下）[M]．北京：中央文献出版社，2013：181.

② 中共中央文献研究室．十八大以来重要文献选编（上）[M]．北京：中央文献出版社，2014：22-23.

准、对新问题无从下手、对基层的情况不了解，全凭“拍脑袋”做决策，从而导致决策失误。这些错误决策都是在缺乏调查研究、无视群众意见、忽略广泛民主情况下做出的，不仅使人民群众极为不满，增加了组织群众的难度，而且严重破坏了党的形象，削弱了党的权威。面对这一问题，建立决策问责和纠错机制显得尤为重要。在失误纠错中，要遵循“谁决策、谁负责”的原则，强化主体责任制，明确对决策失误者的惩处。若是个人决策出现失误，则追究个人责任；如果是集体决策失误，则要划定每个人的责任，最大限度地将决策失误值降到最低。

完善突发事件应急机制。随着全面深化改革的推进，人民群众对民生问题更加关注，对涉及民生的决策也提出了更高要求。在深入改革的背景下，各种矛盾冲突频发，使党的群众工作面临严峻挑战。为应对矛盾冲突、遏制各种群体事件，建立突发事件应急机制就显得尤为迫切。一方面，要严格规范决策程序，为应对突发事件做好准备。建立一套程序规范、形式民主、内容合法的决策体系，不仅可以保证决策的公平性和民主化，而且能够为应对突发事件提供保障。在决策过程中，要将群众利益作为决策的前提。对涉及民生的重要决策，及时发布政策解读，广泛进行民意沟通，做好疏导工作，以免产生对抗情绪。另一方面，有针对性地建立应急预案机制，积极探索网络新媒体新途径。通过政务微博、民情网站等渠道，及时发布涉及民生和公共服务的政策，使群众能够及时、便捷地获取信息，并通过网络发表民意看法。针对网络突发事件，要做好应急预案，掌握舆论导向，降低负面影响力。处理突发性事件时，要把群众利益放在首位，对群众进行教育疏导、答疑解惑，避免激化矛盾。

第八章

结论与展望

论文立足新时代论域，以中国共产党群众组织力为研究论题，以增强和提升党的群众组织力为旨归，借助文献研究法、历史与逻辑结合法、理论与实践结合法、跨学科研究法以及案例分析法，对新时代中国共产党提升群众组织力进行了深入剖析，并系统阐述新时代党的群众组织力提升的实践探索和主要成效。在此基础上深入剖析当前党的群众组织力提升面临的机遇和挑战，并给出具体解决路径。为了清晰地呈现论文的整体思路，本章对论文的主要结论进行总结，对本文的主要创新点进行高度凝练，同时对研究的不足之处及需要进一步深入挖掘的研究问题进行展望。

一、研究结论

本文以马克思主义经典作家和中国共产党主要领导人关于群众工作的重要论述为指导，以西方政治学的政党与选民关系理论、管理学的组织理论和心理学的群体动力理论为借鉴，从“群众组织力”这一核心概念入手，首先，对中国共产党群众组织力进行“理论一般”的学理剖析，包括科学内涵、构成要素和运行机制；其次，从历史纵深展开，对党的十八大之前中国共产党提升群众组织力的历史演进进行梳理，总结经验供后续研究参考；最后，切入新时代这一特定论域，梳理新时代中国共产党提升群众组织力的实践探索和主要成效，深度剖析新时代党的群众组织力提升面临的机遇和挑战，并在此基础上有针对性地提出相应的解决路径。本文主要得出以下结论。

第一，中国共产党群众组织力有其特有的科学内涵、构成要素和运行机制。首先，中国共产党群众组织力是党的领导力的重要组成部分，是指以党和人民利益的高度统一为前提，在解决利益矛盾和诉求基础上对广大人民群众进行宣传、教育、组织和凝聚，使之产生向心力和归属感。具体而言，党和人民利益的高度统一是基本前提，正确处理好人民内部矛盾是核心要义，将党的正确主张转化为群众的自觉行动是关键环节，团结凝聚群众以实现党的奋斗目标是实践归宿。其次，中国共产党群众组织力有其独特的构成要素，这种力量是由政治引领力、民生保障力、宣传动员力、组织覆盖力和创新驱动力五个要素构成的“合力”。各要素之间相互支撑、相互补充，共同汇聚起强大的组织力量。最后，中国共产党群众组织力要靠有效的机制来保障，通过群众权益维护机制来凝聚群众共识，通过矛盾纠纷化解机制来引导群众行为，通过党群互动沟通机制形成党与人民群众的良性互动，通过群众力量整合机制来实现对群众的凝聚和整合。这四大机制之间相互联系、有机互动，增强了党的群众组织力整体效能的发挥。

第二，新时代中国共产党群众组织力提升在实践中取得了重大成效。党的十八大以来，面对世情、国情和党情的深刻变化，如何把广大人民群众有效组织起来，成为治国理政的新考验。以习近平同志为核心的党中央深刻认识到群众组织力的重大价值，在不断满足人民对美好生活的需要、深入开展党内专题教育实践活动、以组织力为重点夯实基层党组织、切实开辟互联网群众工作新场域、推动构建新时代大统战工作格局这一系列实践中，取得了群众组织力建设的重大成效，使党执政的群众基础更加坚实、党群干群关系明显改善、人民群众获得感显著增强、群众工作制度化水平大幅度提升，有力地开创了群众组织力建设的新局面。

第三，新时代中国共产党提升群众组织力在面临机遇的同时，也存在一些亟待解决的现实难题。在机遇方面，国家治理效能彰显为其营造了有利环境、社会公平正义促进为其创设了良好条件、网络信息技术发展为其拓宽了传播渠道、群众政治参与扩大为其注入了力量源泉。在现实挑战方面，党内脱离群众危险依然存在、社会主要矛盾转化引发新问题、网络群众工作水平亟待提高、部分基层党组织功能弱化虚化、群众工作体制机制有待创新。只有切实解决好这些现实问题，才能更好地增强党的群众组织力。

第四，新时代中国共产党群众组织力的全面提升需要有针对性地击破各个阻碍。从坚定理想信念、满足人民美好生活需要、利用网络媒体、发挥组织优势及完善体制机制五个维度入手，形成一个各维度之间通力合作的系统性工程，以加强群众组织力的政治引领、落实群众组织力的民生保障、提高群众组织力的宣传效能、夯实群众组织力的组织根基、激发群众组织力的创新动力，进而从整体上增强党的群众组织力。

二、研究创新点

论文的主要创新点和突破点如下。

第一，学理性剖析中国共产党群众组织力的科学内涵，并在此基础上建构了新时代中国共产党群众组织力的理论分析框架。当前学界对党的群众组织力的内涵研究多处于宏观阐释层面，微观论述有所不足，缺乏深层次的学理性剖析。鉴于此，本文从基本前提、核心要义、关键环节和实践归宿四个维度出发，全方位剖析了党的群众组织力的科学内涵，回答了新时代中国共产党群众组织力“是什么”的问题。在此基础上，综合借鉴西方政治学、管理学和心理学等多学科的工具，提出“问题—解答”式的研究模型。从问题导向出发，通过回应“何以构成”“如何运行”“何种挑战”“如何应对”等基本问题，初步建构出一个逻辑清晰、结构完整的新时代中国共产党群众组织力研究框架，力求体现研究进路的纵深感和研究框架的整体感。

第二，尝试性建构中国共产党群众组织力的“五力”模型和运行机制。本文突破了学界将“群众组织力”视为一个整体而研究的范式，认为党的群众组织力是由政治引领力、民生保障力、宣传动员力、组织覆盖力、创新驱动力构成的“五力”联动模型。而这“五力”要形成强大合力并得以持续运行，必须通过群众权益维护机制、矛盾纠纷化解机制、党群互动沟通机制和群众力量整合机制这四大机制综合作用和保障，构成环环相扣、循环往复的机制系统，以此来增强党的群众组织力的整体效能。

第三，提出新时代中国共产党群众组织力全面提升的路径。党的群众组织力建设是一项系统工程，需多重因素共同作用。本文针对现阶段党的群众组织力提升面临的主要挑战，在理论分析和现实问诊的基础上，从坚定理想信念、满足人民美好生活需要、利用网络媒体、发挥组织优势及完善体制机制五个维度入手，形成一个各维度间通力合作的系统性工程，不断加强群众组织力的政治引领、落实群众组织力的民生保障、提高群众组织力的宣传效能、夯实群众组织力的组织根基、激发群众组织力的创新动力，使党的群众组织力全面提升。

三、研究不足与展望

中国共产党群众组织力既是一个“老问题”，也是一个“新问题”。在研究过程中，笔者借助多学科知识，尝试从多维度、多视角进行探讨，但囿于学术能力不足、思维模式和知识储备受限，虽竭尽全力，但也只是搭建了一个研究的粗略框架，对这一问题的认识和挖掘还不够深入全面，研究中存在以下不足之处，需要在后期进一步深化和探索。

第一，进一步探索中国共产党群众组织力的国际比较研究。要使党的群众组织力研究具有广阔的学术视野，需要吸收和借鉴其他国家政党在群众组织力建设方面的有益经验。本文研究主要集中于中国共产党自身，虽然其中也涉及其他国家的党群关系理论，但都是泛泛而谈，没有进行深入研究。无论是中国共产党，还是国外政党，加强群众组织力建设都是执政党必须高度重视的关键性问题。由于国情和执政方式的不同，不同国家在群众组织力建设方面的模式和经验自然不尽相同。因此，加强国外关于群众组织力建设方面的研究，取其精华去其糟粕，可以为本研究提供有益的参考和借鉴。

第二，进一步深化中国共产党群众组织力的实地调查研究。新时代中国共产党群众组织力的研究既是一个理论性课题，也是一个实践性课题。尽管本文在研究过程中尝试通过案例分析法将理论与实践相结合，但囿于主观能力和客观条件等限制，从实际研究过程来看，主要表现为一线调研不足，一手鲜活资料和数据支撑不够，使研究方法略显单调和局限。因此，在后期研究中，要努力突破局限性，通过充分的调研准备工作，尝试建构起一套较为科学合理的调研测评体系，在精准把握当前增强群众组织力面临的挑战基础上，有针对地提出进一步提升党的群众组织力的对策建议，使研究更具科学性和说服力。

后 记

作为一名高校思政课教师，我一直认为，学术研究不仅是坐在书桌前啃书本、写论文，更要站在时代的潮头，去触摸社会发展的脉搏，去感受人民群众的喜怒哀乐。在撰写这本书的过程中，我整理了大量文献资料和实践案例，接触了许多基层的群众组织，试图从理论与实践的双重维度，深耕新时代党的群众组织力建设问题。而今，将研究成果转化为专著，既是对过往努力的总结，也是对未来探索的期许。常言道："十年磨一剑""板凳要坐十年冷，文章不写一句空"。对于即将出版的这本书而言，磨出的"剑"唯恐驽钝，写出的"文章"可能仍然有不少空话。

在书稿撰写过程中，得到了许多人的帮助与支持。我要感谢我的博导陈建兵教授。在书稿写作和修改中，陈老师给予我精心指导，倾注了大量心血。陈老师为人正直无私、做事勤奋执着、待人随和，这已潜移默化到我内心深处，使我终身受益。高山仰止、饮水思源，陈老师永远是学术上指引我前进的导师！我要真诚感谢我的硕导陆卫明教授。陆老师参加了我的博士学位论文开题、中期、预答辩和正式答辩全过程，为我的论文写作提出了许多中肯的意见。陆老师学识渊博，永远是我学习的榜样。同时要感谢王宏波教授、李景平教授、李刚教授、刘力波教授和谭虎娃教授等，正是在他们的鼓励和关怀下，我的书稿才得以顺利完成。感谢我的师门同窗，在学术研究的路上，我们一起并肩作战，留下了难忘的美好时光。另外，本书的出版得到长安大学马克思主义学院的资助，在此感谢我的工作单位长安大学马克思主义学院的大力支持。最后，要感谢我的家人，他们的无私奉献、关心体谅，是我完成专著的坚强后盾。感谢公婆和父母在生活中不遗余力地给我最大扶助，帮忙照看可爱的女儿，使我深深体会到“无私”二字的分量。丈夫党允沛在生活和工作中给了我无尽的包容与支持，书稿的完成和出版，他功不可没！

由于学术水平有限，尽管经过多次修改与打磨，但书中肯定还有不少不妥之处。本书的出版就当作是“抛砖引玉”，敬请各位学术界同仁批评、指正！

贺娜

2024年3月